政治文化与政治文明书系

主 编：高　建　马德普

政治文化与政治文明书系

国际政治系列

国际秩序
与美国对外战略调整

International Order
and
American Foreign Strategy Adjustment

杨卫东◎著

天津出版传媒集团

天津人民出版社

图书在版编目（ＣＩＰ）数据

国际秩序与美国对外战略调整 / 杨卫东著. —— 天津:
天津人民出版社, 2018.6
（政治文化与政治文明书系. 国际政治系列）
ISBN 978-7-201-13699-8

Ⅰ.①国… Ⅱ.①杨… Ⅲ.①国际关系—研究②美国
对外政策—研究 Ⅳ.①D81②D871.20

中国版本图书馆 CIP 数据核字（2018）第 123994 号

国际秩序与美国对外战略调整
GUOJI ZHIXU YU MEIGUO DUIWAI ZHANLUE TIAOZHENG

出　　版	天津人民出版社
出 版 人	黄　沛
地　　址	天津市和平区西康路35号康岳大厦
邮政编码	300051
邮购电话	（022）23332469
网　　址	http://www.tjrmcbs.com
电子信箱	tjrmcbs@126.com

策划编辑	王　康
责任编辑	林　雨
特约编辑	郑　玥
装帧设计	卢炀炀

印　　刷	高教社（天津）印务有限公司
经　　销	新华书店
开　　本	787毫米×1092毫米　1/16
印　　张	18.25
插　　页	2
字　　数	200千字
版次印次	2018年6月第1版　2018年6月第1次印刷
定　　价	68.00元

政治文化与政治文明书系

天津师范大学政治文化与政治文明建设研究院·天津人民出版社

编 委 会

目　录

1

第二部分　国际秩序与奥巴马政府的对外战略调整

序　言

　　国际秩序是近年学界热议的一个话题。但何为国际秩序？学术界始终存在争议。如何理解国际秩序，赫德利·布尔的研究视角具有一定的启发性。布尔从国内秩序入手，进而推演出如何理解国际秩序。此外，基辛格从合法性角度认识近现代国际秩序的分析视角也极具启发性。故此，本书提出了从权力、规则与合法性角度认识国际秩序的一种思路框架。

　　国际秩序成为近年学界不断热议的一个话题，这在很大程度上说明现存国际秩序可能处于转型或失序状态。众所周知，以美国为首的西方世界是现存国际秩序的主要塑造者。自从近代早期大航海时代以来，经济、政治与社会文化层面的世界一体化逐渐成为一种大趋势。在世界一体化进程中，西方世界扮演着至关重要的角色。近代以来历史发展的实践不断证明，现代化不断走向西方化。故此，近代以来的国际秩序带有鲜明的西方中心主义的烙印。二战结束以来,基于强大的政治、经济、军事实力,以及自立国以来所具有的使命感,美国肩负起世界领导者的重任。从此,战后国际秩序开创了美国式自由国际秩序的时代。但二战后七十余年的实践反复证明,试图用一元性的西方文化整合一个多元性的国际社会,其结果只能造成国际秩序的失序。21世纪以来,以美国为首的西方世界在现有国际秩序中的权力供给不断显露出"权力赤字",这更加剧了现存国际秩序的失序化,但西方学术界不断有人认为,这种失序是以中国为首的新兴经济体之崛起造成的,这就有失公允。国际秩序的失序或转型,其原因非常复杂,但作为现存国际秩序的主要供给者——美国的不作为或胡作为应负有一定的责任。21世纪以来,美国霸权地位的日益衰落导致其无法再按照自身的意愿继续领导世界,这恐怕应该是国际秩序失序或转型的内在原因。美国学者伊肯伯里认为,国际关系的核心问题是秩序问题。正是因为认识到国际秩序的重要性,认识到新兴大国可能挑战美国主导的战后国际秩序,奥巴马政府才会将国际秩序纳入美国国家安全战略报告的视野,强调国际秩序是继安全、经济繁荣、价值观之后的美国第四大国家利益。但是,如何有效地提升美国的国际领导力,如何捍卫美国主导的战后国际秩序,奥巴马政府对外战略调整的实践表明,美国的霸权地位并没有得到有效提升。高举"让美国再次伟大"口号竞选成功的特朗普却对美国主导的现存国际秩序提出质疑,其对二战后自由主义经济秩序、政治秩序的态度令国际社会怀疑美国是否还愿意主导二战后国际秩序。近一年多以来,学术界普遍质疑特朗普时代的美国还能否主导战后国际秩序。

应该承认,当今的国际秩序实质上是二战后美国等西方大国主导构建的自由国际秩序,带有鲜明的美国烙印,在一定程度上是美国国家利益的体现。所以,奥巴马政府才会将现存国际秩序视为美国国家利益,在当今世界也只有美国这样的超级大国能够这样认为。正是因为二战后国际秩序主体是美国等西方大国主导构建的,是威尔逊式自由国际主义思想的体现。因此这种国际秩序更多地建立在西方自由主义价值观基础之上,是西方文化中心主义的体现,它试图用文化的一元性替代世界文化的多元性。故此,在广大发展中国家看来,这种国际秩序更多地强调了其有序性的一面,而忽视了国际秩序应该体现的正义性一面。所以说,二战后美国等西方大国主导的自由国际秩序是一种有缺陷的国际秩序。尽管现存国际秩序存在某种缺陷,但在美国主流派政治精英看来,这种国际秩序还是比较好地维护了美国国家利益。但是,当今的美国特朗普政府却认为,这种国际秩序没有更好地维护美国国家利益,美国不应该再肩负起主导现存国际秩序的重任。从奥巴马时代到特朗普时代,美国政府就国家大战略的调整及其引发的争议,实际上涉及如何从美国历史的角度理解何为美国国家利益,何为美国对外大战略等这样一些根本性的问题。

从美国对外政策史的角度上讲,两大主要的思想流派影响到美国的对外政策乃至对外大战略,这两大思想流派分别是国际主义和民族主义。国际主义也可以称之为自由主义,其主要代表是威尔逊主义与汉密尔顿主义。威尔逊主义与汉密尔顿主义分别从政治层面与经济层面强调一个以美国为中心的世界政治与经济秩序对于维护美国国家利益的重要性,认为美国的国家利益与一个政治自由、经济开放的外部世界息息相关。一个自由民主的世界事关美国国家利益,一个自由开放的市场经济世界事关美国的国家利益。所以,美国对外大战略强调要捍卫一个自由民主与经济开放的世界,因为这些事关美国国家利益。但是,国际主义在19世纪的美国对外政策中并不占据主导地位,这个时期主导美国对外政策的主要思想流派是民族主义(也可以称之为孤立主义)。民族主义的主要代表有小亚当斯主义与杰克逊主义。1821年7月4日,时任美国国务卿约翰·昆西·亚当斯在美国国庆日发表的演说中呼吁美国人民仅做自由与独立的祝福者,而不要到海外去消灭妖魔。其演说所渗透的思想与华盛顿告别演说一脉相承,这种现实主义而非自由主义的外交思想深深地影响了19世纪的美国对外政策。此外,美国第七任总统安德鲁·杰克逊任内基于"美国第一"的逻辑对美国国家利益的狭义解读被后世冠之以杰克逊民族主义,这同样也影响到19世纪的美国对外政策。所以,整个19世纪,美国对外大战略在"美国主义"的民族主义支配下,而并非"世界主义"的国际主义支配下,小亚当斯主义与杰克逊主义都从对美国国家利益狭义的角度理解美国对外政策。但是,20世纪以来,尤其是二战结束以来,伴随着美国国力的日益强大,潜伏于美利坚民族内心深处、基于启蒙思想与宗教使命的自由主义冲动日益影响到美国对外大战略。在这种思想的影响下,美国对外大战略强调美国对"自由世界"的领导。具体而言,这种领导主要通过三个层面实现:其一,经济层面,以自由主义的经济模式主导世界,确立美元在世界的支配地位。其二,地缘政治层面,依靠美国自身强大的军事实力与军事同盟体系领导世界。其三,价值观层面,用美国式自由主义价值观整合世界。冷战结束后,美国将对"自由世界"的领导扩展到全世界。但是,当国际主义支配二战后美国对外大战略之际，在 19 世纪具有强大政治影响力的民族主义并没有完全退出历史舞台。二战结束以来，民族主义以各种形式的孤立主义攻击国际主义，认为美国对外战略目标与可支配的战略手段之间存在着不协调或不平衡的危险可能性，体现在美国战略界，就是不断有各种声音对自由国际主义大战略提出质疑。民族主义强调美国应该作为一个克制的强国而不要作为一个世界领导者，强调美国对外战略目标的有限性。事实上，在整个美国对外战略史上，美国对外大战略就在战略目标与战略手段的平衡之间纠结。有所不同的是，在整个 19 世纪，民族主义主导着美国对外大战略，而 20 世纪，国际主义日益主导美国对外大战略。美国历史学家沃特·麦克杜格尔（Walter A. McDougall）指出，美国在二百多年的对外政策实践中信奉两本《圣经》，老《圣经》强调美国作为世界的乐土（Promised Land），新《圣经》强调美国作为世界的十字军国家（Crusader State）。民族主义强调美国作为世界的乐土，国际主义强调美国作为世界的十字军国家。冷战结束之初，以查尔斯·克劳萨默（Charles Krauthammer）为代表的国际主义与以帕特里克·布坎南（Patrick Buchanan）为代表的孤立主义就美国对外大战略的争议就体现了部分民族主义对自由国际主义主导美国对外大战略的不同意见。2009 年，奥巴马政府上台以来，尽管奥巴马对外标榜美国必须捍卫自由国际秩序，但以实用主义著称的奥巴马政府在对外大战略方面更多地体现为一种战略收缩，对"美国例外论"并不热衷。2016 年美国总统大选之际，共和党总统候选人克鲁兹（Cruz）与特朗普都反对美国奉行价值观外交，主张美国不能再做世界警察，再也不能在海外搞民主化的国家建构，应该将更多的精力放到国内。此外，民主党总统候选人桑德斯(Sanders)也质疑美国在战后长达70年之久的国际领导地位。所以,特朗普政府的上台决非偶然,是美国国内民族主义政治势力对国际主义长期主导美国对外大战略表示不满的体现。一年多以来,特朗普政府的内政外交充分表明,基于民族主义的国家利益观,特朗普并不认为一个自由民主与经济开放的世界事关美国国家利益。特朗普所强调的安全是美国自身的安全而不是他国的安全,特朗普所强调的繁荣是美国的经济繁荣而不是世界的经济繁荣,特朗普所强调的民主是美国的民主而不是世界的民主。所以,美国政治精英中的建制派才会担忧美国主导达70年之久的战后自由国际秩序的发展方向问题。二战结束以来,美国民主、共和两党在对外大战略方面都秉承自由国际主义的政治逻辑,强调用威尔逊式自由国际秩序领导世界。今天,强调"美国第一"的特朗普政府却在挑战这种自由国际主义的对外大战略,但问题是,美国对外大战略的转变是一种偶然还是必然? 从漫长的美国对外政策史角度上讲,民族主义与国际主义的政治博弈中,从19世纪的民族主义一统天下,到20世纪国际主义逐渐占据支配地位,再到21世纪的今天, 民族主义对主导美国对外大战略长达70年之久的国际主义发起挑战并取得支配权,这至少说明美国主导达半个多世纪之久的自由国际秩序到今天有可能发生某种程度之变化。故此,当今的国际秩序正日益进行着深度调整与变革,国际秩序的大转型成为一种历史必然,传统上美国主导的自由国际秩序一统天下的格局将成为过去。国际秩序深度调整之际,美国对外大战略也在深度调整。从奥巴马政府到特朗普政府美国对外大战略的调整就是这种大变局转变的体现。

2008 年国际金融危机爆发以来,以美国为首的西方发达国家在国际政治中的实力与影响力日趋下降,这导致由美国等西方发达国家主导的现存国际秩序出现了"治理不利"的现实困境,而这种现实困境又诱发了学界不断热议未来的国际秩序问题。由于中国 GDP 规模不断增长,西方学者甚至将 2015 年认定为"中国世纪元年",这样,中国似乎有取代世界霸权国美国的资本,未来的国际秩序问题在事实上成为美国与中国之间的秩序之争。但冷静思考,大家还是应该慎言中美秩序之争,尤其是日益走向世界舞台中央的中国。

第一,国际秩序之争的实质是领导权问题,中国不具备挑战美国的实力。迄今为止,人类历史所经历的国际秩序主要都是世界大国主宰的秩序,是世界大国意志与利益的集中体现,这在近代西方基督教世界的威斯特伐利亚体系、东亚中国主导的朝贡体系、伊斯兰的世界体系中都得到充分体现。今天的国际秩序是以美国为首的西方大国意志与利益的体现——尽管它吸纳了一些非西方国家的合理建议。作为世界霸主的美国当然自居为这一秩序的缔造者与领导者,视现存的国际秩序是其利益所在,奥巴马时代的美国甚至将国际秩序上升到国家利益的战略高度,这一点在奥巴马政府出台的两份国家安全战略报告中都得到了充分体现。那么中国大谈国际秩序,其用意何在? 是否要取代美国主导的国际秩序? 从国际关系的历史发展角度上讲,历来世界老二不好当,因为世界老大对世界老二具有一种本能的猜疑与戒备心理,始终防范着世界老二对于其世界领导权的觊觎之心。所以,具有大智慧的世界老二并不奢望世界老大的身份,时刻"夹着尾巴做人",回避世界老大的猜疑。世界老二的命运有三类:取代老大的身份,这往往需要通过血与火的洗礼完成身份的转换;永远做老二,这也并不容易,因为这既要面对老大的猜疑,又要面对老三、老四对老二地位的觊觎之心;与老大反目,在权力之争中沦落为老大的阶下囚。中国现在勉强才成为世界老二,位子还并没有完全坐稳,与美国这位世界老大相比,实力与影响力还有很大的差距,何以奢谈国际秩序!从硬实力的角度讲, 中国一切问题的立足点要以社会主义初级阶段作为总依据。即使2049年的中国完成了两个一百年的奋斗目标,也不过是一个世界中等强国,人均GDP还与世界一流强国的美国有很大的差距,中国的综合国力要超越美国还有漫长的路要走。中国发展势头不错,但美国发展势头在发达经济体中也并不算差。尽管美国作为一个世界霸权国正在走向衰落,但这种衰落是相对的。从人类发展史角度讲,美国仍然是一个年轻的国家,社会发展的弹力、纠错能力与增长的潜力巨大。中国发展势头虽强劲,但国内改革面临的阻力与压力巨大,需要解决的经济与社会问题远比美国要复杂与艰巨得多。

第二,主导国际秩序的国家不光要具有雄厚的实力,还要有制定规则的能力与引领道义的影响力,而这些因素对于现阶段的中国而言都并不具备。国际秩序的建立需要三大支撑要素:实力、规则与道德合法性。现阶段的中国在这三大方面都不具备充足的条件:中国的硬实力还不具备完全优势;中国拿不出成熟的、可以替代现存国际秩序的规则理念;中国更不具备能够替代头号世界强国、并能够引领世界潮流的道义影响力。就现实而言,中国要做世界老大,中国民众可能有这种心理需求,因为中华民族几千年的历史中,灿烂与辉煌占据了历史长河的绝大部分时空,中华民族作为东亚秩序乃至古代国际秩序的塑造者心态已经相当久远。但是近代百年的弱国现实造成了今天的中国尽管有这种塑造国际秩序的心理需求,但缺少作为世界大国应该具备的参与全球治理与驾驭复杂国际政治问题的娴熟能力。中国在这些方面还需要若干年的艰苦磨炼与经验积累。因此,中国不防审慎地保持世界老二的身份。

今天的中国不应该是整天喊着如何要当世界老大、强调国际秩序之争的时候,而应该将主要精力投放到国内,苦练内功,更好地解决国内的经济与社会问题。借用美国对外关系委员会主席哈斯为美国政府所提出的建议:美国领导力,根基在国内,形成在国外。就中国而言,国内与国际问题都要统筹,但国内问题永远是第一位的。中华民族能否实现中国梦,关键在于能否将国内问题处理好。中国作为一个世界大国,唯一能够击败自己的只有本身,外部势力会影响中国的发展步伐,但不可能击败中国。作为一个世界大国,中国是国际秩序的参与者、维护者和改革者,但还是慎言国际秩序为好。

第一部分

国际秩序理论与美国对外战略调整的原因

权力·规则·合法性与国际秩序的机理

秩序问题是国际政治中一个非常重要的研究议题。正如美国普林斯顿大学教授伊肯伯里（Ikenberry）所言，国际关系的核心问题是秩序问题，即秩序如何设计、如何打破、如何重新创建。①正因为秩序问题的重要性，以及近年来国际秩序②可能存在着一些问题，所以国际秩序成为近年学界探讨的一个热门议题。③但是由于国际秩序本身的复杂性，学术界始终无法就国际秩序达成一

---

① ［美］约翰·伊肯伯里：《大战胜利之后：制度、战略约束与战后秩序重建》，门洪华译，北京大学出版社 2008 年版，第 19 页。

② 在学术界，大家经常谈论世界（全球）秩序或国际秩序，尽管世界（全球）秩序比国际秩序涵盖的范围更大，三者在语境上有细微差异，但这就像国际关系与国际政治之别，核心内涵并无本质区别。本书出于行文的规范性，大多使用国际秩序，只是在引用中可能会涉及世界秩序。

③ 近几年国内学术界关于国际秩序的研究成果主要有：秦亚青主编的《中国学者看世界》（国际秩序卷），新世界出版社 2007 年版；韩志立的《秩序·规则·知识——批判建构主义视角下的国际秩序研究》，经济科学出版社 2013 年版；陈玉刚主编的《复旦国际关系评论》（第十四辑：国际秩序与国际秩序观），上海人民出版社 2014 年版；《现代国际关系》2014 年第 7 期的系列文章；《外交评论》2016 年第 1 期的系列文章；《国际政治科学》2016 年第 1 期的系列文章。

致的共识。探讨国际秩序,一则说明国际秩序在当今国际政治中重要性的凸显,二则说明当今的国际秩序可能存在着失序的问题。本书在借鉴已有研究成果的基础上,从现实主义与自由主义两大视角对国际秩序进行了一番学理性的剖析,在此基础上提出了权力、规则、合法性三大要素相结合的国际秩序分析视角。

一、权力·合法性与现实主义的国际秩序观

众所周知,国际政治是国家间政治,它主要将国际社会中的战争与和平、冲突与合作作为主要研究议题。按照中国老一辈国际政治学者梁守德教授的说法,国际政治指的是行为体间围绕权利、权力和利益实施外向决策的活动及相互作用形成的有机整体,是全球范围内战争与和平、冲突与合作、强权与民主、动乱与秩序等现象和关系的统称。[①]从国际关系思想史发展的角度讲,现实主义从人性、国家性与国际性出发,认为战争、冲突是客观世界的本质,在一个无政府的世界中,国家追求权力是一种客观现实。也就是说战争与冲突是这个世界的客观现实,亦即"实然性世界"的必然。现实主义认为人类化解这个以战争与冲突为特性的无政府世界之方法是运用权力,从而促使这个无政府的世界有序化。所以现实主义的国际秩序观强调权力,无论是古典现实主义的权力观,还是进攻/防御现实主义的权力观都强调权力在构建国际秩

---

① 梁守德、洪银娴:《国际政治学理论》,北京大学出版社 2000 年版,第 49 页。

序中的重要作用。权力在国际秩序中运用的结果就是均势秩序，或者霸权秩序。按照对国际秩序大战略有着深入研究的伊肯伯里的观点，威斯特伐利亚体系之后的国际秩序在其早期就先后经历了均势秩序以及英国主导下的霸权国际秩序。作为现实主义的代表人物，基辛格在其早期的研究中也一再强调拿破仑战争之后的维也纳体系是一种比较好的均势国际秩序。根据对现实主义国际秩序观具有深入研究的美国达特茅斯学院教授迈克尔·玛斯坦杜诺（Michael Mastanduno）的说法，现实主义的国际秩序主要分为三大类型："其一，强调主要工业国的地缘经济竞争；其二，强调多极均势；其三，强调单极霸权。"玛斯坦杜诺认为这三个观点在冷战结束后相当普遍。①

尽管现实主义的国际秩序观将权力作为分析一个稳定的国际秩序的核心要素，但现实主义在强调权力的同时并没有忽视道德合法性因素在塑造一个稳定的国际秩序方面的作用。在现实主义看来，缺乏道德合法性基础的权力秩序是无法得到有效维持的。关于道德合法性在国际秩序中的重要性，现实主义的代表人物爱德华·卡尔有着精辟的论述。卡尔从现实主义的角度出发，认为重建国际秩序，必须从权力与道德并重的视角予以考虑。②正如他所言，每一种要求变革的有效力量就像其他任何一种有效政治力量一样，都是权力和道德结合的产物，单凭权力或是单凭道德都无法表现和平变革的目标。

---

① Michael Mastanduno, "A realist view：three images of the coming international order", in T.V.Paul and John A.Hall, eds., *International Order and the Future of World Politics*, New York：Cambridge University Press, 1999, p.20.

② ［英］爱德华·卡尔：《20年危机(1919—1939)：国际关系研究导论》，秦亚青译，世界知识出版社2005年版，第206页。

对于政治变革问题的任何解决方案，无论是在国内领域还是在国际领域，都必须建立在道德和权力两者之间妥协的基础之上。①在卡尔看来，无视权力因素是乌托邦意识，但如果无视国际秩序中的道德因素，则是一种不现实的现实主义思想。他认为，在国家之内，每个政府都需要权力支撑自己的权威，但它同样需要被统治者的许可作为自己的道德基础。国际秩序也是如此，它不能仅仅建立在权力的基础之上。任何国际秩序的先决条件都是高度的普遍认可。②所以无论是均势秩序观还是霸权秩序观，都强调权力的道德合法性。在古代乃至近代的相当一段时期内，东方社会强调权力的"上天赐予"，西方基督教社会强调权力的"上帝赐予"，中东伊斯兰世界强调权力的"真主赐予"。无论哪种社会都试图为权力套上神秘的光环，强调权力的道德合法性。这样，建立在权力合法性基础上的国际秩序才会具有一定的稳定性。因此，现实主义的国际秩序应建立在权力与合法性的基础之上。作为现实主义的代表人物——基辛格在《世界秩序》一书中反复强调的一个观点就是，世界秩序的两个核心要素是权力与合法性。这从一个侧面说明权力与合法性在现实主义国际秩序观中的重要性。

二、规则·合法性与自由主义的国际秩序观

现实主义主要从权力及其合法性角度解读国际秩序，但认识一个完整的

---

① ［英］爱德华·卡尔：《20年危机（1919—1939）：国际关系研究导论》，秦亚青译，世界知识出版社2005年版，第190页。

② 同上，第213页。

国际秩序还离不开自由主义的分析视角。约瑟夫·奈在评价老布什政府的国际秩序观时就曾指出,尽管布什在 1991 年提出国际秩序概念,但布什行政当局乃至其批评者都没有搞清楚何为国际秩序。约瑟夫·奈认为,关于世界秩序的分析,应该有两种视角:现实主义与自由主义的视角。传统的以尼克松与基辛格为代表的现实主义者认为,均势在主权国家间构建世界秩序非常重要,以威尔逊与卡特为代表的自由主义者认为,民主与人权等价值观,以及由联合国主导的国际法与国际制度是世界秩序之源。①现实主义通过权力及其道德合法性解释了如何构建一个有序的国际秩序方法,似乎找到了破解国际秩序无序化的药方。但是现实主义国际秩序观的哲学根基是建立在"实然世界观"基础之上的,从而否定了人的主观性对"实然世界"的可塑性。从哲学层面上讲,现实主义与自由主义都承认人类社会中的自然状态。以霍布斯为代表的早期经典现实主义学派认为,自然状态下的人性、社会性乃至国家性是无法改变的,但以格劳秀斯为代表的自由主义学派却认为,基于人类的理性,自然状态下的人性、社会性乃至国家性是可以改变的,人类的理性主义可以改变这种无序化的国际社会,改变的主要方式是遵守规则与制度。法国学者达里奥·巴蒂斯特拉(Dario Battistella)在分析自由主义的哲学观时就指出:"自由主义哲学认为,社会行为体能够制定并遵守各种法规——即使并不存在一个确保这些法规实施的权威机构。"在巴蒂斯特拉看来,"社会行为体之所以有如此认识,那是因为它们清楚地知道遵守这些能协调契约关系的法则对它

---

① Joseph S. Nye, Jr., "What New World Order?", *Foreign Affairs*, Vol.71, No.2, Spring 1992, pp.83–84.

们是有利的"①。正是认识到现实主义哲学观存在的缺陷,自由主义才强调人类理性在化解战争与冲突,构建和平与合作的有序国际秩序方面的能动性,强调人类理性参与下"人化世界"的"应然性"。作为自由主义国际关系理论的早期代表人物之一,格劳修斯尽管承认霍布斯所强调的国际社会的无政府状态,但他否认国际社会的无序化,他认为法律与契约是国际社会有序化的保障。在《战争与和平法》一书中,格劳修斯强调国际法在化解战争与冲突中的作用。所以英国学派代表人物马丁·怀特将格劳修斯的国际关系思想概括为格劳修斯式的理性主义,他认为格劳修斯主义对 20 世纪的国际机制主义、新自由制度主义都曾产生了深远的影响。事实上,在格劳修斯式理性主义思想影响下,20 世纪兴起的威尔逊自由国际主义就反复强调规则、制度等在化解战争与冲突、构建和平与合作方面的重要性。

一战结束之后,人类不断地反思制约战争与冲突能够给人类社会带来和平与稳定的"药方"。以威尔逊为代表的自由主义学派就认为,人类建立一个基于规则与制度框架的国际组织才是制约战争与冲突的有效方法。巴蒂斯特拉就认为,威尔逊的这种世界观是建立在一系列规范主义的信条之上,这些信条包括"人的天性就非常善良的预判、承认每个人都会为他人着想、将人的自私行为归因于制度的缺陷、呼吁国际社会实现制度化,以消灭被认为是战争和不公正之源的无政府状态"②。正是基于这种理念,以国际联盟为代表的

①　[法]达里奥·巴蒂斯特拉:《国际关系理论》(第三版修订增补本),潘革平译,社会科学文献出版社 2010 年版,第 121 页。
②　同上,第 111 页。

一系列二战后组织得以建立,而国际联盟的目的就是"用洛克自由主义原则建设国际秩序机制"①。二战结束之后,在美国主导下,国际社会建立了更大规模的制约战争与冲突的制度框架,这种制度框架集中体现为以联合国为核心的政治与安全组织,以世界银行、国际货币基金组织等为代表的布雷顿森林体系式国际经济与贸易组织。通过制度与规则构建,在自由主义思想的支配下,国际社会建立了一整套基于规则的自由主义国际秩序。当然,自由主义所强调的规则与制度也只有具有更为广泛的国际社会道德合法性基础,这些规则与制度才能在构建一个有序的国际秩序方面起到实质性作用。一战结束之后的国联将这种道德合法性建立在国际社会的舆论及其道义谴责的基础之上。美国总统威尔逊与英国参加凡尔赛会议的代表塞西尔勋爵都强调大众舆论对发挥国联维护世界和平方面的重要作用。二战后美国主导下建立的自由主义国际秩序更是将美国国内的宪政思想延伸到国际社会,强调美国主导下世界宪政秩序的普世性与合法性。所以自由主义的国际秩序观强调规则与合法性在构建一个有序的国际秩序中的重要性。

三、权力·规则·合法性与国际秩序的机理

现实主义与自由主义基于不同的逻辑视角,都在试图寻找构建国际秩序的方法。现实主义认为国际秩序依靠权力以及这种权力所具有的合法性基础;

---

① [英]爱德华·卡尔:《20年危机(1919—1939):国际关系研究导论》,秦亚青译,世界知识出版社2005年版,第29页。

自由主义认为,国际秩序依靠规则以及这种规则所体现的合法性基础。有学者就指出,西方国际秩序思想存在两种理念:一种是从霍布斯的无政府状态出发,将秩序视为权力在国家间平衡的结果。另一种是从人的理性出发,将秩序视为人类和平相处的理想状态。①但事实上,现实可行的国际秩序是现实主义与自由主义秩序观的"中和",国际秩序既要依靠权力支撑,也要依靠规则来运行,无论是权力还是规则又都需要塑造一种合法性"外衣",从而使权力与规则具有一定的"群众基础"。无论是以权力为基础的国际秩序还是以规则为基础的国际秩序都强调稳定。也就是说,稳定是国际秩序的特点。但是要求稳定,无论是权力秩序还是规则秩序都必须赢得"他者"的同意——至少是形式上的同意。因此,现实主义的权力秩序观与自由主义的规则秩序观都强调秩序必须建立在某种合法性的基础之上。

关于国际秩序的学理性思考,英国学者赫德利·布尔的分析思路值得借鉴。赫德利·布尔在其经典之作《无政府社会:世界政治中的秩序研究》中认为,秩序是一个现实的或者可能出现的情势(situation),秩序的维持有赖于规则的存在。布尔借鉴奥古斯丁对秩序的诠释,认为秩序是某种特定形式的格局(pattern),而非任何形式的格局,秩序包含有一定的目标或价值。②从布尔的这些论述我们不难发现,秩序是基于某种价值判断的格局,这种格局也可以理解为一种规则。这种规则是否合乎秩序或代表着某种秩序,处于不同社会

---

① 刘颖:《相互依赖、软权力与美国霸权:小约瑟夫·奈的世界政治思想研究》,中国社会科学出版社 2010 年版,第 232~233 页。

② [英]赫德利·布尔:《无政府社会:世界政治中的秩序研究》(第四版),张小明译,上海人民出版社 2015 年版,第 2~8 页。

群体的人会有不同的价值判断。对于一些社会群体来说,这种规则是有序,但对另外一些社会群体来说,也许会认为这种规则是无序。在就秩序本身进行了一番学理性分析之后,布尔首先从国内社会的角度对秩序概念进行了一番深化,然后才将秩序这一概念引申到国际社会。布尔认为,在现代国家中,政府能够促使基本的社会规则具有效力,成为一种制度。因为政府代表与体现着权力,政府就得制定规则(法律),但政府要使规则得以运行,它制定的规则又必须得到公众最大限度的认可,这样,政府所体现的权力以及它制定的规则才具有合法性。正如布尔所言:"对于政府来说,武力的使用必须具有合法性,这和政府应该拥有占据绝对优势地位的武力一样,都是至关重要的。"①这样我们就可以看出,权力与权力的合法性对于政府主导下的国内秩序非常重要,这两者密不可分。政府可以通过使用警察、军队以及司法系统等国家机器来强制执行法律。政府可以通过其对教育与公共信息的控制与影响力,以及把自己化身为社会主流价值观念的象征,塑造一种有利于规则被承认为具有合法性的政治文化之能力,从而导致规则的合法化。

　　就秩序的核心要素而言,布尔认为主要由三大要素维持:即追求那些基本或主要目标的共同利益观念;规定行为格局的规则;使这些规则发挥效力的制度。②尽管布尔将秩序的核心要素总结为三大方面,但观念、规则与制度之核心还是规则,即秩序的最核心要素可以确定为规则。通过对布尔国际秩

---

　　①　[英]赫德利·布尔:《无政府社会:世界政治中的秩序研究》(第四版),张小明译,上海人民出版社2015年版,第52页。

　　②　同上,第49~50页。

序观的分析我们不难看出,秩序的核心要素是规则。布尔在分析国内秩序时还特意强调权力及其合法性的作用,这在一定程度上已经将秩序的核心要素规则与权力及其合法性联系起来,只不过布尔还没有深入思考权力及其合法性与规则之间的逻辑关系。

就一个有序的国际秩序而言,它应该体现权力、规则与合法性之间的良性互动与动态平衡。权力构建规则,而规则只有得到国际社会认可,才能具有合法性,而合法性体现为对规则(法律)的服从与认可。权力的合法性是指权力构建的规则(法律)得到普遍认可。如果权力所构建的规则(法律)想得到公众普遍的认可,那么这种规则就不应该仅体现权力主体——主要大国的意志与权益,它还要最大限度地体现其他中小国家的权益。也就是说,这种规则应该建立在价值普世性的基础之上。因此,这些规则应该超越权力的主体——主要大国狭隘的利益观与价值观。这样,规则(法律)才具有道德合法性与正义性。

综上所述,国际秩序主要是大国主导下的国际秩序,这种秩序应该建立在三大支柱之上:其一,秩序的道德合法性。大国主导的国际秩序必须占领世界道德或道义合法性的制高点。例如,20世纪的苏联强调社会主义的价值观以吸引全世界,二战结束后的美国强调美国式自由主义的价值观以吸引全世界。其二,大国主导的国际秩序必须建立在一系列规则基础之上。其三,秩序必须建立在一定的权力基础之上。关于构成国际秩序核心要素中权力、规则与合法性之间的关系,如图1所示:

合法性

权力 ⟷ 规则

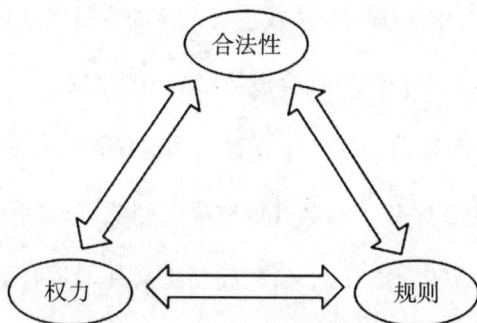

图 1　国际秩序的三大要素及其内在关系

在分析了国际秩序的核心要素之后，还应该认识到国际秩序是一个主观价值判断，属于主观认知范畴，具有自我中心主义的特点。有学者认为当今的国际秩序具有三大特点：第一，西方（具体来说，全方位的是美国）的主导性。第二，等级性。第三，不对称（失衡）性，非西方在全球治理中的地位与作用与非西方的人口、国土、实力、文明等不符。①因此，当今的国际秩序是近代以来西方中心主义的延续，带有以美国为中心的西方中心主义痕迹。同时，我们还应该意识到，国际秩序是强国意志与国家利益的体现。现实主义的国际秩序观建立在权力制衡或权力威慑的基础之上，是一种赤裸裸的权力秩序观。自由主义的国际秩序观，表面上似乎是一种规则秩序观，但规则是主要大国观念的体现，而且规则构建的基石还是权力。无论是现实主义还是自由主义的国际秩序观，都试图用合法性粉饰或掩盖权力与规则背后的国家意志与利益。布尔在分析规则的本质时指出，规则并不是社会所有成员追求共同利益

---

①　庞中英：《重建国际秩序——关于全球治理的理论与实践》，中国经济出版社 2015 年版，第 54 页。

的工具,而是在社会中居统治地位或主导地位的成员追求自我特殊利益的手段。由于在制定规则的过程中,社会成员影响力的大小不一样。因此,历史上任何一个规则体系都是主要服务于在社会中居统治地位或者主导地位的成员之利益,而不是主要服务于社会其他成员之利益。①最后需要补充的是,国际秩序的有序并非意味着国际正义,秩序与正义并不具有正相关性。秩序的潜台词是有序,但这种有序是从秩序构建者——强国与大国的角度做出的价值判断,它带有主观性。正因为如此,在一些小国、弱国看来,这样的国际秩序没有正义感。所以大国注重追求国际秩序,小国与弱国注重追求国际秩序中的正义。

---

① [英]赫德利·布尔:《无政府社会:世界政治中的秩序研究》(第四版),张小明译,上海人民出版社 2015 年版,第 50~51 页。

美国霸权地位的衰落

——基于实力与政治领导力关系的视角

美国"衰落论"是中外学界一个不断热议的话题。在这场学术讨论中,占主流观点的是美国"兴盛论"。"兴盛论"主要从美国国力或综合国力角度出发,认为由军事实力、经济实力、文化实力等构成的美国实力在近几十年基本没有下降,故此,美国并没有衰落。①本书在承认美国已有实力没有显著衰落

---

① 国内学术界关于美国"兴盛论"的主要代表作有:王缉思的《西风瘦马,还是北天雄鹰:美国兴衰再评估》,载黄平、倪峰主编的《美国问题研究报告(2011):美国的实力与地位评估》,社会科学文献出版社 2011 年版;陶文钊的《如何看待美国实力地位》,载《当代世界》,2012 年第 1 期;孔祥永、梅仁毅的《如何看待美国的软实力》,载《美国研究》,2012 年第 2 期;朱成虎、孟凡礼的《简论美国实力地位的变化》,载《美国研究》,2012 年第 2 期;余丽的《美国霸权正在衰落吗?》,载《红旗文稿》,2014 年第 8 期。美国学术界关于美国"兴盛论"的主要代表作有:Robert Kagan, *The World America Made*, New York: Alfred A.Knopf, 2012; Robert J. Lieber, *Power and Willpower in the American Future: Why the US is Not Destined to Decline*, New York: Cambridge University Press, 2012; Josef Joffe, *The Myth of America's Decline: Politics, Economics, and the Half Century of False Prophecies*, New York: Liveright Publishing Corporation, 2013; Joseph S.Nye, Jr., *Is the American Century Over?* Malden, MA: Polity Press, 2015.

的基础之上，着重从国家实力与政治领导力的关系视角出发，重点研究美国霸权地位的衰落问题。下文第一部分着重从理论方面分析国家实力与政治领导力之间的关系，第二部分分析了美国实力是否发生变化的问题，第三与第四部分分别从政治极化与否决式政治角度分析了美国政治领导力存在的问题，第五部分阐述了对外战略失误对美国政治领导力的负面影响。

一、国家实力与政治领导力的关系

如何衡量一个国家的综合国力是国际政治中一个不断被探讨的主题。经典现实主义的代表人物摩根索在分析国家权力[①]的构成要素时认为，一个国家的地理、自然资源、工业能力、战备、人口、民族性格、国民士气以及外交素质等都是构成国家权力的重要组成部分。[②]尽管摩根索对国家权力的诸多构成要素进行过详细的分析，但他并没有指出哪些要素在国家权力天秤中的分量更为重要，以及各种要素的权重如何分配。法国著名学者雷蒙·阿隆在分析国家权力时已经明显意识到政治影响力在权力构成要素中的重要性。他在《和平与战争》一书中指出，权力是一个政治单元将其意志施加于其他政治单元的能力。他认为决定政治单元权力的三大要素应该是环境、资源与集体行

[①] 在衡量国家综合国力方面,西方学者一般用 Power 表示,翻译成中文多指权力或实力。在西方语境中,权力或实力的核心多指控制力,是一个国家影响或改变其他国家行为的能力。本书为了阐述方便,多用中文语境中的综合国力来表述国家国力。

[②] 参见[美]汉斯·摩根索:《国家间政治:权力斗争与和平》,徐昕等译,北京大学出版社 2006 年版,第八至十章。

动。[1]在雷蒙·阿隆的权力观中,"集体行动"就含有政治领导力的特点。作为研究权力的大师级人物,约瑟夫·奈将权力划分为硬权力与软权力两大方面,他认为硬权力主要指经济与军事权力,软权力的构成要素主要有制度、文化、政治价值观、外交政策。[2]约瑟夫·奈在继承学界关于权力构成要素的基础之上,重点将研究视角延伸到软权力方面,强调软权力的重要性。在约瑟夫·奈软权力诸构成要素中,政治领导力的作用已经显现。中国社科院黄硕风研究员在研究国力时较早地提出了"综合国力"这一概念。按照他的解释,综合国力是一个主权国家生存与发展所拥有的全部实力(物质力和精神力)及国际影响力的合力。[3]在这里,黄硕风研究员已经明确提到了国际影响力对于衡量综合国力的重要性。但如何评价一个国家的综合国力,学界争议较大。由于对国力在概念界定上的差异,选择依据数据的不同,以及各影响因子权重与合成方法计算的分歧,导致综合国力的计算结果差异较大。

在分析国家综合国力方面,美国战略学家雷·克莱因(Ray S. Cline)的观点极富启发性。早在 20 世纪 70 年代,克莱因就提出了衡量一个国家国力的所谓"克莱因国力公式",即 $Pp=(C+E+M)\times(S+W)$。[4]用中文表达即为:国家力量=(自然基本力量+经济力量+军事力量)×(国家战略+意志)。克莱因的独特

---

① [法]雷蒙·阿隆:《和平与战争:国际关系理论》,朱孔彦译,中央编译出版社 2013 年版,第 46、53 页。

② Joseph S.Nye,Jr.,*Soft Power:The Means to Success in World Politics*,New York:PublicAffairs,2004,p.8.

③ 黄硕风:《综合国力新论》,中国社会科学出版社 1999 年版,第 5 页。

④ Pp 指可感知的力量,C 指领土、资源、人口等较为自然或基本的力量要素,E 指经济力量,M 指军事力量,S 指战略,W 指意志。Ray S. Cline,*The Power of Nations in the 1990s:A Strategic Assessment*,Lanham,Maryland:University Press of America,1994,p.29.

之处在于他特别强调国家战略与国家意志对于提升国家力量的重要性。按照克莱因的解释,除非将国家战略目标的连贯性与国家意志力这两个无形因素考虑进去,否则,更为具体并可量化的国家实力将是不现实的。克莱因甚至认为,如果缺少连贯的国家战略或者有组织的国家政治意志,国家实力也许会损失殆尽。[1]鉴于大多数战略学家忽视国家意志研究,克莱因特别指出,国家意志是国家战略规划与贯彻并取得成功的基石,是国家调动其民众就政府在防务与对外政策方面做出决定的能力,是一个国家能够有效调动其资源与实力从而贯彻其可预见之国家目标的特质。克莱因认为,国家意志力的构成要素是多层次与多元的,没有一项是绝对必需的,但有些因素是国家意志力构成成分经常出现的。例如,一个民族从感情方面忠诚其国家的文化整合程度;有效的国家领导力;国民如何理解国家战略与国家利益之间的关联性。[2]从克莱因的分析可以看出,国家战略与国家意志对于提升国家综合国力具有不可替代的作用。而国家战略与国家意志又类似于国家软实力,属于国家政治领导力范畴。

在强调国家战略与国家意志等软实力因素在提升国家综合国力方面,阎学通教授的观点与克莱因的思路有相似之处。阎学通认为,一个国家的综合国力主要由其军事实力、经济实力、文化实力与政治实力等综合因素的叠加所决定,即综合国力=(军事实力+经济实力+文化实力)×政治实力。也就是

---

① Ray S. Cline, *The Power of Nations in the 1990s: A Strategic Assessment*, Lanham, Maryland: University Press of America, 1994, p.97.

② Ibid., p.102.

CP=(M+E+C)×P。国家的综合实力由操作性实力要素和资源性实力要素两类构成,前者是指政府的领导能力,后者是指可供决策者运用的军事、经济和文化等社会资源。政治实力是其他实力能否发挥作用的基础,而政治制度与国家战略又是政治实力的核心要素。阎学通将道义现实主义作为理论依据,强调政治决定论在道义现实主义中的突出地位,他认为,大国综合实力的基础是国家的政治实力,而政治实力的核心是领导者实施改革的能力。[①]

综上所述,在如何衡量一个国家综合国力方面,克莱因与阎学通等人在注重传统的国家实力因素之基础上,突出强调了政治因素在提升国家综合国力方面的重要性。所以在衡量一个国家综合国力方面,除了一个国家本身所具有的实力(资源、经济、军事与文化等因素)之外,国家意志与国家战略整合程度等政治领导力因素在提升国家综合国力方面也具有举足轻重的作用。一个国家本身具有超强的实力,这并不意味其综合国力强大,在世界具有超强的影响力;一个实力较小的中等国家,如果能充分整合国家意志,内外战略得当,也能够使国家综合国力充分展示在国际舞台上。正如中国先秦哲人所言:"夫国大而政小者,国从其政。国小而政大者,国益大。"具体到如何衡量当今美国的综合国力,从国家实力与政治领导力关系的视角出发我们可以发现,美国的实力在相对下降:政治极化与否决式政治导致美国的国家意志整合受阻,美国对外大战略失误制约了美国的国力,国家意志整合不利与战略失误制约了美国的政治领导力。所以美国在全球的霸权地位正在日益衰落。

---

① 阎学通:《世界权力的转移——政治领导与战略竞争》,北京大学出版社 2015 年版,第 20—22 页。

二、美国实力变化分析

依据克莱因与阎学通等人所提出的衡量一个国家综合国力的公式,这里的美国国力(或称之为综合国力)主要指国家的经济实力、军事实力、资源实力以及文化软实力。在这些构成国力的诸多因素中,经济实力是核心。如何衡量美国的经济实力,应该从纵向与横向两个角度综合考虑。从纵向的角度上讲,近半个世纪以来,美国在世界经济总量中所占比重是一个重要的参考指标。约瑟夫·奈结合多方数据绘制的1900年至2010年美国国内生产总值总量占全球总量的曲线图显示,1900年美国国内生产总值大约占全球经济总量的23%,尽管二战后美国国内生产总值一度占全球经济总量超过35%以上,但2010年又基本回落到占全球经济总量的23%左右。故此,约瑟夫·奈得出结论,认为美国经济并没有衰落。但约瑟夫·奈忽略了一个重要现象,即在他所提供的曲线图中,美国自21世纪以来的国内生产总值总量一直处于下行趋势,由占世界比重不到30%一直下滑到大约23%,而且这种下行趋势还在延续。[①]

关于美国国内生产总值总量占世界经济总量的变化情况,以及美国与中国国内生产总值总量的对比,美国农业部经济研究服务中心结合世界银行提供的资料所做的统计数据也具有重要参考价值(见表1)。

---

① Joseph S. Nye, Jr., *Presidential Leadership and the Creation of the American Era*, Princeton, New Jersey: Princeton University Press, 2013, p.4.

表1　美国与中国国内生产总值在世界经济总量中的比重变化(1980—2030)

年份	美国GDP（10亿美元）	中国GDP（10亿美元）	世界GDP（10亿美元）	美国占世界之比(%)	中国占世界之比(%)
1980	6529.17	338.18	27813.29	23	1
1985	7686.57	561.78	31685.53	24	2
1990	9064.41	824.16	37622.81	24	2
1995	10299.02	1471.65	41791.22	25	3
2000	12713.06	2223.79	49467.90	26	4
2005	14408.09	3542.97	57530.87	25	6
2010	14964.37	6039.93	65407.79	23	9
2015	16672.72	8800.79	74469.99	22	12
2020	18498.31	11758.26	85276.68	22	14
2025	20523.95	15042.58	98337.90	21	15
2030	22771.39	19198.57	113745.98	20	17

资料来源:依据美国农业部经济研究服务中心提供的数据整理而成。参见 USDA Economic Research Service,historical real gross domestic product(GDP)for baseline countries/regions. www.ers.usda.gov.

该数据显示,美国国内生产总值占世界总量的比重由1980年的23%上升到2000年的26%,随后逐渐下降,预计到2020年为22%,2030年为20%。而中国国内生产总值占世界总量的比重则从1980年的1%上升到2000年的4%,进而继续上升,预计到2020年为14%、2030年为17%。

结合上述两个重要统计数据,我们可以得出这样的结论,就综合国力中具有重要地位的国内生产总值指标而言,美国在近几十年将总体处于下降趋势。如果从综合国力统计指标来看,美国近些年总体也处于下降趋势。2012年,美国国家情报委员会提供的全球趋势研究报告认为,到2030年,权力的消融以及权力从国家行为体向信息网络的过渡将对全球造成巨大的冲击。亚洲从经济规模、人口总量、军费支出、科技投入等方面都将超过北美与欧洲之总和。

中国在 2030 年之前其经济规模就会超过美国，成为全球第一大经济体。到2030 年，没有国家——无论是美国还是中国——会成为霸权国，美国自 1945年以来在国际政治中形成的泛美时代的上升趋势将迅速放缓。[①]该研究报告依据衡量国家综合实力的四个重要指标（国内生产总值、人口、军费支出、科技），基于传统四维数据支撑的国家实力统计数据显示，中国大约在 2030 年会超越美国。如果再增加健康、教育与政府治理等重要指标，基于新的多维数据支持的国家实力统计数据显示，中国大约在 2045 年之前会超越美国。在两个统计图中，美国、欧盟与日本的综合指标都在全面下降，而中国与印度都在全面上升（见图 2）。

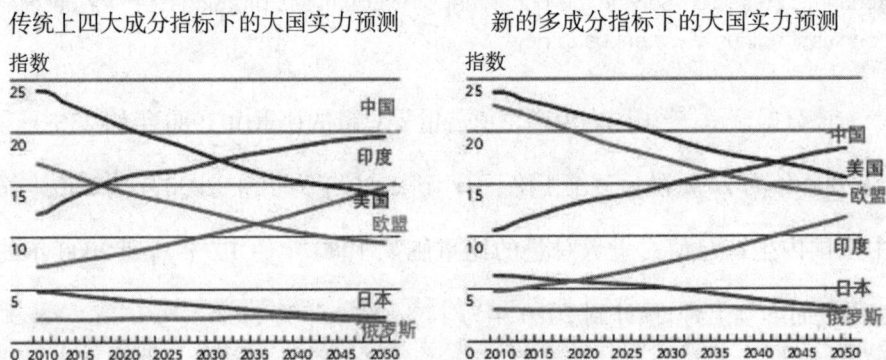

图 2　中国、美国、欧盟、印度、日本与俄罗斯综合实力比较（2010—2050）

资料来源 National Intelligence Council, "Global Trends 2030:Alternative Worlds," December 2012, p.17.

---

① National Intelligence Council, "Global Trends 2030:Alternative Worlds", December 2012, p.16.

三、政治极化与美国政治领导力的下降

政治极化是困扰当今美国政治生态的一个重要问题。尽管美国实行两党制，两党在内政方面分歧不断，但美国政治学家并不认为政党忠诚所导致的政策分歧会对美国对外政策产生实质性的影响。确实，自二战结束以来，美国对外政策总体来说以"两党一致"（bipartisan consensus）为特色，这种"两党一致"表现在外交上，两党都认同总统制定的对外政策。但是自 20 世纪 70 年代以来，政治极化导致这种"冷战一致"开始崩塌，美国战略学家沃尔特·李普曼（Walter Lippmann）所希冀的"政治止于水边"（politics stopped at the water's edge）的情景很难再现。美国学者史蒂文·赫斯特（Steven Hurst）指出，从 1944—1964 年，共和党与民主党在总统选举中，对外政策议题中有 47% 本质上是一致的，只有 6% 的议题存在着严重的分歧。但自 20 世纪 70 年代以来，两党分歧日益严重。尽管自由国际主义是两党跨党联合的政治哲学，但两党就如何看待国际机制存在着分歧：一派更多地强调合作与基于同意基础上的一致，例如支持国际组织、对外援助与自由贸易。另一派更多地强调强制性的手段，例如扩大国防预算、绝对的军事优势、运用武力等。史蒂文·赫斯特将这种政治极化称之为"政党极化"（partisan polarization）。他指出，美国第 112 届国会（2011—2013）的政治极化现象是自 20 世纪以来最为严重的。[1]美国学者布赖恩·马歇

---

① Linda B. Miller and Mark Ledwidge,eds.,*Obama and World：New Directions in US Foreign Policy*,New York：Routledge,2014,pp.95—97.

尔(Bryan C. Marshall)和布兰登·普林塞(Brandon C. Prins)在研究 1953—1998 年期间总统给国会提交的涉及经贸与对外政策方面的议案后发现,1974 年之前,总统提交的涉及经贸的议案中有 77.4%通过,提交的涉及对外政策的议案中有80.7%通过。但 1974 年之后，这两方面议案的通过率分别下降为 38.7%和 59.6%。①到奥巴马政府时期，美国的政治极化日益严重。例如,奥巴马上台不久就提出要修复美国与联合国之间的关系,更加强调外交与软实力在塑造国家形象中的重要作用,这种做法也完全符合民主党的风格。为此,奥巴马在美国 2010 年财政年度,希望国会增加 600 亿美元预算。但是由于国会众议院中共和党占据多数,奥巴马增加预算的提议遭到否决。在随后的 2011 年与 2012 年财政年度预算中，美国国会反倒从奥巴马的呼吁中分别削减 650 亿和 600 亿美元预算。在美国第 112 届国会期间,国会甚至将奥巴马呼吁向国务院增加预算的要求降到最低。②

　　鉴于政治极化严重,有学者甚至感慨,两党都支持总统倡导的对外政策现在成为一种例外而非常态。③关于国会两党政见分歧严重这一问题,美国布鲁金斯学会研究员莎拉·宾德(Sarah Binder)曾根据《纽约时报》涉及国会司法议题的报道制作了一个细致的统计表，该曲线图显示,1947 年至 2012 年,美

---

①③　Linda B. Miller and Mark Ledwidge,eds., *Obama and World: New Directions in US Foreign Policy*, New York:Routledge,2014,p.103.

②　Ibid.,p.101.

国国会就一系列司法议题产生政治僵局的频率呈上升趋势。①2014 年 6 月，美国皮尤研究中心公布的一份调查统计数据也验证了美国国会两党政治极化的严重程度(见图 3)：

民主党与共和党在 10 个政治议题上的观念分布

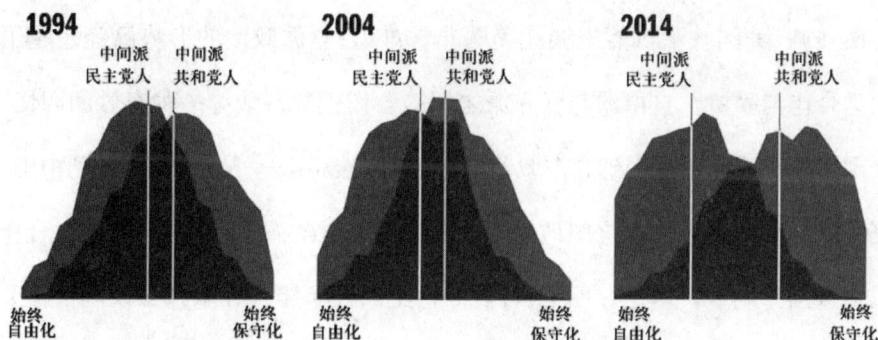

图 3   民主党与共和党在意识形态方面比过去更加分裂
资料来源：Political Polarization in the American Public：How Increasing Ideological Uniformity and Partisan Antipathy Affect Politics，Compromise and Everyday Life，Pew Research Center，June 12，2014. www.pewresearch.org.

该图显示，从 1994 年到 2004 年，民主党与共和党在 10 个主要政治议题上的极化现象还不太严重，但从 2004 年到 2014 年，民主党的自由化倾向与共和党的保守化倾向以及两党的分裂日趋明显。

政治极化是困扰美国政治生态的一个现实问题。美国联邦参议院情报委员会前主席戴维·博伦(David Boren)曾在致美国人民的一封公开信中呼吁国人应该捐弃前嫌，团结一致。他认为今天的美国处于十字路口，应该进行改革以恢复政治机制的功能。博伦告诫国人，当对党派的忠诚超越国家利益之上

---

①   Sarah Binder，"Polarized We Govern？"，Center for Effective Public Management at Brookings，May 2014.

时,党派忠诚对国家利益将具有毁灭性的影响。所以为了美国国家利益,两党应该携手合作。博伦以自己过去三十余年曾经做过州议会议员、州长、联邦参议员、大学校长的经历指出,作为一个国家,美国现在处于衰落的危险时期,如果美国人民不迅速行动起来,这种衰落将会加剧。①博伦在一本书的序言中再次强调,美国政治机能失调让美国非常难堪,党派政治的形势已经超越了两党合作与妥协,自由派与保守派之间的合作正日益成为一种奇妙的回忆,美国对外政策已逐渐受到党派政治的影响而被拖后腿。从欧洲、中东到中国,民主党与共和党无法在这些地区问题上达成一致的看法,两党不愿通力合作以促进国家利益。博伦在回忆自己 20 世纪八九十年代在联邦参议院情报委员会任职的经历时指出,当年两党成员就所有问题的表决都几乎能够达成全票通过,但那样的日子已经成为过去。今天,众议院各小组委员会在许多表决中都以党派画线,"政治应该止于水边"这一至理名言已经成为昔日遗迹。②博伦指出,在他担任联邦参议员时,他知道两党分裂对美国对外政策产生的后果:两党分裂会分化美国的盟友与朋友,会使朋友变成敌人,会歪曲美国在国际社会的形象,会促使美国对国家利益的追求变得复杂化。博伦清楚,当对外政策成为党派政治时,美国国家利益就要受损。③

美国对外政策中出现政治极化的原因非常复杂,一方面是美国不同利益

---

① David L. Boren, *A Letter to America*, Norman, Oklahoma: University of Oklahoma, 2008, p.3.

② Peter Hays Gries, *The Politics of American Foreign Policy: How Ideology Divides Liberals and Conservatives over Foreign Affairs*, Stanford, California: Stanford University Press, 2014, p.xv.

③ Ibid., p.xvi.

集团间的冲突所致,另一方面源于西方政党追求政权的本质特征。但美国学者彼得·海斯·格里(Peter Hays Gries)认为这些都是表面现象,其深层原因是不同的意识形态所致,即两党就这个世界实际如何运作以及应该怎样运作产生了分歧。格里指出,绝大多数美国民众都分享着"大 L 的自由主义"(Big "L" Liberalism)观,即珍视个人自由,对国外的集权政体持谨慎态度。但是在这一"大 L 的自由主义"之下,就文化、社会、经济与政治问题而言,美国民众在许多具体问题上又分裂为"小 L 的自由主义"与保守主义这两大类。①美国学者奥德里奇(J.H. Aldrich)和大卫·W.罗德(David W. Rohde)认为导致这种政党极化的一个重要原因是自 20 世纪 60 年代以来美国南部选民的认同发生重组。他们指出,20 世纪 60 年代美国一系列民权法通过之后,美国南部选民的党派认同发生了变化:南方白人保守派不断加入共和党阵营,而南方非洲裔美国人不断加入民主党阵营;南方白人保守派的强大促使共和党不断右倾,这迫使原先共和党中的自由派不断转向民主党方面;而民主党在不断吸纳非洲裔美国人与原共和党中自由派的同时,也不断损失着南方白人民主党内的保守派。这样,美国形成了两个各自不断走向团结,意识形态同质化、极化的政党。

与此同时,两党各自意识形态同质化又促进了两党战略与领导力的变化,而这些变化又强化了政党极化的进程。随着美国地方选区选民的意识形态同质化,每一个政党的成员为了推动有利于自身政党利益的立法,从而愿意遵

---

① Peter Hays Gries, *The Politics of American Foreign Policy: How Ideology Divides Liberals and Conservatives over Foreign Affairs*, Stanford, California: Stanford University Press, 2014, p.52.

从于本党的领导。这一变化的结果是"有条件政党政府"(conditional party government)在国会的出现。即在国会内部,党派领导控制着立法议程,在绝大多数投票选举中,两党内部大多数成员结成一个紧密团结的团体统一投票,少数自由/温和派共和党成员以及保守/温和派民主党成员在这种强大政治压力下投票追随本党中的大多数成员,这进一步强化了政党极化。①

进入 21 世纪以来,愈演愈烈的政治极化导致国家政治资源、国家意志无法有效整合,这在一定程度上制约了美国实力的发挥,影响到美国在国际社会的影响力。2013 年 10 月,美国第 112 届国会与奥巴马政府之间的矛盾甚至导致美国政府关门,这迫使奥巴马总统只好取消计划中准备参加的一系列亚太会议,该事件对奥巴马政府极力推行的亚太再平衡战略产生了严重的消极影响。2012 年,美国国家情报委员会出台的一份研究报告指出,国内政治对美国规划与贯彻其所扮演的国际角色至关重要。许多美国人都强调美国需要一种强有力的政治一致性,以此作为美国在国际经济竞争中更强有力的一种手段,而一个分裂的美国社会将导致美国在国际社会扮演一种崭新的角色时要花费更多的时间。② 2013 年,约瑟夫·奈出版了《总统领导力与美国世纪的创立》一书。该书强调总统领导力,即美国的政治领导力对于美国主宰未来世界的重要性,但他研究总统领导力的潜台词是美国的政治领导力不给力,因为

---

① R. Fleisher and J.R. Bond, eds., *Polarized Politics：Congress and the President in a Partisan Era*, Washington, DC：CQ Press, 2000, pp.31–72.

② National Intelligence Council, *Global Trends 2030：Alternative Worlds*, December 2012, pp.108–109.

政治极化加剧导致总统领导力无法有效地发挥作用,削弱了美国在世界的影响力。

四、否决式政治与美国政治领导力的下降

1796 年,美国建国之父华盛顿在发表告别演说时曾告诫国人党派分立的危害性,他指出:"它是一团火,我们不要熄灭它,但要一致警惕,以防它火焰大发,变成不是供人取暖,而是贻害于人。"① 2017 年年初,即将卸任的奥巴马在芝加哥发表告别演说时,对美国民主体制运转中存在的问题深表忧虑,他真诚地呼吁国人应该加强团结。但是政治家美好的愿望无法替代残酷的政治现实。20 世纪后半期以来的政治实践表明,美国式民主政治不断陷入政治极化,以政治极化为标志的否决式政治正日益取代早期的民主政治,美国式政治体制已经不可避免地陷入了功能性失调,美国否决式政治存在的弊端愈益明显。用美国著名评论家托马斯·弗里德曼(Thomas Friedman)的话说,就是美国民主"从一种旨在防止当事者集中过多权力的制度变成一个谁也无法集中足够权力做出重要决定的制度"。在弗里德曼看来,国会制衡权力的扩大、两党政治分歧的加剧、特殊利益集团影响力的上升等都是导致权力碎片化和整个体制瘫痪的重要原因。弗里德曼断言,只要美国是一个否决政体而非民主政

---

① United States Information Service, ed., *Living Documents of American History*, China Translation and Publishing Corp, 1979, p.71.

体,美国就不可能是伟大国家。①

美国的政治精英以美国式民主自豪,美国式民主的政治精髓集中体现在麦迪逊民主方面。麦迪逊民主基于民众对政府的不信任,强调分权与权力制衡。基于权利在民的思想,设计了一整套制衡体系来保护个人权利,以约束国家权力。基于麦迪逊民主的政治理念,总统与国会在竞争中共享内政与外交权力。但是麦迪逊民主发展到今天逐渐演变成一种否决式政体(vetocracy)。2013年10月,奥巴马总统与国会之间的矛盾导致政府关门,这一政治事件引发学者不断思考美国政治体制存在的深层问题。2016年美国总统大选,在争议中胜出的特朗普更加剧了美国社会的政治分裂。英国《经济学人》在一篇以"一个分裂的国家"为题的文章中指出,特朗普总统不仅是美国分裂的征兆,也是其分裂的原因,他固化了美国政治的分裂。②

关于美国这种否决式政治产生的深层原因,美国政治学家弗朗西斯·福山(Francis Fukuyama)作过深入的研究。按照福山的理解,美国式民主体制并非用来终止冲突,而是试图通过和平的方式,通过基于规则的协议解决、缓和彼此之间的冲突。好的政治体制是鼓励产生代表尽可能多民众利益的政治结局,但是当政治极化面对着美国式的麦迪逊制衡政治机制时,其后果是民主体制遭遇严重的恶化。一方面,民主必须提供一种制衡以允许所有人通过政治参与,满足其全部的机会。另一方面,民主必须制衡这种需求,从而能够做

---

① 吴心伯:《美国引以为豪的发展模式面临挑战》,载《红旗文稿》,2014年第12期,第30~31页。
② A Divided Country, *The Economist*, July 1st 2017, p.9.

成事情。①福山在《政治秩序与政治衰败》一书中指出，民主不能再作为衡量一个政府或政治制度的首要标准，而应该将政府执政能力作为首要标准。真正的政治发展是国家建构、法治与民主之间的平衡。他认为人们在研究西方政治中，过多地强调民主、法治的重要性，而忽视了国家建构的重要性。按照福山的解释，运作良好的政治秩序必须让国家、法治与民主负责制处于良性平衡。"一边是有效强大的国家，另一边是基于法治和民主负责制的约束制度，将两者结合起来的自由民主制，要比国家占支配地位的政体更公正，更有助于自己的公民。"②福山认为美国政府衰败的根源在于，它在某些方面又回到了"法院和政党"治国——法院和立法机构，篡夺很多行政部门的应有功能，使政府的整个运作变得颠三倒四和效率低下。③福山认为美国政治体制随着时间的推移发生衰败，因为美国政治体制中传统的制衡体制愈益深化和僵化。由于政治极端化日趋尖锐，这个去中心化的体制越来越无法代表大多数人的利益，却让利益集团和活跃的组织拥有过度影响，它们加起来并不等于代表最高权力的美国人民。④针对当今美国政治中的极化现象，福山指出："自19世纪末以来两党在意识形态上从未像今天这样极端。""这种激烈的政党竞争，导致争夺竞选资金的'军备竞赛'，两党之间的个人礼让之风荡然无存。"⑤

---

① Francis Fukuyama, "America in Decay: The Sources of Political Dysfunction", *Foreign Affairs*, Vol.93, No.5, September/October 2014, pp.19–20.

② [美]弗朗西斯·福山：《政治秩序与政治衰败——从工业革命到民主全球化》，毛俊杰译，广西师范大学出版社 2015 年版，第 492 页。

③ 同上，第 428 页。

④ 同上，第 458 页。

⑤ 同上，第 446~447 页。

作为一个理性的政治学家,福山跳出了早年"历史终结论"的思维窠臼,通过潜心研究近代以来各国的政治秩序,福山不再特意强调民主与法治在政治秩序中的重要性,他认识到国家建构在政治秩序中的独特作用。福山意识到美国存在的问题并非民主与法治没有得到充分发展,而是美国国家建构的不足与欠缺,是政治极化导致美国无法产生一个有效率的政府,是否决式政体制约到美国国家意志的整合。当今美国政治极化与政治僵局正是美国国家建构不足的体现,而一个政治失序的国家则会导致政治的衰败。因此,美国政治极化与否决式政治的深层次问题使美国政治体制发展到今天出现了政治衰败。

从政治极化角度探讨美国政治体制是否存在问题,这是学界近年研究的一个热点。美国政治评论家法里德·扎卡里亚(Fareed Zakaria)撰文指出,目前的政治极化是美国自内战以来最为严重的。扎卡里亚对美国政治体制是否有能力确保其在一个全球竞争的世界中保持领先地位表示怀疑,他甚至担心政治僵局将意味着美国民主的危机。[①]1975 年,由美国、欧洲与日本组成的三边委员会出台的《民主的危机》(*The Crisis of Democracy*)的研究报告就指出,工业化世界的民主政府在面对大量问题的情况下会被击垮。报告撰写人之一亨廷顿在涉及美国部分时,对美国民主的前景也表示忧虑。但十多年之后,美国经济日益复苏,共产主义与苏联却危机四伏,资本主义并没有垮,苏联垮了,悲观主义垮了。冷战结束至今的二十多年后,发达的西方工业化国家再次陷入困顿。扎卡里亚开始怀疑是否西方民主面临着新的危机?按照"美国国家选

---

① Fareed Zakaria, "Can America Be Fixed? The New Crisis of Democracy", *Foreign Affairs*, Vol.92, No.1, January/February 2013, pp.22–23.

举研究"(American National Election Studies)的民调统计,1964 年,76%的美国人相信"华盛顿政府总是或者在绝大多数情况下会做出正确的决定"。20 世纪 70 年代,这个数字是 40%多,2008 年下降到 30%,2010 年下降到 19%。扎卡里亚认为,当年民主的危机并没有真正消逝,它只是被一系列幸运的事件所打断并掩盖。

今天,民主危机爆发的可能性上升了。美国式民主比过去更加功能性紊乱,比过去更难以确立权威。扎卡里亚最后发出这样的感慨:也许这次悲观主义是正确的。[①]美国南加州大学荣休教授亚伯拉罕·劳文特尔(Abraham Lowenthal)指出,美国在 21 世纪头 25 年的核心挑战是政治系统推进和执行公共政策以有效应对当前和未来问题的能力。当今美国存在的问题是政治系统的失败,而不是经济问题。他在分析美国政治体制存在的诸多问题时,首先就指出是美国政治和立法表达的极化导致的政治僵局。劳文特尔指出,美国的开国元勋们所面临的问题是需要限制权力过度集中在个人、派系、政党或政府部门手中,而今天美国的问题是政府系统无法推进、执行连贯和有效的公共政策以应对国家当前的重大挑战。劳文特尔认为,美国政治体系能否恢复其调动国家资源和力量的能力是美国在未来几年的中心问题。[②]约瑟夫·奈对美国政治极化所导致的政治衰败也深表忧虑。他并不认为帝国的过度扩张

---

① Fareed Zakaria, "Can America Be Fixed? The New Crisis of Democracy", *Foreign Affairs*, Vol.92, No.1, January/February 2013, pp.23–24.

② [美]亚伯拉罕·劳文特尔:《衰落或复兴:21 世纪初美国的走向》,载《国际经济评论》,2014 年第 4 期,第 141~155 页。

是有可能导致美国衰落的原因——事实上他认为美国并没有过度扩张,其军费支出占 GDP 的比重处于下降状态。不过,他知道罗马的衰落源于内部这一道理,他也意识到美国的衰落有可能是基于国内政治运作的紊乱。他认同一些观察家的观点,即美国将失去影响世界的能力是因为美国国内争斗的文化、衰败的政治机制与经济滞胀。他认为这些可能性不能排除,但约瑟夫·奈认为这种趋势目前还并不明显,他也很难判断今天的美国政治僵局是否就比历史上的政治僵局更为严重。①

五、对外战略失误与美国政治领导力的下降

按照克莱因的综合国力公式,国家战略与国家意志同等重要,共同构成国家政治领导力的重要组成部分。克莱因认为,除非将国家战略目标的连贯性与国家意志力这两个无形因素考虑进去,否则,更为具体并可量化的国家实力将是不现实的。克莱因甚至认为,如果缺少连贯的国家战略或者有组织的国家政治意志,国家实力也许会损失殆尽。②所以合理的国家大战略对于一个国家综合国力的提升具有重要意义。从理论上讲,大战略涉及一个国家所追求的目标与其实现目标之手段的关系。美国著名冷战史专家约翰·路易斯·盖迪斯(John Lewis Gaddis)指出,大战略就是从各种手段到大目标的一种深

---

① Joseph Nye, Jr., "The Future of American Power: Dominance and Decline in Perspective", *Foreign Affairs*, Vol.89, No.6, November/December 2010, pp.5-8.

② Ray S. Cline, *The Power of Nations in the 1990s: A Strategic Assessment*, Lanham, MD: University Press of America, 1994, p.97.

思熟虑的关系（grand strategy is the calculated relationship of means to large ends）。①王缉思教授在总结学界对大战略概念的讨论后指出："大战略是一个国家将其长远目标同手段相连接的进程，这一进程受促进国家利益的原则所指导，基于一种支配一切而持久的远见卓识。"②所以国家大战略要回答什么是国家利益，国家所追求的目标与手段之间的关系。目标即一个国家所追求的利益，手段则是国家调动一切资源从而实现这些目标的方法。按照美国空军学院克里斯托弗·亨默(Christopher Hemmer)教授的解释，大战略涉及WHAT与HOW两个方面。WHAT即目的或国家利益是什么，HOW即指国家如何运用各种手段或方法达到所追求的目的或国家利益。③

具体到美国而言，美国对外大战略就必须搞清楚何为美国所追求的国家利益，美国需要动用哪些战略资源来实现国家利益。就整个美国外交史而言，美国在20世纪以前比较好地界定了美国国家利益，将国家利益主要局限于经济与安全两大方面。所以整个19世纪美国对外大战略的理论基础是以孤立主义为特征的现实主义对外大战略。但是20世纪以来，美国对外大战略逐渐受威尔逊主义影响，将民主、人权等价值理念作为国家利益的一个重要组成部分，对外奉行自由国际主义大战略。冷战期间这种对外大战略的具体体现是NSC68号文件的出台，冷战结束后的具体体现是克林顿政府时期出台的"参与与扩展大战略"。进入21世纪以来，面对着新兴经济体的强势崛起，美国实

①　John Lewis Gaddis, "What is Grand Strategy?", Duke University, February 26, 2009, http://www.duke.edu/web/agsp/grandstrategypaper.pdf, p.7.

②　王缉思：《大国战略——国际战略探究与思考》，中信出版集团2016年版，第301页。

③　Christopher Hemmer, "Grand Strategy for the Next Administration", *Orbis*, Summer 2007, p.453.

力的相对衰落,奥巴马政府为了确保美国在全球的领导地位,在其任内出台的两份国家安全战略报告中,首次将国际秩序纳入美国国家利益,认为经济繁荣、国家安全、价值观与国际秩序是美国对外追求的四大国家利益。奥巴马政府的国家利益观表明,美国继续奉行自二战结束以来的自由国际主义大战略。

对美国对外大战略有深入研究的德克萨斯农工大学教授克里斯托弗·莱恩(Christopher Layne)指出,美国对外大战略追求的目标有三个:其一,谋求和维护美国在世界经济中的主导地位;其二,谋求和维护美国在世界地缘政治中的主导地位;其三,用美国的价值观塑造整个世界并使美国在国际社会中处于主导地位。莱恩认为,美国对外大战略强调全球的"门户开放",以达到上述三大目标。他进而指出,美国大战略在过去60年的历史就是一部扩张史,该战略的逻辑强调美国在北美洲之外的西欧、东亚和波斯湾三个世界上最重要的地区建立霸权。也就是说,美国追求的是超地区霸权(extraregional hege-mony)。[1]莱恩认为,这种追求霸权的大战略并非是一种明智的大战略。霸权大战略并不能给美国带来安全,相反还会使美国更加不安全。威尔逊主义导致美国更加不安全,而不是更加安全。[2]

在美国学术界,许多学者与莱恩持相似立场。美国麻省理工学院教授巴里·波森(Barry Posen)对冷战后以"合作安全论"与"主导论"为主要理论支撑的自由霸权战略并不认同。他认为,美国主导的自由主义霸权秩序不符合美

---

① Christopher Layne, *The Peace of Illusion: American Grand Strategy from 1940 to the Present*, Ithaca: Cornell University Press, 2007, pp.3–4.

② Ibid., pp.7–10.

国国家利益,因为美国付出太多,实际获益较少。①芝加哥大学教授约翰·J.米尔斯海默(John J. Mearsheimer)与哈佛大学教授斯蒂芬·M. 沃尔特(Stephen M. Walt)撰文指出,按照自由霸权战略的逻辑,美国不光必须运用其权力解决全球性问题,而且必须建立一个基于国际制度、代议制政府、开放市场、尊重人权的世界秩序。作为一个"必不可少的国家",美国有权利、责任,也有智慧来管理几乎全球任何角落的政治问题。这种战略的核心是修正主义的大战略,它强调美国承诺要对世界任何地区促进民主,捍卫人权,这种大战略不同于美国在关键地区奉行的均势制衡大战略。所以他们认为,美国民主、共和两党奉行多年的自由霸权大战略具有误导性,其遭遇挫折是一种必然的结果。②

国家对外大战略必须处理好战略目标与手段之间的平衡。美国自 20 世纪逐渐形成的自由国际主义大战略的一个致命缺陷是无法有效地解决好目标与手段之间的关系。美国战略学家沃尔特·李普曼(Walter Lippmann)认为,美国对外政策的原则应该是,承诺与实力平衡,目标与实力相符,手段与目标平衡,国家所拥有的资源与其承诺相符。按照李普曼的说法:"我们必须确保我们清楚地知道,我们对外的承诺与实力之间的平衡。"③自 20 世纪中期,尤其是冷战结束以来,美国对外大战略总体处于战略透支状态,即对外战略中追求的目标与做出的承诺超越了美国所能够调动的所有战略资源。正如保

① Barry R.Posen, *Restraint:A New Foundation for U.S. Grand Strategy*, Ithaca:Cornell University Press, 2014, pp.24–60.

② John J. Mearsheimer and Stephen M. Walt, "The Case for Offshore Balancing:A Superior U.S. Grand Strategy", *Foreign Affairs*, Vol.95, No.4, July/August 2016, p.71.

③ Walter Lippmann, *U.S. Foreign Policy:Shield of the Republic*, Boston:Brown and Company, 1943, pp.7–9.

罗·肯尼迪所指出的那样,美国面临着可称之为"帝国战线过长"的危险。也就是说,华盛顿的决策者不得不正视这样一种棘手而持久的现实,即美国全球利益和它所承担义务的总和目前已远远超过它能同时保卫的能力。①在保罗·肯尼迪看来,美国面临的主要问题是帝国的过度扩张所导致的目标与手段之间的失衡。王缉思教授在分析美国外交存在的问题时指出,美国战略目标的失当不是一般政策和策略的失误,是美国外交存在的一个致命性问题。美国强调其价值观的普世性,以此来判断国际事务和他国内部事务的是非曲直,经常将美国外交引入歧途。②

2017 年,高举"美国第一"口号上台的特朗普政府,其执政举措在多方面背离了自二战结束以来美国民主、共和两党所奉行的自由国际主义大战略,在对外战略上总体处于收缩态势。特朗普政府之前的美国历届政府所奉行的自由国际主义大战略导致美国处于战略透支状态,从而损害了美国的国际领导力。特朗普政府回归杰克逊民族主义的外交理念,由于其以狭隘民族主义为出发点,在经济全球化日益深化的 21 世纪,最终还是会损害美国的国家利益。此外,特朗普政府主动放弃自由国际主义这面"旗帜",导致美国作为世界领导者的国家声誉遭受重挫,使美国的国际领导力进一步受损。

① [英]保罗·肯尼迪:《大国的兴衰》,陈景彪等译,国际文化出版公司 2006 年版,第 502~503 页。
② 王缉思:《大国战略——国际战略探究与思考》,中信出版集团 2016 年版,第 222 页。

六、结束语

从实力与政治领导力结合的角度分析一个国家的综合国力具有重要的理论价值与现实意义。一般而言,学术界更多地从国家实力角度探讨美国的国力是否衰落,忽视了美国政治领导力的不给力对于美国综合国力提升的负面作用。影响国家政治领导力的因素主要有两个:国家意志与国家战略。国家意志整合程度是制约国家综合国力的一个重要方面,而美国存在的突出问题是由于政治极化,否决式政治导致的国家意志无法有效整合,从而削弱了美国在国际社会发挥影响力的能力。就构成国家政治领导力的两个核心要素而言,国家意志与国家战略缺一不可,任何一方出现问题都会制约国家政治领导力的有效发挥,限制国家综合国力的提升。

美国国家意志无法有效发挥的同时,美国对外大战略也存在着失误。以自由国际主义为理论基础的自由霸权战略存在着战略目标与手段之间的失衡,从而导致美国在对外大战略方面长期处于战略透支状态。故此,长期奉行自由国际主义大战略也削弱了美国的综合国力。就一个国家而言,拥有雄厚的实力,并不一定能够转化为在国际社会的影响力。要完成这种转化,国家的政治领导力一定要给力。具体而言,要有一个能够有效发挥国家意志的国内政治秩序,能够将国家意志有效整合;要有一个能够将强大的国家资源转化成全球影响力的国家对外大战略。美国学者迈克尔·韩德(Michael Hunt)认为,美国雄厚的物质财富、民族信心的确立与成功的领导力这三大因素的有效结合,为美国在世界上不断取得成功奠定了基础。①但今天的美国在实力相对下降的情况下,政治领导力日益弱化,从而导致美国霸权地位面临衰落。美国霸权地位的衰落,又会导致美国在国际社会中政治领导力的合法性与霸权正当性受到质疑。盎格鲁-撒克逊民族治理北美的合法性依靠一种意识形态的话语构建,这种话语构建体现在基督新教的宗教使命说与盎格鲁-撒克逊民族白人种族优越论的塑造。在这种话语构建支配下,盎格鲁-撒克逊民族自然成为北美的合法主人。

同样,美利坚民族以世界领导者自居建立在这样一套意识形态话语构建之下,即美国是西方文化中心论的继承者,美国式自由主义导致了美国的经济繁荣与政治民主,美国国内的宪政秩序具有世界的普世性。但是美国霸权地位的衰落将会颠覆这样一整套话语体系,从而导致美国式自由国际秩序的正当性与合法性受到质疑,美国式自由主义的普世性受到质疑。因此,美国一些政治与知识精英无论如何都不愿接受美国日益衰落的事实。在他们看来,如果承认美国衰败,或美国真的衰落了,这就意味着美国赖以立国的核心价值观及其基本原则将在全世界受到冲击与动摇。所以美国衰落与否,这首先涉及一个"政治正确性"的问题,其次才是一个学术问题。

美国布鲁金斯学会高级研究员罗伯特·卡根(Robert Kagan)指出,妄谈美国衰落是缺乏历史与现实知识的表现。美国衰落引发的悲观主义对于民众是一种误导,如果任其泛滥,世界将陷入崛起大国与守成大国之间的一场战争。

---

① Michael H. Hunt, *The American Ascendancy: How the United States Gained and Wielded Global Dominance*, Chapel Hill: The University of North Carolina Press, 2009, p.2.

在卡根看来,对于美国霸权最大的威胁来自于美国人也许会相信美国的衰落的确不可避免。他告诫世人,如果美国衰落,美国主导的自由国际秩序也会行将衰落,这对未来世界的影响将会是灾难性的。所以美国主导的自由国际秩序必须保留,美国不可能衰落。①约瑟夫·奈也认为,美国的衰落不光是一个经济问题,也是一个政治问题。如果认为美国衰落,这样会促使中国推行其危险的对外政策,或者促使美国由于担心其国力有限而产生过于敏感的反应。②所以在他看来,断言美国的衰落更多是一个心理学方面的问题,其心理因素大于实际因素。③约瑟夫·奈在多种场合反复强调,美国衰落论是一个错误的命题。但从学术上讲,基于政治极化、否决式政治与对外战略的失误,美国国家意志与国家战略存在的现实问题将导致美国政治领导力的不给力。当美国实力相对下降、政治领导力不给力时,由实力与政治领导力决定的美国综合国力将会下降,美国在全球的霸权地位自然会衰落。

---

① Robert Kagan, *The World America Made*, New York: Alfred A. Knopf, 2012, pp.85–99.

② Joseph S. Nye, Jr., *The Future of Power*, New York: PublicAffairs, 2011, p.203.

③ Ibid., p.157.

第二部分

国际秩序与奥巴马政府的对外战略调整

国际秩序与美国的全球领导力

——评 2015 年美国《国家安全战略报告》*

　　国际秩序是奥巴马政府上台后着力强调的美国对外大战略。在奥巴马政府看来，国际秩序是继安全、经济繁荣、价值观之后美国国家利益的第四大支柱，奥巴马的这种国际秩序观初步体现在 2010 年的美国国家安全战略报告中。2015 年 2 月 6 日，奥巴马政府公布了上任以来的第二份美国国家安全战略报告。在这份 35 页的新战略报告中，奥巴马政府对国际秩序观内涵的认识更为全面。本书就新美国国家安全战略报告中的国际秩序观问题，分别从国际经济秩序与国际政治秩序两个角度重点阐述国际秩序对美国全球领导力的作用，奥巴马政府将国际秩序作为美国第四大国家利益的新特点，以及奥

---

* 本文原载于《国际论坛》2015 年第 4 期，收入本书时进行过修订。

巴马政府倡导国际秩序观的现实考量。

一、国际经济秩序与美国的全球领导力

经济问题是历届美国政府国家安全战略报告中的重点议题。这份新美国国家安全战略报告的亮点之一就是奥巴马政府大谈过去五年来美国所取得的经济成就。如果说 2010 年美国国家安全战略报告的基调是危机与挑战,贯彻大战略的主要方向是国内经济的复兴与恢复,重心在国内,那么 2015 年战略报告的基调则是自信与目标,贯彻大战略的主要方向是国际社会与外交,重心在美国对世界的领导力。2010 年美国国家安全战略报告中"经济繁荣"一章开篇就强调,美国领导力的基础是必须有一个繁荣的美国经济,报告从多方面阐述了重振美国经济的具体措施。①但五年后的新美国国家安全战略报告在涉及经济问题时却认为,美国在一个相对不安全的世界中处于一个更有利的位置,美国比过去更为强大。美国强劲的经济增长是美国国家安全的基石,也是美国国际影响力的重要源泉。今天的美国新创造了 1100 万个就业岗位,失业率降到六年来的最低点。美国是世界石油与天然气资源的领导者,全球经济在科学、技术与革新方面的持续引领者。报告认为,美国军事的威力、科技的实力、所能达到的地缘地域在人类历史上是史无前例的。②五年前的国家安全战略报告还强调美国要强化榜样的力量,强调榜样力量的不足,似有自我检讨

---

① The White House, National Security Strategy, May 2010, pp.28—34.
② The White House, National Security Strategy, February 2015, Preface.

之意，但五年后的国家安全战略报告在大谈美国经济成就之时似乎要将笼罩在美国人民头上长达多年的美国衰落论阴影驱散。

　　美国国家安全战略报告的核心目标就是如何强化美国在全球的领导力，这种领导力又建立在美国实力的基础之上，而美国实力之基石又是经济实力。鉴于奥巴马上台之初美国经济深陷衰退的窘状，2010 年美国国家安全战略报告在经济方面的重心是强调国内经济的复兴，但 2015 年美国国家安全战略报告却将经济繁荣的重心放在了如何构建一个基于法治的国际经济秩序上，视野投向国际与全球。新战略报告明确指出，美国持久性的领导力依赖于塑造一个能够体现美国利益与价值观的、新兴的全球经济秩序。尽管这种秩序取得了成功，但是美国塑造的法治秩序现在遇到了可替换的、开放程度不高模式的挑战。为了应对这种挑战，报告认为，"我们必须战略性地运用我们的经济实力塑造一种新的法治路径，强化我们的伙伴关系，促进包容性的发展"。报告主张强化全球金融体系，建立高水平的全球贸易平台，确保未来的全球贸易体系要符合美国的利益与价值观。为此，报告主张通过建立与强化国际体系中的规则，促进地区贸易的首创性来应对不断出现的国有企业与数字保护主义（digital protectionism）等的挑战。①

　　该战略报告在"塑造全球经济秩序"一节中明确指出，美国虽然摆脱了全球性经济危机，但是现在要做的就是塑造新的经济秩序以避免未来再发生经济危机。美国强调构建全球经济秩序，其目的是为了巩固自身的世界领导地

----

① The White House, National Security Strategy, February 2015, p.15.

位。具体而言,有两个现实原因:第一,塑造新的经济秩序,进行规制改革,防范经济危机重现。第二,防范新兴国家资本主义以及市场扭曲、靠"搭便车"发展的经济体日益壮大。报告强调通过"二十国集团"(G20)这个全球经济组织的大平台,发挥其在强化全球经济与金融规则构建方面的核心作用。对世界贸易组织(WTO)、世界银行、国际货币基金组织进行改革,以增强其有效性与代表性。通过跨太平洋伙伴关系协定与跨大西洋贸易与投资伙伴协议推动世界上最高的劳动权利与环境保护标准,消除美国出口障碍,将美国置于能够覆盖全球三分之二经济规模的一个自贸区的核心位置。报告认为,美国的目标是利用这一位置,以及自身高技能的劳动力、强有力的法治、供给充裕并价格实惠的能源将自身打造成可选择的生产平台, 以及优先选择的投资目的地。报告强调,美国还将推动实现一些开创性的协议,在服务、信息技术、环保商品等在全球占据革新领先优势的领域实现自由贸易。[①]

这样我们就可以看出,奥巴马政府正试图通过推动 TPP 与 TTIP 这两个高水平的贸易协定来打造国际经济秩序的新平台,以应对来自新兴经济体对美国经济的挑战,从而确立美国在世界经济中的领导地位。作为新兴经济体的代表,中国就明显属于美国倡导的国际经济秩序需要"塑造"的对象。该战略报告在涉及亚太经济秩序中明确指出,美国要强化东盟、东亚峰会、亚太经合组织,以加强这些组织共同的规则与标准。美国需要与亚洲伙伴国加强合作,以促进更大的经济开放度与透明度,从而支持国际经济规则与标准,并认

---

① The White House, National Security Strategy, February 2015, p.17.

为这是维持全球经济增长的重要发动机,而 TPP 就是这一努力的中心议题。①
此前,在奥巴马政府向国会提交的 2015 年度国情咨文中,更是点名指出中国
对美国倡导的国际经济秩序的挑战。奥巴马指出,中国试图书写世界上经济
增长最快地区的生产规则,这对美国产品出口不利。因此,美国要建立基于本
国高工资成本的产品出口规则。按照奥巴马的说法:"我们应该书写那些规
则,我们应该使竞技场公平。"②可以看出,美国要制定一个基于高成本商品出
口的世界贸易规则,抵制新兴经济体在制造业方面的竞争优势。对中国而言,
这无疑是一种高水平的国际经济秩序挑战。

二、国际政治秩序与美国的全球领导力

如果说国际经济秩序的提出是 2015 年美国国家安全战略报告的一个新
亮点的话,那么国际政治秩序的提出则是老问题、新观点。早在五年前的美国
国家安全战略报告中,奥巴马政府就第一次提出了国际秩序问题,但在当时,
奥巴马政府所理解的国际秩序的内涵还主要局限于政治层面,而且认识比较
肤浅。历经五年的发展变化,奥巴马政府对国际政治秩序内涵的理解深入了
许多。这主要体现在以下三大方面:

第一,对国际政治秩序是美国领导力之源有了更为深入的认识。2010 年

---

① The White House, National Security Strategy, February 2015, p.24.

② The White House, Remarks by the President in State of the Union Address, January 20, 2015. http://
www.whitehouse.gov/the-press-office/2015/01/20/remarks-president-state-union-address-january-20-2015.

美国国家安全战略报告开篇指出,美国现在必须建立美国实力与影响力之源,构建一种国际秩序才能够克服 21 世纪的挑战。①报告认为,国际秩序将提升安全、繁荣与美国倡导的普世价值,也是美国寻求自身权利的目的。没有这种国际秩序,不稳定与失序的力量将削弱全球安全。如果没有有效的机制以构建国际合作,诸如像气候变化、流行性疾病、跨国犯罪等这些跨越国界并得到普遍认可的问题将持续而潜在地扩散。②但在当时,奥巴马政府只是笼统地提到国际秩序能够解决美国面临的各种挑战,并没有充分认识到国际政治秩序对于美国领导世界的重要性,而 2015 年美国国家安全战略报告在导论中就明确指出,美国的领导角色存在于一个基于法治的国际秩序,这一国际秩序赋予具有权利的公民、负责任的国家、有效的地区与国际组织最高效地运作。③报告认为,美国有机会,也有义务在强化、形成那些作为 21 世纪和平、安全、繁荣、保护人权之基石的规则、标准、制度方面起到引领与示范作用。当今的国际秩序主要依靠国际法律框架、经济与政治机制、美国的同盟与伙伴,以及自二战以来与美国志同道合的国家共同建立与维持,依靠美国强大的领导力得以支撑。这一秩序存在了 70 年,它促进了国际合作、负担分享与国际责任。这一秩序从未完善,其各方面不断受到挑战,导致在许多情况下无所作为。④

第二,认识到强化联盟与伙伴关系是美国建立国际政治秩序的重要基石。正如 2010 年国家安全战略报告所指出的那样,美国地区与全球安全基石将在

---

① The White House, National Security Strategy, May 2010, p.1.

② Ibid., p.40.

③ Ibid., p.1.

④ The White House, National Security Strategy, February 2015, p.23.

于维持与盟国的关系,确保美国对其盟国毫不动摇的安全承诺。这种关系必须被持续不断地培育,这不仅因为它们对于美国国家利益与国家安全目标必不可少,而且因为它们是美国与盟国集体安全的基石,是美国与世界接触的基石,是国际行动的刺激因素。①2010年美国国家安全战略报告强调重建国际秩序的关键是确保美国及其盟国、伙伴国之间的集体联盟体系。这些集体联盟体系在欧洲是北约,亚洲是一系列亚洲同盟体系,北美是美国、加拿大与墨西哥之间的伙伴关系。2015年国家安全战略报告肯定了过去五年奥巴马政府在这方面的成绩,指出美国强化了无与伦比的同盟体系,并特别指出美国加强了对盟国与伙伴国的承诺。②

第三,将"亚太再平衡"置于重构国际政治秩序的战略高度。就国际秩序中的亚洲部分而言,2010年美国国家安全战略报告只是强调亚洲引人注目的高经济增长与美国未来的经济繁荣紧密相连,亚洲成为新的全球影响力中心,美国通过地区组织、新型对话、高水平外交深度介入该地区,通过贸易与投资驱动太平洋两岸经济增长与繁荣,通过提升与盟国关系、深化与新兴国家的关系、寻求在该地区组织(诸如东盟、亚太经合组织、跨太平洋伙伴关系协定)更具影响力的作用来加强合作。③但是2015年美国国家安全战略报告在"提升我们的亚太再平衡"一节中,奥巴马政府在强调亚洲在全球经济增长中的重要性之后,重点强调该地区两大安全隐患——海洋领土争端与朝鲜的挑衅——

① The White House, National Security Strategy, May 2010, pp.40–41.

② The White House, National Security Strategy, February 2015, p.1.

③ The White House, National Security Strategy, May 2010, p.43.

其冲突与危险态势在持续增加。报告强调，美国要强化与亚洲的安全伙伴关系以及促进自身安全态势的多样化。具体而言，报告强调提升美国在该地区的重要盟友——日本、韩国、澳大利亚、菲律宾的现代化水平，提升与这几个国家的双边关系，以确保它们有足够的能力来应对地区或全球层面的挑战。①

2010年战略报告还没有充分认识到"亚太再平衡"这个问题的重要性，但五年后美国已经将亚太再平衡作为构建国际秩序的一个重要环节。具体到中国议题，报告一方面强调美国欢迎一个稳定、和平与繁荣的中国的崛起，美国寻求与中国发展一种建设性的伙伴关系，这将使两国人民受益，并促进亚洲与世界的安全与繁荣。美国寻求与中国在气候变化、公共健康、经济增长、朝鲜半岛无核化方面的合作。报告认为，两国之间存在着竞争，但美国拒绝对抗的必然性。同时，美国与中国从实力的角度将管控彼此间的竞争。另一方面，报告坚持认为中国在诸如海洋安全、贸易与人权方面应该信守国际规则与标准。美国将密切监控中国军事现代化以及在亚洲的扩张性态势，美国将寻求各种方法以降低因缺少互信与产生误判所造成的风险。②就在2015年美国国家安全战略报告出台当天，在美国布鲁金斯学会举办的新美国国家安全战略报告吹风会上，时任美国国家安全事务助理苏珊·赖斯除了介绍这一战略报告的特点之外，同时还宣布2015年奥巴马准备邀请日本、中国、韩国、印尼这

---

① ②　The White House, National Security Strategy, February 2015, p.24.

四个国家的元首赴华盛顿进行国事访问。①美国邀请别国元首赴美访问无可厚非,问题是这些受邀国家全在亚太地区,这是一种巧合,还是有意为之! 如果是有意为之, 这就说明奥巴马政府计划将外交的重心投放到亚太地区,突出强调美国通过亚太再平衡来主导亚太国际秩序的战略思路。

三、国际秩序与美国的国家利益

将国际秩序的构建上升到美国国家安全战略的高度,并在国家安全战略报告中首次明确提出是在老布什政府时期。在 1991 年 8 月出台的美国国家安全战略报告中,老布什明确提出了"世界新秩序"这一概念。②老布什的世界新秩序观是建立在苏东集团解体、美国超越遏制战略的基础之上的,强调用美国价值观作为指导思想的"一个世界共同体"取代"东西方对峙的两个世界",强调美国对世界新秩序的领导。20 世纪 90 年代,克林顿政府大致按照老布什的这种世界新秩序构想的目标而努力。例如,1995 年美国国家安全战略报告提出了调整和建立全球制度的问题。2000 年美国国家安全战略报告提出"新的国际体系"这一概念。③但是在老布什、克林顿乃至小布什政府的历次美国国家安全战略报告中,美国政府顶多对国际秩序有一些粗浅的认识,而将

---

①　Susan Rice on 2015 National Security Strategy:U.S. proudly shouldering responsibilities of global leadership. http://www.brookings.edu/blogs/brookings-now/posts/2015/02/susan-rice-2015-national-security-strategy.

②　The White House, National Security Strategy of the United States, August 1991, p.v.

③　朱明权:《领导世界还是支配世界?——冷战后美国国家安全战略》,天津人民出版社 2005 年版,第 188~193 页。

国际秩序上升到国家大战略高度，认为国际秩序是美国四大国家利益之一，这还是奥巴马政府首创。

就国家利益这一概念的内涵而言，美国政界、学界始终争论不休，但在奥巴马之前的历届政府提交的国家安全战略报告中，美国政府对国家利益这一概念的内涵有一个基本共识，这就是安全、经济繁荣和价值观是美国国家利益的"三件套"。美国始终认为全球领导力的基石建立在强化与提升美国国家利益（安全、经济繁荣与价值观）的基础之上。关于美国国家利益这种界定最集中的体现就是克林顿政府出台的首份美国国家安全战略报告。[1]美国空军学院国际安全研究系克里斯托弗·亨默（Christopher Hemmer）教授指出，克林顿政府与小布什政府都强调安全、经济与价值观的一体性，三者之间的有机协调与三位一体共同构成美国国家利益，可以说是美国国家利益的三重奏。就美国国家利益的先后顺序而言，安全第一，经济繁荣第二，扩展价值观第三。[2]但奥巴马时代美国开始认识到仅依靠传统的、对国家利益"三件套"式的理解不足以实现其对世界的领导，要实现美国对世界的领导，还必须注重国际秩序的塑造。奥巴马政府打破了冷战结束以来美国政府关于国家利益认识的固有模式，提出了关于美国国家利益的"四件套"之说，认为国际秩序是美国国家利益的"第四大支柱"。认为只有这样，美国才能巩固其世界领导权或霸权地位。

---

① The White House, National Security Strategy of Engagement and Enlargement, July 1994.

② Christopher Hemmer, "Continuity and Change in the Obama Administration's National Security Strategy", *Comparative Strategy*, Vol.30, Issue 3, 2011, p.270.

　　从战略层面上讲,任何一种大战略都必须准确地定义战略目标与战略手段,并寻求战略目标与战略手段之间的平衡关系。美国国家安全大战略的顶级目标是世界领导权,或称之为世界霸权。实现这种世界领导权或世界霸权的手段, 抑或支撑这种领导权力的手段主要依靠美国国家利益的提升与强化。具体到奥巴马政府,就是将"安全、繁荣、价值观与国际秩序"这四大核心利益作为提升与强化美国世界领导权或霸权的源泉。自冷战结束以来,美国国家大战略的终极目标或顶级目标始终没有发生变化,即强调对世界的领导权或世界霸权,发生变化的是其实现目标的手段而已。冷战结束以后的近二十年中,美国始终将实现战略目标——世界领导权的手段界定在安全、经济繁荣与价值观三大方面,这在克林顿政府与小布什政府制定的国家安全战略报告中都充分地体现出来。但是奥巴马政府对实现美国大战略目标的手段作了重大的调整,将国际秩序纳入国家利益范畴,并上升为美国国家四大核心利益之一。这说明奥巴马政府对实现美国国家大战略的目标较之前几届政府发生了重大变化。

　　美国国家安全战略的终极目标是追求权力,对世界的领导权。为了确立对世界的领导权,美国政府强调实力与影响力的有机结合。实力主要体现在硬实力上,在国家安全战略中的体现就是安全与经济繁荣两个层面。奥巴马政府经过五年的努力, 在强化美国安全与提升经济繁荣方面取得了一些成绩。实力的另外一个重要体现就是软实力,这又可以称之为影响力。在这方面,奥巴马政府强调的主要方面是价值观与国际秩序的构建。在此前的历届政府中,美国都强调价值观是美国核心利益所在,从未提及国际秩序是美国国家利益。但奥巴马上台之后，反复强调国际秩序也是国家利益之一，这说明美国政府从理论到实践层面都已经认识到国际秩序的重要性。2014 年 6 月 11 日，在新美国安全中心举行的关于美国大战略的研讨会上，苏珊·赖斯在阐述国际秩序在美国国家安全战略中的重要性时特别强调，在奥巴马政府看来，国际秩序与安全、繁荣与价值观三大目标紧密相连，也可以说是这三大目标实现的重要保障。强化与提升国际秩序，美国的国家安全才能有所保障，美国的经济与世界的经济繁荣才有可能实现，美国所推崇的民主与人权事业才有可能实现。苏珊·赖斯认为，美国政府利用自身的领导力倡导一种国际秩序，并借助这种国际秩序，通过强有力的国际合作以促进和平、安全与机会，从而应对全球挑战。①

需要指出的是，安全、繁荣、价值观是美国主要的三大核心国家利益，而奥巴马政府将国际秩序提升到战略高度，认定为仅次于安全、繁荣与价值观的第四大国家核心利益，这在学术上存在很大的争议。从战略层面上讲，安全、繁荣与价值观属于目的，而国际秩序应该属于手段，它们之间是目的与手段的关系。奥巴马政府似乎将战略目的（目标）与实现这种战略的手段之间的关系混淆了。为此，亨默教授认为，奥巴马政府提出"国际秩序"作为美国国家利益的一部分，这有些不合逻辑，它混淆了美国大战略的目标与手段之间的

---

① Center for a New American Security, Eighth Annual National Security Conference, Keynote Address by Ambassador Susan Rice, June 11, 2014. http://www.cnas.org/transcript/cnas2014/keynote-address-susan-rice#.VPLwhimLFAk.

重要区别。①亨默指出,奥巴马政府为了与以前政府相区别,突出国际秩序的重要性,强调本届政府与盟友、其他国家以及国际组织的合作,但他并没有澄清美国大战略的逻辑。问题不在于建立一种可行的国际秩序不在美国国家利益范畴之内——也许在其内,问题是无论一种特殊的手段在提升美国国家利益方面多么的重要,但将目的与手段完全合并却是一种常识性的战略错误,会造成一种战略混乱。②当然,学术归学术,奥巴马政府的智囊团队在将国际秩序纳入美国国家利益范畴之际是不可能深究这些学术问题的,他们考虑的应该首先是战略层面的政治问题。

四、奥巴马政府国际秩序观的现实考量

如果说奥巴马政府在首份国家安全战略报告中提出用国际秩序来强化美国的世界领导力,其主旨在于消除小布什政府单边主义的消极影响,那么五年后奥巴马政府在第二份国家安全战略报告中再次强调用国际秩序观来主导世界,则是在呼应美国国内对其过去几年对外政策方面的责难,再次重申美国对世界的领导必须基于一个法治的国际秩序,军事手段并非对外政策的首选。在过去的几年中,中东、东欧与亚太地区的局势发生了一些变化,美国国内一些人认为奥巴马政府在对外政策方面过于软弱,一些评论家甚至给

---

① Christopher Hemmer, "Continuity and Change in the Obama Administration's National Security Strategy", *Comparative Strategy*, Vol.30, Issue 3, 2011, p.269.

② Ibid., p.270.

奥巴马扣上一顶"纸老虎"的帽子。乔治·华盛顿大学资深教授亨利·诺(Henry Nau)就曾认为,奥巴马政府目前采取的战略退却是一种错误行为。美国应该奉行现实主义与自由国际主义之间的中间路线,强调重新武装美国的外交,以美国民众能够承受的代价寻求美国例外论的目标。①美国驻伊拉克前大使詹姆斯·杰弗里(James Jeffrey)就新美国国家安全战略报告在《华盛顿邮报》撰文指出,今天最大的新闻是,美国国家安全战略不是制定一份详细的目标清单,而是那些有权势的政策执行者以使用或威胁使用武力的方法正在削弱一个存在了70年之久的全球安全体系。杰弗里抨击奥巴马政府轻视军事手段解决国际问题的政策,认为奥巴马的政策背离了冷战结束以来美国对外政策的共识。他认为奥巴马反对用军事手段解决冲突之所以成为新闻,是因为这种政策在乌克兰危机与ISIL问题持续一年之久后,奥巴马政府仍然在美国国家安全战略报告中坚定地重申这一立场。②

在美国学术界,就奥巴马政府对外政策产生的分歧日益明显。布鲁金斯学会国际秩序与战略项目主任托马斯·赖特(Thomas Wright)研究员在评析新美国国家安全战略报告时就承认,美国对外政策分析团队就当今的世界形势判断分化为两个团队。第一个阵营认为当今世界秩序存在的障碍是由于地缘政治的回归,体现为中东国家权力的弱化在中东造成灾难性的后果、俄罗斯

---

① Henry R. Nau, *Conservative Internationalism: Armed Diplomacy under Jefferson, Polk, Truman, and Reagan*, Princeton, New Jersey: Princeton University Press, 2013, p.10.

② James Jeffrey, "Obama puts down in writing his troubling worldview", *Washington Post*, February 12, http://www.washingtonpost.com/opinions/obama-puts-down-in-writing-his-troubling-worldview/2015/02/12/dc2274a4-b227-11e4-886b-c22184f27c35_story.html.

的侵略对美国在欧洲安全方面的核心利益构成本质性的挑战,以及中国的崛起对亚洲构成的挑战。第二个阵营相信美国面临着各种威胁与挑战,但拒绝地缘政治回归这种说法,认为美国没有必要过分夸大这些危机的影响力。在国家安全战略问题上,奥巴马自己坚定地站在第二阵营。例如,报告谴责了俄罗斯的侵略,但并没有将俄罗斯侵略问题单独列为一部分论述,俄罗斯也并没有被列入对美国国家利益构成挑战的八大战略危险之一。①

　　美国《外交》杂志 2014 年第 3 期上刊登的两篇重量级文章充分印证了赖特的这种观点。文章之一出自美国著名战略学家沃尔特·拉塞尔·米德(Walter Russell Mead)之手。米德认为,2014 年以来,地缘政治竞争又回归到世界舞台的中心,旧有的大国博弈又返回到国际关系之中。这主要体现在俄罗斯在乌克兰危机问题上的态度,中国在海洋主权方面的要求,日本对自身地缘政治警惕性的上升,伊朗通过与叙利亚、黎巴嫩的联盟来试图主导中东。②米德指责奥巴马政府削减美国军事投入,塑造一个自由国际秩序。按照米德的说法,"任职过半的奥巴马发现激烈的地缘政治竞争将自身陷入困境,中国、俄罗斯与伊朗组成的复仇主义联盟没有推翻冷战后的世界秩序,但这些国家已经将一个没有争议的冷战后世界秩序转变为一个具有争议的世界秩序。美国总统再也无法用一只悠闲的手寻求强化自由体系,他们正在不断地关注着加固地

---

① Thomas Wright, Interpreting the National Security Strategy, http://www.brookings.edu/blogs/up-front/posts/2015/02/06-interpreting-the-national-security-strategy.

② Walter Russell Mead, "The Return of Geopolitics: The Revenge of the Revisionism Powers", *Foreign Affairs*, Vol.93, No.3, May/June 2014, p.69.

缘政治的基石"①。

与米德的观点相左,同期发表的出自美国著名战略学家约翰·伊肯伯里的文章却认为米德误解了当代权力政治的现实。在伊肯伯里看来,当今世界秩序具有稳定性与扩展性的特点,米德高估了中国、俄罗斯、伊朗等国削弱冷战后世界秩序的能力,低估了美国的实力与构建世界秩序的能力。他认为,俄罗斯与中国引发地区冲突的背后推动力是有限的,俄罗斯尤其是中国,已经与至关重要的全球经济与制度融为一体。伊肯伯里借用以色列前外长什洛莫·本·阿米(Shlomo Ben-Ami)的观点指出,俄罗斯与中国并非真正意义上的修正主义国家。它们顶多是国际秩序的破坏者,它们没有兴趣,更不用说观念、能力或利用盟友来颠覆已经存在的全球法治与制度。美国应该在构建与强化自由国际秩序方面做出不懈的努力,应该寻求一种全球介入的战略。在这种战略中,美国的领导地位不能简单地通过行使权力,而应该通过致力于解决全球问题与规则构建的努力来体现。②从奥巴马政府对外政策的特点来看,他大致吸纳了以伊肯伯里为代表的普林斯顿学派新自由制度主义的观点,在对外政策方面强调基于法治的世界秩序观,对动用军事手段介入国际冲突持审慎的态度。

奥巴马政府国际秩序观现实考量的第二个立足点在于应对新兴大国崛起对美国主导的国际秩序的挑战,试图通过掌控国际秩序构建的话语权最终

① Walter Russell Mead, "The Return of Geopolitics: The Revenge of the Revisionism Powers", Foreign Affairs, Vol.93, No.3, May/June 2014, p.77.

② G. John Ikenberry, "The Illusion of Geopolitics: The Enduring Power of the Liberal Order", Foreign Affairs, Vol.93, No.3, May/June 2014, pp.80–91.

实现对世界的领导权,从而更好地维护美国国家利益。就美国而言,无论是一战结束之际威尔逊倡导的国联,二战结束之际罗斯福倡导的联合国,还是冷战结束之际老布什强调的世界新秩序,乃至当今奥巴马政府的国际秩序观,都强调用规则与制度来主导国际社会。但问题是所有这些美国倡导的规则与制度都是美国价值观与国家利益的体现。布鲁金斯学会高级研究员罗伯特·卡根(Robert Kagan)在《美国塑造的世界》一书中就曾这样认为,美国塑造的世界秩序成功了,美国就成功了。因为这种世界秩序深深地烙有美国的价值观,体现了美国的国家利益。①

今天,奥巴马政府倡导的国际秩序何尝不是在最大限度地维护美国的国家利益? 约瑟夫·奈在《权力的未来》一书中指出,未来国际社会中权力转移的两大趋势之一就是权力在不同国家之间的转移,美国为了维护自身的全球领导力就要注重巧实力的建设。②而奥巴马政府所倡导的国际秩序就是适应全球权力有可能由发达国家向新兴经济体转移,而强调用规则与秩序这样一些软权力来重塑美国领导力的具体努力。按照语言哲学的政治逻辑,规则与制度的倡导又是一种话语权的掌控。今天,奥巴马政府倡导的国际秩序观就其实质而言,可以说是美国试图通过掌控构建国际秩序的话语权占领国际政治的制高点。王缉思教授认为,从美国重返亚太的战略调整和 TPP、TTIP 的倡导可以清晰地看出,其企图掌控全球政治经济资源和国际规则的"顶层设计",突出劳工权益、生态环境保护、知识产权保护、低碳经济等有利于美国的国际规

---

① Robert Kagan, *The World America Made*, New York: Alfred A. Knopf, 2012, p.123.
② Joseph S. Nye, Jr., *The Future of Power*, New York: PublicAffairs, 2011, pp.xiii–xv.

则,维护美国在国际竞争中的主动权和话语权。可以预料,中美不同治理模式的竞争将趋于激烈,其实质是争取全球治理改革的话语权,集中表现为对国际规则的掌控、运用、阐释和创设。①众所周知,在农业社会,土地是财富之源,国家间竞争的对象主要是土地;在工业社会中,市场是财富之源,国家间争夺的对象主要是市场;而在当今的全球化时代,财富则主要与规则相联系,国家间竞争的主要对象是规则。所以 21 世纪对规则与制度的争夺将逐渐取代此前对土地与市场的争夺。

新兴大国的崛起,最核心的就是中国的崛起,中国的崛起,有可能导致现实主义学派所预言的权力转移,这也就是近年国际社会所讨论的世界转型问题。奥巴马政府强调国际秩序的构建在某种程度上就含有应对中国崛起对美国全球领导力挑战的含义。当今,中国政府反复强调中国全面参与国际秩序的建设。中国外交部部长王毅在联合国总部就中国与国际秩序的关系发表讲话指出,中国是当代国际秩序的参与者、维护者与改革者。②同时我们还应该看到,国际秩序的构建是一种话语权的构建,中国不应该盲目地接受美国所倡导的国际秩序,否则中国就会失去国际秩序构建的话语主导权。事实上,中国新一届领导集体在国际秩序话语权构建方面已经做出了一系列有益的尝试,诸如,中国梦、中美新型大国关系、"一带一路"倡议、金砖国家新开发银行等倡议的提出等。这些尝试在一定程度上体现了中国作为最大的发展中国家

---

① 王缉思编著:《大国关系:中美分道扬镳还是殊途同归?》,中信出版社 2015 年版,第 111 页。

② 王毅:"中国是当代国际秩序的参与者、维护者和改革者",http://money.163.com/15/0224/10/AJ7BFRN 300254TI5.html.

对国际秩序民主化进程所持的立场。基辛格在《世界秩序》一书中认为,在我们这个时代,大家都在努力寻求世界秩序的定义,但在这个世界上并没有为各国人民所普遍接受的世界秩序观。①奥巴马政府倡导的国际秩序是美国价值观的体现,是为了最大限度地维护美国的世界领导地位,对这一点我们要有清醒的认识。

---

① Henry Kissinger, *World Order*, New York: Penguin Group, 2014, p.2.

约翰·伊肯伯里国际秩序思想及其评析 *

    21 世纪以来,新兴经济体的崛起对以美国为首的西方世界构成了持续性的挑战,美国在全球的领导地位受到冲击,美国是否衰落以及权力转移成为热议的焦点问题,而所有这些问题的背后隐藏着一个重大的现实问题,即跨越权力巅峰之后的美国该如何领导世界？美国主导的现存国际秩序该走向何处？这一问题的实质又涉及如何理解美国主导的国际秩序这一重大的理论议题,而这一议题正是美国学者约翰·伊肯伯里（G. John Ikenberry）学术研究的核心。伊肯伯里是普林斯顿大学伍德罗·威尔逊公共和国际事务学院著名的国际政治学教授、美国对外战略的理论大家。作为享誉学界的知名学者,伊肯伯里著作颇丰,学术涉猎较广,但其最具影响力的学术思想是以《大战胜利之

---

　　* 本文是作者与其指导的硕士研究生李萌合作的研究成果,原载于《国际论坛》2016 年第 3 期,中国人民大学复印报刊资料《国际政治》2016 年第 9 期全文转载,收入本书时进行过局部修订。

后》与《自由主义利维坦》①为代表的国际秩序思想。这种国际秩序思想,以新自由制度主义为理论内核,以批判小布什政府为代表的新保守主义政策为切入点,强调美国在冷战后应该奉行自由国际主义的对外大战略,对美国奥巴马政府对外政策产生了深远影响。国际秩序是当今国际政治的热点议题,深入探讨伊肯伯里的国际秩序思想,不光有助于学界正确理解奥巴马政府的国际秩序观,把握美国大战略动向,也对如何树立中国自身的国际秩序观有一定的借鉴意义。下文分为三大部分:第一部分,主要对伊肯伯里国际秩序思想体系及核心观点予以分析;第二部分,主要从其国际秩序思想与奥巴马外交的关联性上予以剖析;第三部分,主要结合学界观点以及国际政治现实发展状况对其学术思想进行评析。

一、伊肯伯里国际秩序观的思想体系

自由主义是近代西方步入民主政治以来的一个纷繁复杂的政治哲学流派,自由主义在美国对外政策的体现经常冠之以自由国际主义,但何为自由国际主义,学界尚未做出明确的概念界定。正如伊肯伯里所说,自由国际主义并非体现一套固定的原则和惯例,自由国际主义无论从概念还是形式上都处

---

① G. John Ikenberry, *After Victory: Institutions, Strategic Restraint, And the Rebuilding of Order After Major Wars*, Princeton, New Jersey: Princeton University Press, 2001; *Liberal Leviathan: The Origins, Crisis, And Transformation of the American World Order*, Princeton, New Jersey: Princeton University Press, 2011.

于不断的发展之中。①因此,给自由国际主义下定义并非易事。但从宏观而言,自由国际主义仍有一些显而易见的特点,即自由国际主义优先考虑观念和机制在国际政治中的作用,相对轻视权力在维护国家利益方面的作用。按照乔治·华盛顿大学教授亨利·诺(Henry Nau)的说法,自由国际主义大战略承认民主价值的普遍性并且寻求通过建立世界范围内的国际法、国际组织、经济相互依赖等多边途径来传播并维护这些价值。②

在当代美国学术界,作为自由国际主义学派的典型代表,伊肯伯里在继承基欧汉与约瑟夫·奈国际机制理论的基础上,更多地从国际秩序层面理解美国该如何领导世界。事实上,美国国内无论是自由国际主义还是保守主义都争先为美国大战略出谋献策:保守主义认为,美国应发挥权力的绝对优势以推行"美国价值",主要推崇"单边主义"外交;而自由国际主义则强烈批判这种观点,指出"国际秩序"才是化解后冷战时期美国外交困境的关键所在,推崇多边主义外交。无论美国外交走向何方,都离不开对国际秩序的探讨。

关于国际秩序这一议题,在美国外交史上经历了"三次重要的尝试",即一战时威尔逊政府关于国际联盟的构想、二战时罗斯福政府倡导的"大西洋宪章"以及建立联合国的构想、冷战后老布什政府"世界新秩序"的构想。这些对外大战略构建似乎都在试图建立一个符合美国长久国家利益的国际秩序。可见,建立何种"国际秩序"是解决"美国如何领导世界"这一问题的重要途

---

① G. John Ikenberry, *Liberal Leviathan: The Origins, Crisis, And Transformation of the American World Order*, Princeton: Princeton University Press, 2011, p.13.

② Henry R. Nau, *At Home Abroad: Identity and Power in American Foreign Policy*, Ithaca, NY: Cornell University Press, 2002, pp.55-59.

径。正如门洪华教授所言:"霸权的主要目标就是通过秩序建设实现其治理下的和平,这一点尤其是美国霸权的突出特征。"①就伊肯伯里而言,其国际秩序思想正是沿着自由国际主义的这一理论大框架,结合美国世界领导力面临的困境提出的新的解决方案。具体而言,伊肯伯里的这种国际秩序思想主要体现在以下几个方面:即战后霸权的选择、宪政秩序的内涵和逻辑、宪政秩序的制度战略(即宪政秩序稳定之源)以及宪政秩序在新时期面临的挑战和发展。

(一)战后霸权的选择

历史事实表明,无论是 1648 年、1815 年、1919 年还是 1945 年,秩序的建立似乎都经历了一场不可避免的战争。而在这样的历史性时刻,国内秩序和国际秩序有着惊人的相似性。战后的胜利国,拥有物质权力上的绝对优势,但又面临着两大难题:一是如何运用权力,二是与之对应建立何种秩序。伊肯伯里从国内政治的角度出发,认为一个国家在大战后所面临的选择,同一个新的统治精英在国内战争和独立之后所面临的选择是极为相似的,即要么利用自身至高无上的物质力量在分配中得以占据绝对优势,要么因为意识到自身的实力最终会被削弱而选择建立巩固自身的制度、秩序。②伊肯伯里在分析历史大量案例的基础上指出,大战之后的主导国在如何运用权力的问题上有三种选择:一是"主导"(dominate),即运用其自身至高无上的物质性权力,在收

---

① 门洪华:《美国霸权与国际秩序》,载《国际观察》,2006 年第 1 期,第 17 页。

② G. John Ikenberry, "Constitutional Politics in International Relations", *European Journal of International Relations*, Vol.4, No.2, June 1998, p.147.

益分配中取胜,其结果往往会引发国家间无休止的冲突。二是"放弃"(abandon),即不论战后的争端如何,都采取不理睬和不承担的态度,选择"回家休养生息",多体现为"孤立主义"的外交色彩。三是"转化"(transform),即为建立一种持久的秩序,并获得其他国家对此秩序的忠诚而选择对自身权力进行约束和克制,使自身的实力转化为持久的、合法的、互惠并符合自身持久利益的秩序。伊肯伯里进而指出,与上述权力选择相对应所建立起来的国际秩序也分为三种形式:即均势秩序、霸权秩序和宪政秩序。①伊肯伯里最终指出,宪政秩序是最符合主导国持久利益的选择。

(二)宪政秩序的内涵和逻辑

"宪政"一词最早来源于西方式民主国家的国内政治,而伊肯伯里创新性地将其运用到国际政治领域。他认为,领导国通过限制自身权力,使其限定在某种秩序中来换取其他国家的默许和顺从,这样的秩序就带有宪政性,并指出宪政秩序的产生是存在一些必然条件的。正如伊肯伯里在一篇文章中所言:"战后旧的秩序崩塌,新的大国力量崛起,此时,由于新的规则和秩序还未形成,新兴大国有创造持久和合法秩序的动机,这种需要也促使其他国家有接受和加入其中的意愿。为此,主导国必须进行战略限制,向那些弱国传达这

---

① G. John Ikenberry, *After Victory: Institutions, Strategic Restraint, And the Rebuilding of Order After Major Wars*, Princeton: Princeton University Press, 2001, p.24. 伊肯伯里在《自由主义利维坦》一书中将其解释为"制衡、统制、赢得同意",这里的意思大致相同。参见 *Liberal Leviathan: The Origins, Crisis, And Transformation of the American World Order*, Princeton, New Jersey: Princeton University Press, 2011, p.48;[美]约翰·伊肯伯里:《自由主义利维坦——美利坚世界秩序的起源、危机和转型》,赵明昊译,上海人民出版社 2013 年版,第 41 页。

样一种信息：即任意使用国家权力的行为将受到限制，他国的服从和加入将以解决主导国的'威胁'和'抛弃'等问题为基础。"①因此，大战后，对于领导国而言，其最大的动机便是能够将战后力量的绝对优势转变为持久的政治秩序，而这种秩序需要确保其他国家在基本规则、原则上达成一致，这便促成了宪政秩序的建立。

伊肯伯里指出，宪政秩序体现着三个特点："对秩序的基本规则、原则达成一致；规范和制度的建立，用来绑定和限制权力的运用；在宪政秩序中，规则和机制存于更广泛的政治体系中，且不易改变。"②更为重要的是，宪政协议减少了对"获胜"意义的强调，这同国内秩序中的宪法具有同等作用，既限制了获胜国随意使用得到的权力，也减少了权力回报的可能性。这种秩序，使失败的国家意识到，它们的损失是有限和暂时的，失败并不等于失去一切，它也不会赋予胜利国永久的优势。因此，宪政秩序的建立，需要考虑两个主体之间的问题：一个是领导国为什么愿意限制自身的权力；另一个是次要国家为什么愿意接受这种安排。伊肯伯里认为，对于领导国而言，之所以愿意限制自身，是因为"保存实力"符合其长期利益。通常，领导国意识到自身的绝对优势是暂时的，若想将自身的优势得以延续，就需要"投资"，即创立一种次要国家都认同的"规则"，次要国家认同和接受可以避免"强制"所带来的高昂的成本。简言之，领导国旨在"将实力锁定于未来的回报之中"来确保自身的领导

① G. John Ikenberry, "Constitutional Politics in International Relations", *European Journal of International Relations*, Vol.4, No.2, June 1998, p.150.

② G. John Ikenberry, *After Victory: Institutions, Strategic Restraint, And the Rebuilding of Order after Major Wars*, Princeton, New Jersey: Princeton University Press, 2001, p.27.

地位。而对于次要国家而言,之所以愿意接受其领导国建立的"规则",主要是因为可以同领导国"讨价还价"。宪政秩序的建立,使"讨价还价"不仅仅基于权力,更不用担心被"主导"或"抛弃"的危险。这样一来,宪政秩序对于双方而言似乎都是利大于弊的交易,极具吸引力。①

(三)宪政秩序的制度战略

在探讨了宪政秩序的内涵之后,还需要思考的一个问题是宪政秩序如何得以稳定?或者说,建立宪政秩序应采取何种战略?伊肯伯里进而指出:"宪政秩序的稳定源于制度。"②为了确保宪政秩序的稳定,领导者需要建立相应的制度,这种安排,不但可以限制权力的绝对优势者对权力的任意使用,也可以确保没有永远的失利方。正如门洪华教授所言:"美国建立霸权的方式就是在各个领域建立国际机制……从而确立自己的霸权地位和霸权体系。"③这种现象在二战之后尤为突出。例如联合国、国际货币基金组织(IMF)、世界银行(WB)、关税及贸易总协定(GATT,1995 年被 WTO 取代),而它们其中的大部分都被延续至今。

伊肯伯里指出,为了实现上述目标,领导国需要采取相应的战略,即建立"制度性协议"。进一步说,要"开放自己""约束自己"。"开放自己",意味着领

---

① G. John Ikenberry, *After Victory : Institutions, Strategic Restraint, And the Rebuilding of Order after Major Wars*, Princeton, New Jersey : Princeton University Press, 2001, pp.48–51.

② Ibid., p.43.

③ 门洪华:《国际机制与美国霸权》,载《美国研究》,2001 年第 1 期,第 80 页。

导国在政策制定上更具"透明性",这样可以使领导国的行为具有可预期性,降低"意外"发生的概率;"约束自己",意味着领导国限制"自主权",从而使其他国家在国际事务上拥有更多的"话语权"。①因此,"制度性协议"的建立,无论对于领导国还是次要国家都具有吸引力。伊肯伯里认为,制度战略之所以具有优越性,是因为制度具有"黏性",它将领导国和其他国家捆绑在一起,当双方都发现制度带来"回报增加"时,便形成"路径依赖",使其他制度难以取代。②在伊肯伯里看来,制度性建设有赖于两大核心变量:即"权力的差距"和"民主"。一方面,权力越失衡,领导国就越具有"讨价还价"的优势,并获得其他国家对"制度性协议"的认同,因为它能够避免其他国家所担心的问题,即被"主导"或"抛弃"。另一方面,"民主"国家自身所具有的政治"透明""分权"和"开放"等特征,为协议的达成提供了必要条件,具有相似国内政治秩序类型的国家更有可能同意加入其中。因为它们可能拥有相同的政治偏好乃至目标,在政治结构和政策上也具有相似性。因此,民主既是手段也是目标。伊肯伯里通过对历史案例的分析,指出 1815 年后的国际秩序开始倾向宪政性,而 1945 年之后建立起来的秩序最具有上述特征,即为宪政秩序。

---

① G. John Ikenberry, *After Victory:Institutions,Strategic Restraint,And the Rebuilding of Order after Major Wars*,Princeton,New Jersey:Princeton University Press,2001,pp.55-58.

② Ibid.,pp.59-65.

表 2 三种秩序的对比[①]

时间(国家)	国家实力	民主化程度	制度性协议
1815 年(英国)	海上霸主,但未有统治欧洲的军事实力	专制国家多	《肖蒙条约》
1919 年(美国)	经济实力雄厚,但在欧陆未具压倒性优势	主要战胜国为民主国家	国际联盟
1945 年(美国)	经济与军事实力具有压倒性优势	民主化程度高	《大西洋宪章》、布雷顿森林体系、IMF、WB、联合国等

　　根据上述表格中的对比分析可见,1945 年美国主导的秩序更具有制度性特征。具体说来,二战后美国跃居世界霸主,无论是经济还是军事实力都占据绝对优势地位。同时,二战后的制度化更达到空前程度,并且这些制度大多是由西方工业化民主国家建立的。因此,与 1815 年和 1919 年不同,领导国和次要国家更有能力和意愿加入到宪政秩序之中。伊肯伯里认为,1945 年的秩序是极具稳定性的。因此他并不赞同学界"冷战后是一个分水岭"这一观点,他认为二战后形成了两种秩序:一种是两极对抗秩序,一种是自由民主秩序。而苏联解体、东欧剧变仅摧毁了两极秩序,并未打破由西方工业化民主国家建立起来的宪政秩序。因此若要说变化,不过是 1945 年秩序变得更加广泛和强健。[②]虽然权力在世界的分配发生了巨变,但美国自二战之后建立起来的秩序则被更加制度化。因此伊肯伯里认为,"自由国际主义"从未被打破,而是经历

---

　　① 资料来源:根据伊肯伯里《大战胜利之后》中案例分析整理所得,具体参考:G. John Ikenberry, *After Victory: Institutions, Strategic Restraint, And the Rebuilding of Order after Major Wars*, Princeton, New Jersey: Princeton University Press, 2001.

　　② G. John Ikenberry, "The Myth of Post-Cold War Chaos", *Foreign Affairs*, Vol.75, No.3, May-June, 1996, pp.79-91.

着不同时期的发展,并称冷战后为"威尔逊 3.0"时代。①

(四)新时期宪政秩序的困境与发展

伊肯伯里认为,与威尔逊时期"同一个世界"(one world)的秩序蓝图不同的是,二战后数十年以来的国际秩序更呈现"等级秩序"的特征。具体说来,美国在各个领域具有更深远、更复杂的影响,它不仅是秩序的创建者和参与者,更是领导者,这使得二战后的秩序逐渐发展为"自由主义霸权秩序"。伊肯伯里认为,美国期望的是普世秩序,而得到的却是美国主宰的世界体系。②冷战后,自由国际主义的美国大战略在老布什及克林顿时期的确有所继承与发展。然而"9·11"事件的发生却让小布什政府偏离了以往的战略方向,美国政府采取以"单边主义"和"先发制人"为特征的一系列外交政策,明显地流露出"帝国"的特征,最终促使美国外交陷入困境,甚至被外界冠之以"流氓国家"的恶名。事实证明,小布什政府抗拒自由国际主义理念,轻视国际制度和规则的重要性,试图以美国领导的"反恐战"来重塑国际秩序,这种设想最终是不可持续的,这种举措不具有合法性和权威性。③外交上的失利也为自由国际主

---

① G. John Ikenberry, "Liberal Internationalism 3.0: America and the Dilemmas of Liberal World Order", *Perspectives on Politics*, Vol.7, No.1, Mar. 2009, p.71.

② G. John Ikenberry, *Liberal Leviathan: The Origins, Crisis, And Transformation of the American World Order*, Princeton, New Jersey: Princeton University Press, 2011, pp.142–146.

③ 伊肯伯里对小布什政府对外政策的抨击,主要体现在以下论著中:G. John Ikenberry, "Getting Hegemony Right", *The National Interest*, Spring 2001; G. John Ikenberry, "American Grand Strategy in the Age of Terror", *Survival*, Spring 2002; G. John Ikenberry, "The End of the Neo–Conservative Moment," *Survival*, Spring 2004; G. John Ikenberry, "Power and Liberal Order: America's Postwar World Order in Transition", *International Relations of the Asia–Pacific*, Vol.5, No.2, 2005.

义大战略的回归提供了契机。"宪政秩序"的重构再一次成为探讨焦点,无论是政界还是学界都对奥巴马政府的战略转变寄予厚望。

2008 年,伊肯伯里在为新美国安全中心提交的战略性研究报告中指出,在新时期日益复杂的国际背景下,美国国家安全所面临的并非是某个特定的敌人,即便能够指出某几个特定的对象,对象之间也具有极为复杂的关联,因此 21 世纪美国面临的威胁具有多元性。①伊肯伯里进一步指出,美国所倡导的,旨在维护其国家利益和安全的国际秩序的基石逐渐受到侵蚀,美国的领导地位和权威都处在危机之中,但这并非意味着自由国际主义秩序本身处于困境,并最终走向终结,而是秩序的治理处于困境。②为此,美国大战略并非寻求一个有针对性的威胁,而是重塑那些得到认可的、合法的制度体系。伊肯伯里将这种大战略称之为"自由秩序的构建"(liberal order building)。③此外,在对新兴国家特别是中国崛起是否挑战现有秩序的问题上,伊肯伯里的态度体现出其对美国主导的现有国际秩序的高度自信。伊肯伯里并不否认中国崛起的客观事实,但他认为,中国实力的上升,或者说美国实力的相对衰落,并不会必然引起国际秩序的巨大转变。

---

① G. John Ikenberry, "An Agenda for Liberal International Renewal", in Michele A. Flournoy and Shawn Brimley, eds., *Finding Our Way: Debating American Grand Strategy*, Center for a New American Security, June 2008, p.45.

② G. John Ikenberry, *Liberal Leviathan: The Origins, Crisis, And Transformation of the American World Order*, Princeton, New Jersey: Princeton University Press, 2011, p.145.

③ G. John Ikenberry, "An Agenda for Liberal International Renewal", in Michele A. Flournoy and Shawn Brimley, eds., *Finding Our Way: Debating American Grand Strategy*, Center for a New American Security, June 2008, pp.45–46.

当今美国主导的西方秩序加入容易而撼动不易,伊肯伯里认为,以中国为首的新兴国家并不想挑战现有自由国际秩序的规范及原则,它们更情愿加入其中,而美国等西方国家也不应采取排斥的态度,而应让新兴国家共同参与并融入现有秩序。按照伊肯伯里的说法,中国的崛起必须遵循这样一个原则,即西方是贯通东方之路(the road to the East runs through the West)。①伊肯伯里在另一篇文章中指出,二战后建立的国际秩序是以美国为中心、西方国家主导的自由国际秩序,称之为"美国有限公司"(America Inc.)。今天,美国所把持的这一"美国私人有限公司"要面对"公众"开放,崛起大国正在这一全球体系中寻求更大的权力与发言权。美国自身正面临将"美国私人有限公司"转变为"公立的世界有限公司"的压力,美国不得不邀请新股权持有者与新的会员加入到"董事会"中,但美国与欧洲将仍然是这个"董事会"的领导,不过它们不像过去那样有影响力。②从伊肯伯里的诸多论述中可见,未来的国际秩序仍然是美国意志的体现,是一种自由国际秩序或自由霸权秩序。这种国际秩序的主要特征有:开放的市场、民主共同体、集体安全、法制。伊肯伯里关于新

① 伊肯伯里对新兴大国,特别是中国崛起等问题的观点主要体现在以下论著:G. John Ikenberry, "The Rise of China and the Future of the West:Can the Liberal System Survive?" *Foreign Affairs*, Vol.87, No.1, Feb. 2008;G. John Ikenberry, "The Myth of the Autocratic Revival", *Foreign Affairs*, Vol.88, No.1, January 2009;G. John Ikenberry, "The Liberal International Order and its Discontents", *Millennium-Journal of International Studies*, Vol.38, No.3, May 2010;G. John Ikenberry, "The Future of Liberal World Order: Internationalism After America", *Foreign Affairs*, Vol.90, No.3, May 2011;G. John Ikenberry, *Liberal Leviathan: The Origins, Crisis, and Transformation of the American World Order*, Princeton, New Jersey:Princeton University Press, 2011;G. John Ikenberry, "The Illusion of Geopolitics:The Enduring Power of Liberal Order", *Foreign Affairs*, Vol.93, No.3, May/June 2014.

② G. John Ikenberry, "The Liberal International Order and its Discontents", *Millennium-Journal of International Studies*, Vol.38, No.3, 2010, p.520.

时期宪政秩序的大战略实则是威尔逊式自由国际主义思想的升级,是对当下美国实力相对衰落以及新兴国家崛起等国际环境的回应。但与威尔逊时期不同的是,他更强调美国在自由秩序中的领导地位。从奥巴马上台后重申"美国应重新领导世界"的战略构想来看,他充分吸纳了以伊肯伯里为代表的自由国际主义的大战略观点。

二、伊肯伯里的国际秩序观与奥巴马外交

面对小布什时期保守主义的外交残局,美国亟须新的战略转变。正如福山在接受《环球时报》的采访时所言:"美国近十年来犯了两个大错误:一是伊拉克战争,二是 2008 年发生的金融危机。两者都是保守派思想引发的后果。"[1]而这些外交上的失利,让美国政府开始反思并试图重塑美国形象。事实上,早在小布什政府第二任后期,美国战略界就已经开始反思现任政府的外交失误,并为新一届政府出谋划策,作为战略学家的伊肯伯里,其倡导的国际秩序大战略思想就逐渐从幕后走到前台。2006 年,以伊肯伯里和安妮-玛丽·斯劳特为首的学者联合发表《铸造法制之下的自由世界——21 世纪美国国家安全战略》(即"普林斯顿报告")[2],以及 2008 年"凤凰倡议"小组发表的《战略领

---

[1] 谷棣、谢戎彬主编:《我们误判了中国——西方政要智囊重构对华认知》,华文出版社 2015 年版,第 58 页。

[2] G. John Ikenberry and Anne-Marie Slaughter, "Forging a World of Liberty under Law, US Strategic Security in the 21st Century", Final Report of the Princeton Project on National Strategy, 2006.

导:21 世纪国家安全战略框架》的研究报告①,它们多体现出对建立自由国际秩序的倡导,为奥巴马政府的外交转变提供了理论框架。普林斯顿报告由伊肯伯里和安妮-玛丽·斯劳特执笔,报告指出"美国必须主张、寻求并确保一个有法可依的自由世界,历史事实表明,美国经验的成功离不开自由和秩序,而秩序即法律"②。这一核心观点集中体现出自由国际主义关于构建国际秩序的思想。尽管伊肯伯里没有参与"凤凰倡议"研究报告的起草与撰写,但"凤凰倡议"的重要起草者之一安妮-玛丽·斯劳特与伊肯伯里共同就职于普林斯顿大学,两人都是自由国际主义的忠实捍卫者,都重视国际秩序构建对于美国全球领导力的重要性。值得注意的是,参与这两个报告讨论的部分学者后来加入到奥巴马政府的对外决策层,成为美国对外政策制定的智囊团成员,对奥巴马政府外交决策产生了深远影响。

2008 年是美国总统大选年,也是酝酿新一届政府对外政策理念的关键时期,伊肯伯里的国际秩序思想在这一时期得到了充分的发挥。"新美国安全中心"是美国智库阵营中的新秀,但由于其人员构成的特殊性以及研究定位在大战略这一高起点上, 对美国政府的对外政策始终发挥着重要的影响力。2008 年,伊肯伯里在为新美国安全中心提交的战略性研究报告中指出,今天,

---

① Anne-Marie Slaughter, Bruce W. Jentleson, Ivo H. Daalder, Antony J. Blinken, Lael Brainard, Kurt M. Campbell, Michael A. McFaul, James C. O'Brien, Gayle E. Smith and James B. Steinberg, "Strategic Leadership: Framework for a 21st Century National Security Strategy," A Phoenix Initiative Report, July 2008.

② G. John Ikenberry and Anne-Marie Slaughter, "Forging a World of Liberty under Law, US Strategic Security in the 21st Century", Final Report of the Princeton Project on National Strategy, 2006, p.6.

对美国国家安全最严重的威胁并非来自哪个具体的敌人,而是半个世纪以来美国所倡导的、能够维护美国国家利益与安全的全球秩序的制度基础遭受侵蚀。所以美国的大战略并非寻求一个有针对性的威胁,而是重塑那些得到认可的、合法的制度体系。伊肯伯里将这种大战略称之为"自由秩序的构建"(liberal order building)。①同年,伊肯伯里在《外交》期刊上撰文指出,美国领导下的单极时代最终会过去的。他告诫美国政府,如果美国要保持在当今世界的领导力,就必须强化当今的国际秩序,加强制度与体系构建,使这个秩序的根基尽可能牢固。②2009 年,伊肯伯里与约翰·霍普金斯大学教授丹尼尔·德德尼(Daniel Deudney)联合在《外交》期刊撰文,进一步阐述他的国际秩序大战略思想,伊肯伯里认为,美国等西方国家应对以中国、俄罗斯为首的"集权专制主义"崛起的最有效手段就是将这些"专制体制国家"融入西方主导的自由国际秩序中,让这些国家成为负责任的利益攸关者。③

从奥巴马政府上任以来的一系列政策可以看出,他的确深受伊肯伯里等人以国际秩序构建为核心的自由国际主义思想的影响。奥巴马政府外交战略的转变主要体现在两个方面:一方面是"破",另一方面是"立"。"破"即抛弃"单边主义"外交理念,反对"滥用武力"和"意识形态"式的外交政策;"立"则

① G. John Ikenberry, "An Agenda for Liberal International Renewal", in Michèle A. Flournoy and Shawn Brimley, eds., *Finding Our Way: Debating American Grand Strategy*, Center for a New American Security, June 2008, pp.45–46.

② G. John Ikenberry, "The Rise of China and the Future of the West: Can the Liberal System Survive?", *Foreign Affairs*, Vol.87, No. 1, Jan.–Feb., 2008, pp.24–25.

③ Daniel Deudney and G.John Ikenberry, "The Myth of the Autocratic Revival", *Foreign Affairs*, Vol.88, No.1, January/February 2009, pp.77–93.

体现在对"巧实力"外交的推崇,更加倾向于多边主义外交。奥巴马认为:"美国追寻的是领导世界并非建立帝国。"①最值得注意的是,奥巴马入主白宫以来,在相继出台的两份美国《国家安全战略报告》中都高度强调国际秩序的重要性,将国际秩序上升到美国国家利益的战略高度,试图用建构国际秩序来强化美国的全球领导力。在奥巴马政府看来,国际秩序与安全、经济繁荣和价值观三大目标是紧密相连的,并为实现这三大目标提供重要保障。奥巴马认为,重塑美国领导力是其执政的核心任务,而重塑美国领导力的关键之一是重构美国主导的国际秩序,所以奥巴马政府公布的首份美国《国家安全战略报告》开篇就指出:"我们必须增强实力和影响力,塑造有利于克服 21 世纪带来的诸多挑战的国际秩序。"② 2010 年报告体现出奥巴马政府急于对小布什政府时期外交战略进行修正,强调用国际政治秩序的构建来重塑美国全球领导力的设想,而 2015 年奥巴马政府公布的任内第二份美国《国家安全战略报告》在强调政治秩序的基础上,更提出建立国际经济秩序的目标,将国际秩序分为国际政治秩序与国际经济秩序两大方面。③该报告在强调亚太再平衡议题的同时,着重指出在亚太成为全球经济增长引擎的大趋势下推进 TPP 机制的重要性。在美国著名智库布鲁金斯学会于 2013 年奥巴马政府第二任期之初发表的《大赌注和黑天鹅:奥巴马总统第二任期面临的外交挑战》报告中,就曾对加强经济外交、建立国际经济秩序等提出建议,例如,"促使国会早日批准

---

① The White House,National Security Strategy,May 2010,Preface.

② Ibid.,p.1.

③ 关于 2010 年和 2015 年美国《国家安全战略报告》的评述参见杨卫东:《国际秩序与美国的全球领导力——评 2015 年美国〈国家安全战略报告〉》,载《国际论坛》,2015 年第 4 期。

TPP 协议……鼓励中国达到条件并加入该协定",以及进一步深化中美双边贸易关系等。①奥巴马第二任期以来的外交战略大都体现出对上述观点的吸收与采纳。同第一任期相比,奥巴马政府在第二任期内对国际秩序的经济内涵有了更为深刻的理解。这从近几年奥巴马政府对 TPP 和 TTIP 的推动力度可以充分体现出来。此外,奥巴马政府国际秩序大战略还利用规则与制度等软实力手段来掌控国际秩序构建的话语权,从而确保美国的绝对领导力。从近年来 TPP 的发展不难看出,美国虽然力邀中国加入其中,但与此同时又通过绿色壁垒等手段给中国施压,这集中体现了制度或机制的建立对美国全球领导力的重要性。按照伊肯伯里的观点,规则一旦确立,就具有强制性。因此,奥巴马政府强调国际秩序的大战略,归根结底,是为应对新时期中国等新兴大国崛起带来的挑战,力图在未来的中美世界秩序之争中确立话语权。

事实上,奥巴马的外交理念并非独创,而是自一战以来对威尔逊、罗斯福、杜鲁门乃至克林顿奉行自由主义外交传统的延续,奥巴马的"新式"外交实则是对固有自由主义外交传统的继承与发展。但奥巴马的外交战略并不绝对继承威尔逊式理想主义外交理念,而更倾向于一种"自由主义"与"现实主义"相融合的"实用主义"式外交,②这种特征与自由国际主义思想十分契合。奥巴马政府对建立基于法治的国际秩序的主张,更表明其对自由国际主义的

---

① Martin Indyk,Tanvi Madan and Thomas Wright,eds.,"Project Design by Gail Chalef,Big Bets and Black Swans:Foreign Policy for Challenges for President Obama's Second Term,"January 2013. http://www.brookings.edu/search?start=1&q=big+bets+and+black+swan.

② 关于这一点的详细论述参见杨卫东:《奥巴马外交:主义意识还是问题意识》,载《学术前沿》,2015 年 4 月(下),第 78~86 页。

国际秩序观的吸纳。

三、伊肯伯里国际秩序思想评析

伊肯伯里虽多年从事学术研究,但他并非只是书斋式的学者,更是具有现实视野和洞见的战略家。在诸多学术论著中,与其他学者相比,他更注重理论与现实的紧密结合,将理论与历史案例相结合,既具有丰富的思想内涵,又极具现实感。就理论方面而言,特别是针对国际秩序的探讨,伊肯伯里主张自由主义与现实主义的融合。正如伊肯伯里在《大战胜利之后》一书中所说:"关于国际秩序源泉的争论处于两个端点之间:一者强调实力的重要性,一者强调制度和观念的重要性。"[1]然而他认为,这是一种错误的两分法。虽然就国际秩序,现实主义和自由主义学派都提出了重要的建设途径,但在解决现实问题上仍显不足。现实主义认为,国家实力造就了秩序,而国家实力的分配则影响着国际秩序的变动。无论是现实主义还是新现实主义均强调物质性权力对秩序建构的重要性。现实主义对权力的理解主要基于国家自身实力,具体说是军事实力和经济实力。而伊肯伯里认为,现实主义的困境在于,实力高度失衡下秩序如何构建。他认为,制度也是权力的来源,现实主义忽略了国际制度在组织国家关系中发挥的作用。自由主义者虽然强调国际制度对国家间合作的重要性,但并没有考虑在权力严重失衡下对合作产生的制约问题,没有探

---

[1]　G. John Ikenberry, *After Victory:Institutions, Strategic Restraint, And the Rebuilding of Order after Major Wars*, Princeton, New Jersey:Princeton University Press, 2011, p.8.

讨"领导国如何利用政府间制度约束自身,缓解次要国家被主导和抛弃的恐惧"这一问题。

伊肯伯里在此之上提出特有的"自由国际主义"路径,即国际秩序的"制度路径",创新性地提出"权力与规则并非敌人",在解决现有理论问题的基础上,融合并发展成为自己的理论体系,从而具有重要的学理意义和价值。就现实层面而言,伊肯伯里用大量历史案例进行实证分析,按照历史的纵向时间顺序,对几次重要国际秩序建立的过程予以梳理和分析,赋予核心论点以有效论据,将理论提升到战略高度。特别是在分析小布什政府时期的外交困境,奥巴马政府的外交战略转变,以及面对中国崛起等问题上,伊肯伯里更试图开出"良方"。从奥巴马政府上台后的一系列外交政策上可以看出,伊肯伯里的思想十分具有战略洞见,其自由国际主义思想对美国外交产生了深远的影响。正如美国合众国际新闻社资深编辑马丁·沃克(Martin Walker)所言:"他是自由国际主义的桂冠诗人,是这一代最具天赋的国际关系学家。"[1]

当然,世界上没有任何一种理论是万能的,任何理论都有无法解决的问题。我们认为,就伊肯伯里关于国际秩序的思想来说仍存在以下缺陷:

其一,从研究路径上看,伊肯伯里的文献多偏重"历史制度主义"(historical institutionalism)角度。历史制度主义是新制度主义学派中的一种,历史制度主义将"制度的演进置于历史进程之中,同时认为一种有效的历史进程在当下表现为特定的制度"。历史制度主义的特点是"路径依赖",并认为制度的变迁

---

[1] 参见 http://www.polity.co.uk/book.asp?ref=9780745636498.

是具有黏性的，制度结构一旦建立就很难随着社会力量的进化而发生变化，并认为在某个"关键点"所作的选择会影响接下来关键点上的选择。①从伊肯伯里的学术文献中可以看出，他的研究是具有"制度路径"偏好的，他认为"制度会嵌入政体之内，这反过来会使制度变迁变得困难"②。然而这种从"过去"推"现在"的理论模式放大了历史的作用，似乎在某种程度上低估了国际环境的动态性和复杂性。此外，伊肯伯里对制度的推崇似乎也有待检验。正如门洪华教授在评价《大战胜利之后》时所提出的问题："如果霸权国不愿意被限制，制度还能否限制霸权的权力行使？"就连伊肯伯里本人也认为，美国也存在常常不受制度约束的问题。可见，伊肯伯里对制度的作用是否过于放大化，仍有待商榷。

其二，伊肯伯里的国际秩序思想带有明显的意识形态色彩，他所认为的国际秩序实质仍是美国主导下的秩序，其思想过分夸大美式民主的社会化力量，实则强调美式观念的普世性和世界的一元性。伊肯伯里认为，霸权国在"运用权力"和"赢得同意"的过程中，应依靠"社会化"(socialization)的途径，即"改变其他国家领导人的实质性信仰"，当其他国家的精英领导层将霸权国关于国际秩序的设想内化其中，霸权便实现了对其的控制。他主张霸权国通过"规范说服(劝导)""外部引诱"和"内部重建"三种途径来改造甚至同化其他

①　宋新宁和田野认为伊肯伯里的学术努力体现历史制度主义特点，具体参见宋新宁、田野：《国际政治经济学概论》，中国人民大学出版社 2015 年版，第 89~93 页。

②　G. John Ikenberry, *After Victory: Institutions, Strategic Restraint, And the Rebuilding of Order after Major Wars*, Princeton, New Jersey: Princeton University Press, 2001, p.63.

国家。①伊肯伯里于 2014 年 1 月 9 日在北京大学战略研究院的讲座中曾指出,如同他计划撰写的新书《同一个世界:中国的崛起和国际秩序的未来》一样,全球事务并不必然会划分为"两个世界"或是"三个世界"。在对待中国崛起的态度上,他坚持"中国的崛起目标更趋近于成为全球秩序的核心,而并非从外部将其推翻"②。这些言论充分体现出伊肯伯里对美国价值观的高度自信,甚至忽略了世界的多元性。

当然,他的观点也遭到了其他学者的反对。查尔斯·库普乾在其著作《没有主宰者的世界》(No One's World)中,最为直接地抨击了以伊肯伯里为首的主流学派的观点,即美国应将其他国家纳入西方构建的自由国际秩序之中,库普乾强调美国应"建立一个新秩序,其基本条款必须由西方大国和新兴大国通过协商制定"。库普乾认为,"21 世纪不会是美国的,不会是中国的,不会是亚洲的,不会是任何人的,它不属于任何一方"。即将出现的国际体系将拥有多个权力中心,且具有多元性。③美国康奈尔大学彼得·乔希姆·卡赞斯坦教授与库普乾的观点极为相似。卡赞斯坦从建构主义视角出发,认为世界政治互动不应仅仅落脚于制度,还应注重文化因素。卡赞斯坦强调认识世界的多元多维视角,他认为,面对全球大环境,"必须坚持不存在一种强制性的单一标准,如帝国主义或自由主义,因为世界的文明远远复杂得多"。他还认为,应

---

① G. John Ikenberry, Charles A. Kupchan, "Socialization and Hegemonic Power", *International Organization*, Vol.44, No.3, 1990, pp.283-315.

② 约翰·伊肯伯里:《中国的崛起将融入现存国际秩序》,载《国际战略研究》,2014 年第 5 期,第 1~4 页。

③ [美]查尔斯·库普乾:《没有主宰者的世界——即将到来的全球大转折》,洪曼、王栋栋译,新华出版社 2012 年版,第 6 页。

超越现实主义或自由主义,甚至去寻求其他我们从未思考过的方式。①美国战略学家沃尔特·拉塞尔·米德则从地缘政治角度出发,认为美国应该重新思考之前的"乐观主义",即冷战后,那些非西方国家是否能被说服和加入到现有的秩序和规范中。因为中国、俄罗斯、伊朗这样的"修正主义国家"正试图打破这种国际秩序,来自地缘政治的困境仍然威胁着美国。②事实正是如此,世界是多元性的,不能够用自我的价值去判断世界,甚至同化世界。国际秩序不应是美国意志的体现,而应由世界共同构建。从伊肯伯里的学术思想来看,他的理论实质仍是在为美国霸权而服务,这集中体现为对美国价值观的推崇,因此其理论观点具有局限性。

国际秩序的话题近年来被热议,特别是对于中国而言,中国的崛起可能会引发国际秩序的变迁。因此,对于中国,如何理解国际秩序,在构建国际秩序中扮演何种角色,伊肯伯里的国际秩序思想都具有重要的理论与现实意义。尽管中国官方一再强调,"中国是国际秩序的维护者、建设者和贡献者"③,中国既不会固守现有规则,更不会做国际秩序的搅局者。但与美国学界相比,中国对国际秩序的研究仍不够普遍和深入,所以伊肯伯里的国际秩序思想仍存在值得中国学界反思的理论与现实空间。

---

① ［美］彼得·乔希姆·卡赞斯坦:《世界政治中的文明:超越东方和西方》,载《上海交通大学学报》(哲学社会科学版),2013年第6期,第9页。

② Walter Russell Mead, "The Return of Geopolitics:The Revenge of the Revisionism Powers", *Foreign Affairs*, Vol.93, No.3, May/June 2014, p.77.

③ 参见 http://www.chinanews.com/gn/2015/02-24/7075594.shtml.

奥巴马外交：主义意识还是问题意识*

奥巴马上台以来，有关其对外政策的学术争议持续不断。本文首先探讨奥巴马外交中的主义意识，即奥巴马是否奉行被民主党所备受推崇的自由主义外交，然后就奥巴马外交中的问题意识，即实用主义的外交哲学做一深入探讨。本文认为，尽管奥巴马更多地代表着民主党的政治理念，但其近年的政治与外交实践表明，奥巴马政府的主义意识不足，问题意识凸显，并试图将自由主义的主义意识隐藏于现实主义的问题意识之中，但这种外交招致国内保守势力的指责。在这种情况下，一种既能够体现威尔逊式自由主义外交思想，又能够满足现实主义所推崇的武力作为强大后盾的外交，即所谓的保守国际主义有可能成为美国外交未来的大方向。

---

* 本文原载于《学术前沿》2015 年 4 月（下），收入本书时进行过局部修订。

一、奥巴马外交：主义意识

所谓主义意识，即主张用自由主义的外交理念指导美国的对外政策，强调美国领导下的基于法治的自由国际秩序，以及注重自由、民主、人权等美国式价值理念在美国对外政策中的推广。作为一个民主党总统，奥巴马确实强调自由主义理念在美国对外政策实践中的重要性。例如，由一些倾向于民主党价值理念的智囊为奥巴马竞选团队撰写的研究报告：2006 年由普林斯顿大学发布的题为"铸造一个基于法治的自由世界：21 世纪美国国家安全战略报告"（Forging a World of Liberty under Law：U.S. National Security in the 21st Century），以及 2008 年美国总统大选前夕，由一批民主党的自由主义国际问题专家成立的名为"凤凰倡议"的研究小组撰写的《战略领导：21 世纪国家安全战略框架》（Strategic Leadership：Framework For a 21st Century National Security Strategy）等。这些研究报告对现实主义的理论假设提出质疑，指出在一个无政府的世界中相互合作与相互依赖的重要性，强调国际社会的相互关联性，其特征具有鲜明的新自由主义思想，所以，国内有学者称，奥巴马外交可能开创了一个新自由主义的时代。①在奥巴马第一任期的核心外交决策团队中，确实有一批自由主义色彩鲜明的代表人物：例如，国务卿希拉里·克林顿、国务院政策规划司司长安妮–玛丽·斯特劳（Anne Marie Slaughter）、美国常驻

① 牛新春：《奥巴马外交：一个新自由主义的时代?》，载《现代国际关系》，2009 年第 5 期。作者对美国是否进入新自由主义时代也存在有疑惑。

联合国代表苏珊·赖斯(Susan Rice)等。另外,2010 年出台的《美国国家安全战略报告》在阐述美国国家利益时,奥巴马政府首次将"国际秩序"作为美国国家四大核心利益之一。2014 年 5 月的西点军校讲话中,奥巴马在阐述美国对外政策的四大侧重点时将"促进与强化国际秩序"作为第三大重点内容提出。①所以奥巴马政府重构国际秩序的倡议充分体现了威尔逊自由主义的哲学观,被个别西方学者称为威尔逊自由主义的 3.0 版本。②

　　尽管奥巴马竞选团队倡导自由主义理念,并在执政期间也按照自由主义的理念强调国际合作的重要性,但就威尔逊式自由主义的核心理念而言,作为民主党人的奥巴马却背离了自二战结束以来民主党所珍视的价值观外交,而在许多西方学者看来,威尔逊人道主义思想却是民主党政治哲学的根基。③自二战结束以来,主要的民主党总统:肯尼迪、卡特、克林顿等人都以价值观外交见长,以主义见长,这种现象到了奥巴马时代却似乎画上了一个句号。美国《国家利益》期刊前编辑罗伯特·梅里(Robert W.Merry)甚至认为作为民主党温和派代表人物的奥巴马背离了两个世纪以来美国民主党意识形态的主流价值观。④不可否认,奥巴马政府在局部问题上也强调价值观外交,例如,在2010 年美国国家安全战略报告中提到的美国四大核心利益中,人权成为经

---

① http://www.whitehouse.gov/the-press-office/2014/05/28/remarks-president-united-states-military-academy-commencement-ceremony.

② G. John Ikenberry, "Liberal Internationalism 3.0:America and the Dilemmas of Liberal World Order", *Perspectives on Politics*, Vol.7, No.1, 2009, pp.71-87.

③ Robert W. Merry, "America's Default Foreign Policy", *The National Interest*, September/October 2013, p.7.

④ Robert W. Merry, "The Elusive Obama Doctrine", *The National Interest*, September/October 2012, p.5.

济、安全、国际秩序之后的第四大核心议题;2012 年中美战略与经济对话中人权问题重新列为讨论议题之一;2014 年 5 月，奥巴马在西点军校讲话中也强调美国对民主与人权的重视,等等,但所有这些价值观议题都没有占据奥巴马外交理念的主流。为此,共和党阵营一再抨击奥巴马政府这种忽视人权问题的举措。

在奥巴马的对外政策议题设置中,价值观问题已经背离了民主党外交传统的主流。普林斯顿大学教授伊肯伯里等人在联合撰写的美国国家安全战略报告《锻造一个基于法治的自由世界:21 世纪的美国国家安全》中明确强调,尽管自由民主非常重要,但美国应该对于将民主普及到全球持保留态度。比较好的、成功的路径是在已经存在民主的地区进一步普及化。这些学者都反对美国在对外政策中的军事优先论,强调大国合作,建立一种基于法治的自由国际秩序。①"普林斯顿报告"是奥巴马外交思想的理论源泉之一,其阐述的有限民主论应该对奥巴马有所启发。

在奥巴马看来,这个世界的问题主要是基于物质层面,即物质资源的相对短缺所造成的,而并非是基于文化、宗教或者意识形态的差异,民主并非所有国家都共同面临的全球挑战。所以,在奥巴马政府的对外政策中不太关注意识形态方面的对立与冲突。自奥巴马上台以来,他在多次涉及对外政策的讲话中都不太强调民主在美国对外政策中的重要地位,更强调国家安全而并非人权与民主扩展,对克林顿时代的民主和平论并不感兴趣。尽管民主是美

---

① G. John Ikenberry,Thomas J. Krock,Anne-Marie Slaughter and Tony Smith,*The Crisis of American Foreign Policy:Wilsonianism in the Twenty-First Century*,Princeton,New Jersey:Princeton University Press,2009,p.91.

国核心价值理念,但奥巴马在涉及对外政策的讲话中尽量淡化、模糊民主的重要性,甚至为美国在对外政策中的"民主过度"而检讨。例如,奥巴马 2009 年出访俄罗斯之际,在莫斯科新经济学院毕业典礼的讲话中,否认美国政治制度在世界的典范性,认为美国的政治制度也绝非完美。①在访问加纳提及民主与人权问题的讲话中奥巴马特意强调,对于美国而言,扩展民主没有非常紧迫而特殊的作用,每一个国家都应该以符合自己的传统进行生活,美国不寻求将任何政府模式强加给任何国家。②在 2009 年 9 月的联合国大会上,奥巴马阐述了美国对外政策中未来承诺的四大支柱:非核化与裁军;促进世界和平与安全;保护地球;在一个全球化的时代为所有民族创造机会。在这里,奥巴马并没有提到扩展民主,就民主问题奥巴马特别解释道,不能从外部将民主强加给任何国家,每一个国家都将按照其民族文化与历史传统寻求自身发展民主的路径,没有一种路径是最佳的。奥巴马坦承美国的问题是经常选择性的促进民主。③在出访法国的讲话中,奥巴马甚至否认美国"例外论",他指出:"我相信美国例外主义,就如同我质疑英国人相信英国例外主义、希腊人相信希腊例外主义一样。"④在奥巴马的授意下,国务卿希拉里·克林顿在拉

---

① http://www.whitehouse.gov/the_press_office/Remarks-By-The-President-At-The-New-Economic-School-Graduation/.

② http://www.whitehouse.gov/the_press_office/Remarks-by-the-President-to-the-Ghanaian-Parliament/.

③ http://www.whitehouse.gov/video/President-Obama-Addresses-the-UN-General-Assembly/#transcript.

④ http://www.whitehouse.gov/the-press-office/remarks-president-obama-and-president-sarkozy-france-june-6-2009.

美一再强调，搁置双边的意识形态争议。在出访中国之际，尽管希拉里·克林顿提到人权问题，但又强调不能因人权问题而影响美中之间的经济、安全与全球治理议题。①所以，奥巴马改变了小布什政府强调扩展自由、民主与人权的对外政策。为此，美国乔治·华盛顿大学教授亨利·诺评论道：在奥巴马主义中为了全球合作的前景而限制为了应该为全球自由而奋斗的努力，合作基于共同的利益而并非共同的价值。②

在奥巴马的世界观中，美国的外来威胁并非源于国际社会意识形态的分歧，而源于物质层面，例如，核武器与生化武器的扩散，全球治理存在的问题等，所以奥巴马强调国际合作以解决美国所面临的这些世界性问题。从这个角度上讲，奥巴马可以被称为一个自由国际主义的典型代表，强调在捍卫美国式自由主义的价值观中以外交而并非武力解决美国所面临的挑战。正因为如此，美国国内乃至国际社会许多评论家给奥巴马扣上了一顶"纸老虎"的帽子。

综上所述，尽管许多人认为奥巴马是一个自由主义者，或者是一个新自由主义者，但奥巴马的自由主义理念大打折扣，他并非是一个威尔逊式的自由主义者，在倡导美国价值观外交方面背离了民主党乃至共和党的传统价值理念，他并非是一个主义至上或意识形态至上的民主党总统。与此形成鲜明对比的是，尽管共和党人小布什执政时期被冠之以"新保守主义"的头衔，但作为共和党人的小布什却不折不扣地以主义见长。

①　Henry R. Nau, "The jigsaw puzzle & the chess board: the making and unmaking of foreign policy in the age of Obama", *Commentary*, May 2012, p.14.

②　Henry R. Nau, "Obama's Foreign Policy", *Policy Review*, April & May 2010, p.34.

二、奥巴马外交:问题意识

既然奥巴马不是一个主义至上或意识形态至上的民主党总统,他在外交方面就会以一种实用主义的问题意识解决美国所面临的实际问题。事实正是如此。奥巴马时代,美国外交开始强调问题,而并非用自由主义的目标来解决问题;强调实用主义的外交,不太强调在外交中高喊民主、自由等空洞的口号。奥巴马自己就坦承,他并非一个理想主义者,正如他 2010 年 1 月对国会共和党议员所强调的那样,他并非是一个空想家,他自称自己是一个实用主义者。①奥巴马第一届政府国家安全委员会负责东亚事务的主任贝德指出,奥巴马本人及其外交政策团队是坚定务实、非意识形态化的,不像小布什的外交政策团队那样分裂为新保守主义者和现实主义者两大派别。②亨利·诺也认为,情况而不是主义,推动着奥巴马的对外政策。③奥巴马不太重视在海外促进民主,提出实用的现实主义以促进国家安全利益,在对外政策中对动用武力非常谨慎。④

奥巴马在处理对外政策问题时并不强调预设一个庞大的意识形态前提,

---

① http://www.whitehouse.gov/the-press-office/remarks-president-gop-house-issues-conference.

② Jeffrey Bader, *Obama and China's Rise: An Insider's Account of America's Asia Strategy*, Washington, DC: Brookings Institution Press, 2012, pp.4-5.

③ Henry R. Nau, *Conservative Internationalism: Armed Diplomacy under Jefferson, Polk, Truman, and Reagan*, Princeton and Oxford: Princeton University Press, 2013, p.77.

④ Ibid., p.37.

他强调解决一个个实际问题,即 case-by-case,少谈些主义。2011 年,奥巴马在接受 NBC 新闻采访时指出,当你试图用一种总体性的政策解决当今世界复杂性的问题时,你会陷入麻烦之中。①这种不预设意识形态前提的思路成为奥巴马处理国际政治问题的出发点。例如,在处理与俄罗斯、伊朗这些在美国看来是"集权体制"国家的关系时,奥巴马政府不太一味强调这些国家的集权特性,而是通过与俄罗斯、伊朗等国家开展对话与合作解决一个个实际问题。正是在这种思路的指导下,奥巴马政府与俄罗斯达成了核裁军协议,与伊朗化解了核危机。另外,在中东问题上,奥巴马政府不太赞成小布什政府时期的大中东和平改造计划,对于遍及中东、北非的"阿拉伯之春"也采取了谨慎的介入政策。如果将小布什政府与奥巴马政府对比,我们可以看出,小布什政府的主义意识比较明显,而奥巴马政府的问题意识较为突出。有学者认为,布什主义的特点是"自由议程战略"(Freedom agenda strategy),奥巴马主义的特点是"议程设定战略"(Agenda setting strategy)。②

　　奥巴马是在高呼结束伊拉克战争的口号下入主白宫的,我们从奥巴马对伊拉克战争的态度就可以鲜明地看出其奉行实用主义的政治逻辑、反对将意识形态纳入美国对外政策视野的思路。2002 年,时任伊利诺伊州参议员的奥巴马在一次由民主党人发起、在芝加哥举办的反对伊拉克战争的群众集会中就曾经指出,小布什政府酝酿中的伊拉克战争是愚蠢而鲁莽的,这场战争没

---

① David Milne, "Pragmatism or What? The Future of US Foreign Policy", *International Affairs*, Vol. 88, No.5, 2012, p.938.

② Anna Dimitrova, "Obama's Foreign Policy: Between Pragmatic Realism and Smart Diplomacy?", 2012 Meeting Paper in Paris.

有理由,只有激情,没有原则,只有政治。它过于激情化、意识形态化而无视这样一个明显的事实,即萨达姆·侯赛因对美国以及伊拉克的邻国并没有构成紧迫而直接的威胁。奥巴马认为,保罗·沃尔福威茨(Paul Wolfowitz)和理查德·派瑞(Richard Perle)①以及其他一些掌握战争权力机器并鼓吹战争的人正在将他们的意识形态议程强加在美国人民的脖子上,而并不顾及美国人民生命的代价与战争所导致的经济负荷。②

从哲学层面上讲,奥巴马的实用主义外交在美国具有一定的历史传统。众所周知,实用主义哲学在美国政治哲学史上具有重要的影响力,美国的政治传统就是建立在实用主义的意识形态之上。19世纪到20世纪上半叶,威廉·詹姆斯(William James)和约翰·杜威(John Dewey)这两位哲学家奠定了美国实用主义的哲学基石。实用主义政治哲学也影响到美国的外交哲学,并成为美国实用主义外交的思想基础。就奥巴马本身而言,其实用主义外交还深受美国基督教现实主义神学家雷茵霍尔德·尼布尔(Reinhold Niebuhr)的影响。尼布尔是20世纪中期美国著名的基督教现实主义思想家,他反对美国以武力干涉解决问题,反对输出美国式民主以及意识形态狂热主义,但又强调意识形态渗透和从军事、经济两方面遏制对手,其思想对美国在冷战时期的遏制政策具有重要影响。美国《政策评论》期刊执行编辑利亚姆·朱利安(Liam Julian)认为,奥巴马排斥意识形态的立场从本性上深受尼布尔思想的影响。事实上,

---

① 理查德·派瑞(Richard Perle),时任美国助理国防部长,作者注。

② David Milne, "Pragmatism or What? The Future of US Foreign Policy", *International Affairs*, Vol. 88, No.5, 2012, p.937.

早在2007年,奥巴马在接受《纽约时代》专栏评论家戴维·布鲁克斯(David Brooks)采访时就曾坦言,尼布尔是他最钟爱的哲学家之一。[1]

三、奥巴马外交:藏主义于问题之中

美国历史学家小施莱辛格在《美国历史的循环》一书中指出,美国的政治思想在自由主义与保守主义之间左右摇摆。[2]美国外交又何尝不是这样。美国外交就如同一个钟摆,不断地在现实主义与自由主义之间来回摆动。小布什的新保守主义强调以武力方式实现美国自由主义外交的目标,奥巴马的实用主义是一种变象的现实主义,他将美国外交的钟摆又调回到现实主义一侧。众所周知,奥巴马奉行实用主义的对外政策具有深刻的国内与国际根源,是美国大国地位在10年反恐战争后遭受重挫的一种无奈之举,这并非民主党外交传统的本色。事实上,奥巴马政府并非是真正淡化主义,而是将主义隐藏在问题之中,通过处理一个个问题,从而最终解决主义之争。这正如亨利·诺所言,奥巴马的实用主义正如所有的实用主义一样,将意识形态隐藏起来,[3]即用实用主义的逻辑来实现自由主义的外交理念。这种外交试图更多地体现出一种巧实力,或巧外交(Smart Diplomacy),这在部分发展中国家看来,是一

① Liam Julian, "Niebuhr and Obama", *Policy Review*, April & May 2009, pp.19–20.

② Arthur M.Schlesinger, JR., *The Cycles of American History*, Boston: Houghton Mifflin Company, 1986, p.24.

③ Henry R. Nau, *Conservative Internationalism: Armed Diplomacy under Jefferson, Polk, Truman, and Reagan*, Princeton, New Jersey: Princeton University Press, 2013, p.74.

种智能帝国主义的体现。①

自由主义与现实主义是美国外交传统最核心的两个主题,自由主义强调价值至上,现实主义强调权力优先。自美国立国以来,在美国的对外政策实践中,自由主义至上还是现实主义优先,或者说自由主义与现实主义孰轻孰重就存在着争议,这种争议由于民主党与共和党在美国内政与外交方面的政治极化而更为凸显。20世纪初,共和党人西奥多·罗斯福总统逐渐确立了现实主义理念在美国外交传统中的地位,民主党人伍德罗·威尔逊总统确立了自由主义理念在美国外交传统中的地位。但是自由主义理念根植于美国的早期历史与政治文化,是美国主流外交理念的体现,现实主义源于无政府的国际社会假设以及美国实用主义的政治哲学,是美国非主流外交思想的体现。所以,尽管在美国上百年的政党政治实践中,民主党更倾向于自由主义的外交理念,共和党更倾向于现实主义的外交理念,但自由主义所倡导的自由、民主与人权等价值观却能够最大限度地体现美国的主流政治哲学,最大限度地唤起美国人在对外政策方面的共识,所以这种理念为美国两党一致认同。同时,我们还应该看到,就美国的政治文化而言,其底层是根深蒂固的自由主义,但在具体的国际政治中美国又往往根据现实主义的政治哲学行事。自由主义哲学观是如何认识"应然"世界的国际政治哲学,现实主义哲学观是如何认识"实然"世界的国际政治哲学的呢?在人类还没有进入大同世界或康德所谓的"永久和平"之前,美国在现实国际政治中更多地是以现实主义的哲学观认识世

---

① 参见《学术前沿》2013年10月(下)刊登的有关"智能帝国主义"的系列文章。

界。奥巴马政府亚太再平衡的对外大战略就是这种现实主义哲学观的具体体现。基辛格认为,在 20 世纪美国外交两种思想范式的二元对立中,冷静的、以国家利益为指针、寻求均势以确保和平的现实主义思想无疑是通往成功的外交政策的根本保证,而幼稚的、以道义原则为指针、通过集体安全以确保和平的威尔逊理想主义只会导致错误的甚至是灾难性的外交悲剧。①奥巴马清醒地意识到:现实主义外交哲学玄机之所在,摒弃主义意识,以问题意识为指针,试图最大化地实现美国国家利益,从而更好地维护美国的世界领导者地位。但是,由于奥巴马过于淡化价值观外交,触及了美国传统政治理念的底线,不但招致了在野党的指责,也引发了民主党保守派的非议。现实主义外交的真谛建立在实力之上,以武力为基础,而奥巴马过于强调国际合作的自由主义外交哲学、忽视了现实主义外交哲学中以实力作为后盾的重要性。面对叙利亚危机、乌克兰危机、中东伊斯兰国的兴起,奥巴马一再回避武装干涉的必要性,从而招致国内保守势力的一致抨击。美国《国家利益》期刊总负责人之一保罗·桑德斯(Paul J. Saunders)在《国家利益》上撰文指出,奥巴马并非一个真正的现实主义者,他的对外政策是一种典型的实用主义,甚至是一种投机主义。奥巴马过于相信国际规范而并非实力在国际政治中的作用。尽管奥巴马政府反对军事介入的策略从短期看避免了美国对外政策的灾难性后果,这并不像小布什政府发动战争引发的后果那样一目了然,但从长期来看,奥巴马的对外政策也许会被证明更具危害性。因为这刺激了中国、俄罗斯等国

---

① 龚洪烈:《基辛格与美国外交传统》,载《美国研究》,2008 年第 4 期,第 88 页。

家挑战美国所塑造的世界秩序以及美国的世界领导者地位,威胁到美国经济的持久繁荣,从而增加了美国在未来面临战争可能性的风险。[1]作为共和党保守主义势力的代表人物之一,保罗·桑德斯的观点在美国精英阶层具有一定的代表性,体现了美国保守势力对奥巴马政府过度回避军事干涉的不满。这样,美国政治生态中的自由主义阵营与现实主义阵营都认为奥巴马外交没有最大限度地维护美国的国家利益。在这种情况下,一种既能够体现威尔逊式自由主义外交思想, 又能够满足现实主义所推崇的武力作为强大后盾的外交,即所谓的保守国际主义有可能成为未来美国外交的大方向。[2]

---

① Paul J. Saunders, "The Wanderer", *The National Interest*, September/October 2014, pp.5–10.

② 关于保守国际主义对美国外交的影响,参见杨卫东:《美国对外政策的第四种解读:评亨利·诺的〈保守国际主义〉》,载《美国研究》,2014 年第 5 期。

国际秩序与奥巴马政府的外交遗产 *

2017 年 1 月 20 日,贝拉克·侯赛因·奥巴马(Barack Hussein Obama)结束了他的八年总统任期。作为第 44 任美国总统,奥巴马在内政外交方面留下了诸多遗产。本文重点以奥巴马政府任内在美国国家安全战略报告中两度提出的国际秩序大战略为依据,通过分析这种大战略的理论基础,规则构建在奥巴马政府国际秩序大战略中的突出地位,指出奥巴马政府将国际秩序上升到美国国家利益的战略高度,在美国国家安全战略报告中反复强调,这必将成为奥巴马政府外交遗产的重要组成部分,并对后奥巴马时代的美国对外政策产生深远的影响。

---

　　* 本文原载于《太平洋学报》2017 年第 7 期,后收录于黄平、郑秉文主编:《2016 年大选与美国内外政策走向》,中国社会科学出版社 2017 年版,收入本书时进行过局部修订。

一、奥巴马政府国际秩序大战略的理论基础

奥巴马上台以来,先后于 2010 年 5 月与 2015 年 2 月出台了两份美国国家安全战略报告。与前几届政府国家安全战略报告的一个显著区别在于,奥巴马政府在两份美国国家安全战略报告中都高度强调国际秩序在构建美国全球领导力方面的重要作用,认为国际秩序与安全、经济、价值观同为美国国家利益。2010 年,奥巴马政府国家安全战略报告开篇认为,美国国家安全战略就是如何构建美国实力与影响力之源,以最大限度地维护美国作为世界领导者的地位,而构建一种国际秩序能够克服 21 世纪美国所面临的挑战。[①]2015年,奥巴马政府出台的第二份美国国家安全战略报告为了凸显国际秩序的重要性,将国际秩序单列一章,并将国际秩序分为政治秩序与经济秩序,重点阐述美国如何构建一个基于法治的国际经济秩序。[②]回顾奥巴马政府八年任期对国际秩序大战略的反复强调,我们不难发现,这种国际秩序大战略与自由国际主义理论有着密切的内在关系。

20 世纪以来,伴随着美国日益崛起,成为世界强国,以威尔逊主义为代表的自由国际主义逐渐成为美国外交哲学的主旋律。美国历史学家弗兰克·宁科维奇(Frank Ninkovich)在《威尔逊世纪》一书中指出,威尔逊主义的意识形态引导着美国,塑造着当代世界。所以,20 世纪与其说是"美国世纪",不如说

---

① The White House, National Security Strategy, May 2010, p.1.

② The White House, National Security Strategy, February 2015.

是"威尔逊世纪"。①何为威尔逊主义,美国学术界始终争论不休,但就威尔逊主义的精髓而言,美国学界还是能达成一个基本共识。按照美国塔夫斯大学政治学教授托尼·史密斯(Tony Smith)的观点,威尔逊主义体现在四个方面:第一,威尔逊强调扩展自由民主政府与制衡的宪政秩序。第二,威尔逊强调开放的国际市场。第三,威尔逊强调多边机制协调冲突,通过集体安全体系防止侵略。第四,威尔逊强调美国领导地位的必要性。②所以,威尔逊主义试图以美国国内的宪政秩序为基础,在美国的领导下对国际秩序进行"美国式"的重构。威尔逊主义的国际秩序就其实质而言是一种强调以国际机制或制度为基础的国际秩序。按照普林斯顿大学教授约翰·伊肯伯里的观点,这种自由主义国际秩序实质是一种自由主义霸权秩序。美国不只是促进开放的、以规则为基础的秩序,而且成为这种秩序的霸权性组织者和管理者。③

　　20 世纪,美国试图用自由主义的国际秩序观对世界进行改造至少经历了三次:第一次是威尔逊总统在巴黎和会上提出结束一战的"十四点计划"式国际秩序观, 第二次是二战结束之际罗斯福和杜鲁门所倡导的战后国际秩序观。第三次是冷战结束之际,老布什所强调的用美国价值观作为指导思想的"一个世界共同体"取代"东西方对峙的两个世界"的世界新秩序观。综观 20

---

① Frank Ninkovich, *The Wilsonian Century: U.S. Foreign Policy since 1900*, Chicago: University of Chicago Press, 1999, pp.5-6.

② Tony Smith, "Wilsonianism after Iraq: The End of Liberal Internationalism?" in G. John Ikenberry, Thomas J. Krock, Anne-Marie Slaughter and Tony Smith, *The Crisis of American Foreign Policy: Wilsonianism in the Twenty-First Century*, Princeton, New Jersey: Princeton University Press, 2009, pp.58-59.

③ G. John Ikenberry, *Liberal Leviathan: The Origins, Crisis, and Transformation of the American World Order*, Princeton, New Jersey: Princeton University Press, 2011, p.2.

世纪美国所倡导的自由主义国际秩序,尽管也遭遇过严重的挑战,诸如 20 世纪 30 年代的经济危机与二战后苏联社会主义模式的巨大冲击,但美国始终经受住了挑战,并随着苏联解体、东欧剧变,美国式自由主义国际秩序完成了一统天下。但是,当 21 世纪的第一个 10 年即将结束之际,美国逐渐意识到在经历了近 10 年的反恐战争与 2008 年的国际金融危机之后,美国的实力在相对衰落,以金砖国家为代表的新兴经济体的崛起正日益对美国主导的自由国际秩序构成严峻的挑战。布热津斯基在论述美国自 20 世纪以来所经历的三大挑战时就指出,21 世纪初全球新兴大国的崛起是美国所面临的第三次重大挑战。[1] 2014 年,美国智库新美国安全中心发表的一份战略性研究报告在分析美国对外战略面临的五大核心挑战时就明确指出,美国面临的第三大战略挑战是二战后美国主导的国际秩序基石不断受到侵蚀。正如报告所指出的那样,二战后美国领导下建立的国际秩序几近七十年,但这一国际秩序的基石开始受到侵蚀——新兴国家对这一国际秩序不断提出挑战。[2]新兴大国的崛起对美国主导的国际秩序构成的这种现实挑战促使美国意识到美国世纪似乎行将终结。

2009 年初,奥巴马入主白宫,如何应对美国可能面临的衰落趋势以及新兴大国崛起对西方世界的挑战,重塑美国在全球的领导地位成为奥巴马必须回答的现实问题。在奥巴马决策团队看来,自老布什政府以来美国从安全、经

---

① Zbigniew Brzezinski, *Strategic Vision: America and the Crisis of Global Power*, New York: Basic Books, 2013, pp.41–45.

② Julianne Smith and Jacob Stokes, *Strategy and Statecraft: An Agenda for the United States in an Era of Compounding Complexity*, Center for a New American Security, June 2014, pp.9–10.

济与价值观角度理解美国国家利益的传统思路不足以应对 21 世纪以来新兴大国崛起对美国全球领导地位的挑战,美国应该调动软实力因素。故此,奥巴马政府推出国际秩序大战略,以应对美国面临的全球挑战。事实上,早在奥巴马入主白宫之前,美国学术界与战略界就如何摆脱小布什主义的困境、重塑美国的全球领导力就进行过深入的学理性探讨。一些智库出台的研究报告对现实主义的理论假设提出质疑,指出在一个无政府的世界中相互合作与相互依赖以及建立一个基于法治的自由国际秩序的重要性,其特征具有鲜明的新自由主义色彩。美国乔治·梅森大学科林·杜克(Colin Dueck)博士在分析奥巴马总统的自由主义思想时就曾指出,奥巴马从内心深处认为冲突并非国际政治的本质,相反,他相信,如果对手能够学会倾听,相互协作,美国起支配作用的国际合作是有可能的。①

　　21 世纪以来,在美国学术界与战略界极力推崇国际秩序大战略以应对美国面临的各种挑战中,普林斯顿大学教授伊肯伯里的观点最具代表性。作为新自由制度主义的代表人物, 伊肯伯里继承了基欧汉与约瑟夫·奈等人提出的国际机制理论,认识到国际制度对维护美国霸权的重要性。与基欧汉、约瑟夫·奈等人有所不同的是, 伊肯伯里更多地从国际秩序层面理解美国的世界霸权重建。近年来,伊肯伯里在一系列著述中反复强调自由国际秩序大战略对于重构美国全球领导力的重要性。例如,2008 年,伊肯伯里在《外交》期刊上撰文指出,美国领导下的单极时代最终会过去的。他告诫美国政府,如果美国

---

　　①　Colin Dueck, *The Obama Doctrine: American Grand Strategy Today*, Oxford and New York: Oxford University Press, 2015, p.35.

要保持在当今世界的领导力,就必须强化当今的国际秩序,加强制度与体系构建,使这个秩序的根基尽可能非常牢固。针对中国的崛起,伊肯伯里鼓励中国加入到由西方主导的国际秩序而并非排斥这个秩序。按照伊肯伯里的说法,中国的崛起必须遵循这样一个原则,即西方是贯通东方之路(The road to the east runs through the west)。① 2009 年,伊肯伯里与约翰·霍普金斯大学教授丹尼尔·德德尼(Daniel Deudney)联合在《外交》期刊撰文,再次阐述了上述观点。②从伊肯伯里等人的这些论述我们不难发现,在美国的一些政界与学界精英看来,未来的国际秩序仍然是美国意志的体现,是一种自由国际秩序或自由霸权秩序。这种国际秩序的特征主要有:开放的市场、民主共同体、集体安全、法治。尽管美国自身实力有可能衰落,但美国塑造的基于法治、开放的自由国际秩序不会衰落,并会延续。美国应该在自身衰落之前将现有自由国际秩序"升级",建立一个威尔逊 3.0 版本的自由国际秩序,将新兴经济体囊括进这个包容性的自由国际秩序。奥巴马政府重构国际秩序的大战略正充分体现了伊肯伯里等美国精英阶层的新自由制度主义思路,是威尔逊自由主义哲学观在新世纪的集中体现。

①　G. John Ikenberry, "The Rise of China and the Future of the West:Can the Liberal System Survive?" *Foreign Affairs*, Vol.87, No.1, January/February 2008, pp.24–25.

②　Daniel Deudney and G.John Ikenberry, "The Myth of the Autocratic Revival", *Foreign Affairs*, Vol.88, No.1, January/February 2009.

二、国际秩序与奥巴马政府国家利益观的新思路

对国家利益的思考与判断是分析美国对外政策的逻辑起点。美国学者亨利·诺(Henry Nau)认为,传统上思考美国对外政策的圣杯(holy grail)是国家利益。现代美国对外政策的每一次研究都开始于国家利益这一咒语。[1]也就是说,分析美国对外政策的关键是从如何认识国家利益入手。但是由于美国社会的多元性, 美国自立国之初就大致形成了对国家利益的两种不同的认同。摩根索指出,从美国早期历史之始,两种不可调和的哲学观就在美国人的心目中突出存在,并相互斗争。一种观点在美国联邦主义时代的对外政策中占据着突出地位,其典型代表是汉密尔顿;另外一种观点与联邦党的美国国家利益观相对立,并被许多美国人所信奉,伍德罗·威尔逊是这种观点的典型代表者。到了 20 世纪之后,两种新观点主导着美国外交:其一是绝对的孤立主义,另外一种是不受限制的、包揽世界的干涉主义或激进干涉主义。[2] 20 世纪50 年代,以摩根索、乔治·凯南为代表的现实主义学派对美国对外政策中过度强调价值观与意识形态的理想主义表示不满。尽管现实主义强调以国家安全、经济繁荣为主要标准的国家利益观,反对冷战时期实际存在的以意识形态为标准的国家利益观,但以价值观认同为核心的理想主义国家利益观已经

---

① Henry R. Nau, *At Home Abroad:Identity and Power in American Foreign Policy*,Ithaca,NY:Cornell University Press,2002,p.16.

② Hans J. Morgenthau,"What is the National Interest of the United States?"*Annals of the American Academy of Political and Social Science*,Vol.282,Jul.,1952,pp.1–6.

根深蒂固,诚如米尔斯海默所形容的那样,成为美利坚民族的 DNA,无法从民众的内心深处抹去。①

冷战结束以来,美国历届政府对国家利益的认知是基本一致的,主要是安全、经济和价值观三大要素。美国国家利益观的这种界定集中体现在克林顿政府 1994 年 7 月提交的国家安全战略报告中。②自克林顿政府以来,美国始终强调安全、经济与价值观的三位一体性,三者之间的有机协调共同构成了美国国家利益。就美国国家利益的先后顺序而言,国家安全第一,经济繁荣第二,扩展价值观第三。③但奥巴马上台以来,美国政府对国家利益进行了重新评估,将"国际秩序"作为美国总统国家利益的第四大目标。在奥巴马政府看来,国际秩序与前面三大目标紧密相连,也可以说是前面这三大目标实现的重要保障。按照奥巴马政府时期美国总统国家安全事务助理苏姗·赖斯的说法,强化与提升国际秩序,美国的国家安全才能够有所保障,美国与世界的经济繁荣才有可能实现,美国所推崇的民主与人权事业才有可能实现。④奥巴马政府反复强调国际秩序是美国国家利益之一,并通过国家安全战略报告体现出来,这说明美国政府从理论到实践层面都已经认识到国际秩序对美国全球领导力的重要性。

---

① George F.Kennan, *American Diplomacy*(60th-Anniversary Expanded Edition),Chicago and London:The University of Chicago Press,2012,p.xxxi.

② The White House,National Security Strategy of Engagement and Enlargement,July 1994.

③ Christopher Hemmer,"Continuity and Change in the Obama Administration's National Security Strategy", *Comparative Strategy*,Vol.30,Issue 3,2011,p.270.

④ Center for a New American Security,Eighth Annual National Security Conference,Keynote Address by Ambassador Susan Rice,June 11,2014. http://www.cnas.org/transcript/cnas2014/keynote-address-susan-rice#.VPLwhimLFAk.

　　在美国学术界乃至政界,强调国际秩序重要性的论述并不少见,但将国际秩序上升到国家利益的高度并不多见。早在20世纪70年代后期,美国学者唐纳德·纽彻特内恩(Donald E.Nuechterlein)就将国际秩序纳入美国国家利益的研究视野。纽彻特内恩认为,美国国家利益应该包含四个方面:国防利益、经济利益、世界秩序利益、意识形态利益。①1978年,哈佛大学教授斯坦利·霍夫曼(Stanley Hoffmann)在《支配地位,还是世界秩序?》一书中呼吁,美国的对外政策"应把建立世界秩序上升到政策实践阶段"。在霍夫曼看来,所谓的世界秩序主要由三个不可分割的要素构成:①世界秩序是国家间建立和睦关系的一种理想化的模式;②世界秩序是国家间友好共处的重要条件和规范行为的规章准则;③世界秩序是合理解决争端冲突,开展国际合作以求共同发展的有效手段和有序状态。②按照复旦大学潘忠岐教授的说法,这标志着美国的世界秩序观已从理论启动阶段上升到政策实践阶段。③20世纪90年代初,伴随苏联东欧集团的解体,老布什政府时期一度强调用美国式的自由国际秩序统领世界的重要性。尽管老布什政府反复强调国际秩序,但老布什政府并没有将国际秩序与美国国家利益联系起来。真正将国际秩序上升到战略高度、视为美国国家利益的一部分,是在奥巴马时代。

　　在奥巴马政府看来,美国要应对新兴大国崛起对其全球领导力带来的挑

---

　　①　王希:《美国历史上的"国家利益"问题》,载《美国研究》,2003年第2期,第13页。

　　②　Stanley Hoffmann, *Primacy or World Order: American Foreign Policy since the Cold War*, New York: McGraw Hill Book Company, 1978, pp.109–188. 转引自潘忠岐:《世界秩序理念的历史发展及其当代的解析》,载秦亚青主编:《中国学者看世界·国际秩序卷》,新世界出版社2007年版,第41页。

　　③　潘忠岐:《世界秩序理念的历史发展及其当代的解析》,载秦亚青主编:《中国学者看世界·国际秩序卷》,新世界出版社2007年版,第41页。

战,一方面应该按照美国对外关系委员会主席理查德·哈斯(Richard Haass)等人的设想,实行全球战略收缩,苦练内功,休养生息;另一方面,按照布热津斯基与基辛格等战略家的思路,在对外政策方面巧妙运用结盟与平衡策略。同时,美国在对外政策方面还应该注重巧实力的运用。而强调国际秩序是美国国家利益的重要组成部分,倡导国际秩序大战略,就是这种思路的体现。但是,何为国际秩序,国际秩序的内涵主要有哪些,美国国内始终存在着分歧。约瑟夫·奈认为,关于国际秩序的分析应该有两种视角:现实主义与自由主义。传统的以尼克松与基辛格为代表的现实主义者认为,均势在主权国家间构建国际秩序时非常重要,以威尔逊与卡特为代表的自由主义者认为,民主与人权等价值观,以及由联合国主导的国际法与国际制度是国际秩序之源。[①]就奥巴马政府对国际秩序内涵的关注点而言,奥巴马政府不太强调权力,而比较注重规则在国际秩序构建中的重要作用。例如,奥巴马政府反复强调跨太平洋战略经济伙伴协定与跨大西洋贸易与投资伙伴协定在构建美国主导的世界经济秩序中的重要作用,在叙利亚危机与伊朗核危机方面强调制度与国际合作的突出作用。

三、奥巴马政府的外交遗产

国际秩序是奥巴马政府着力打造的对外大战略,这种对外大战略是奥巴

---

① Joseph S. Nye, Jr., "What New World Order?", *Foreign Affairs*, Vol.71, No.2, Spring 1992, pp.83–84.

马政府针对美国实力面临衰落之际提出的如何有效发挥美国全球领导力的重要手段。无论从理论层面还是现实层面上讲,国际秩序大战略都将作为奥巴马政府的外交遗产对后奥巴马时代的美国对外政策产生一定的影响,这种影响主要体现在以下三方面:

第一,从理论层面上讲,奥巴马政府国际秩序大战略拓展与深化了美国对国家利益的认识。20 世纪以来,美国逐渐成为一个具有全球影响力的国家。所以美国政府对国家利益的理解也逐渐超越了狭隘的物质层面,发展到精神层面。一战结束之际,威尔逊总统首次将美国国家的意识形态引入国际政治,强调凝聚美国社会精神的民主价值观对于发挥美国全球领导力的重要作用。北京大学历史系王希教授在评价威尔逊外交思想对美国的影响时就曾指出:首先,威尔逊考虑的国家利益是一个在世界范围的美国利益,超出了传统的西半球,尤其是进入了欧洲。其次,威尔逊将美国的意识形态带入了国际政治,并以此作为建设新的国际政治秩序的准则。最后,威尔逊还将美国国内的政治实践带入世界政治。①作为美国自由主义外交思想的实践者,威尔逊强调超越美国现实主义外交思想之外的价值观与制度在美国对外政策中的重要作用。二战后,美国逐渐将价值观纳入国家利益认知的视野,强调国家安全、经济繁荣与价值观作为美国国家利益的三大板块,这种思路在克林顿政府时期通过美国国家安全战略报告得到清晰地体现。到了奥巴马时代,美国根据不断变化的国际形势,为应对美国面临的全球性挑战,不断凸显国际秩序在

① 王希:《美国历史上的"国家利益"问题》,载《美国研究》,2003 年第 2 期,第 23~24 页。

应对美国全球性挑战中的重要作用,并将国际秩序提升到美国国家利益的战略高度。可以说,国际秩序是威尔逊主义在新时期美国国家利益的发展。尽管美国两党对国际秩序的内涵,即权力秩序观还是规则秩序观,孰轻孰重存在着争议,但两党都认同国际秩序是美国国家利益的一个重要组成部分,这一点在美国民主党身上体现得尤为明显。从自由主义的视角出发,美国政府将价值观与国际秩序作为国家利益,体现了美国作为一个世界大国的理想主义情怀,也是美国有别于世界其他大国的独特之处。就国际秩序的内涵而言,现实主义强调权力秩序观,自由主义凸显规则秩序观。19 世纪的欧洲在国际政治中强调权力秩序观,20 世纪的美国在国际政治中凸显规则秩序观。美国政府的这种规则秩序观突出体现在一战后美国倡导的国联,及其二战后美国倡导的联合国,无论是国联还是联合国都强调制度与规则在国际政治中的重要作用。从自由主义的角度讲,美国通过制度与规则构建,为国际社会提供公共产品,从而有效地降低了战争与冲突的可能性。约瑟夫·奈就曾认为,国际秩序是美国为国际社会提供的全球公共产品,而全球公共产品事关美国的国家利益。①但现在的问题是美国所推崇的国际秩序不过是将美国自身的立国原则、价值观以及制度构建的普世化,是美国道德标准的国际延伸与国内秩序的国际化。20 世纪以来,美国始终梦想着把自己的国内政治秩序变成国际秩序原则,美国政治秩序世界化的每一次成功又促使美国人深信这种秩序的科

---

① Joseph S.Nye, Jr., "Redefining the National Interest", *Foreign Affairs*, Vol.78, No.4, July/August 1999, pp.27-28; Joseph S.Nye, *The Paradox of American Power: Why the World's Only Superpower Can't Go It Alone*, Oxford and New York: Oxford University Press, 2002, p.142.

学性与正当性。有学者指出,在各国的历史传统迥然不同的世界里,威尔逊原则的普遍公正性是大有疑问的。如果说,美国的幸运在于其简单——北美殖民地短暂的历史恰好与欧洲18世纪的自然权利说契合,那么世界的不幸就在于其太过复杂——有太长的历史、太多样的传统,太纷繁。①

第二,从现实层面上讲,奥巴马政府国际秩序大战略指明了后奥巴马时代美国通过掌控规则话语权从而更好地实现美国对世界领导权的大方向,这种大战略思路可能会在未来的民主党政府身上体现尤为明显。美国的相对衰落是历史发展的大趋势,而美国要维持对世界的领导地位,以约瑟夫·奈、伊肯伯里等为代表的一大批战略家提出的巧实力与国际秩序理论不失为一种现实可行的方法。王缉思教授在分析美国外交传统时曾经指出,美国自一战以来就极力重视国际组织以及有形或无形的国际规范和机制。冷战的胜利在个别美国学者看来,与其说是美国实力的胜利,不如说是美国所倡导的国际规范的胜利。冷战后的美国更加重视在国际机制、国际组织和各个功能性领域里制订有利于它的行为规范和"游戏规则"。所谓在世界上发挥"领导作用"就是企图把美国国内那一套规则与制度扩展到国际事务中去。美国在一系列国际条约、协定、组织中所做的一切都是围绕着"立德立威"、制定国际规则这一中心。今天美国人说要建立世界新秩序,是在尚未有任何国家或国家组织能对美国的超级大国地位构成真正的挑战之前,或公开、或潜移默化地企图使它一家的

---

① 俞沂暄:《国家特性与世界秩序:国际政治变迁的研究》,时事出版社2009年版,第262~264页。

主张在国际上制度化,变成似乎是全球共同遵守的行为准则。[1]阎学通教授也曾指出,中美当前的核心矛盾不是意识形态分歧而是国际规则之争。[2]按照语言哲学的政治逻辑,规则与制度的倡导又是一种话语权的掌控。今天,奥巴马政府的国际秩序大战略就其实质而言可以说是美国试图通过掌控构建国际秩序的话语权占领国际政治的制高点。规则是一种制度,制度一旦确定,则具有一定的约束性。与历史上的传统强国相比,美国更注重制度霸权,更强调国际制度建设在维护美国国家利益方面的重要性。美国前总统克林顿曾经指出,中国在经济总量上超越美国是不可避免的。美国只要把国际秩序和规则安排好,自身还可以继续发展,没有什么可担忧的。[3]由此可见,规则、制度等软实力对美国世界领导权的重要性。21世纪以来,以中国为代表的新兴大国不断融入国际社会,这对于美国所主导的现有国际秩序构成一定的心理冲击。这种冲击由于伴随着守成大国与崛起大国有可能出现的权力转移而使问题更为复杂化。奥巴马政府高调强调现有国际秩序是美国国家利益的重要组成部分,这在某种程度上就含有用国际秩序大战略应对中国崛起对美国全球领导力挑战的深层用意。尽管中国政府一再强调中国是当代国际秩序的参与者、维护者与改革者,但在美国政府将一个存在争议的国际秩序视为其国家利益的情况下,这无疑会增加中国融入现存由美国主导的国际秩序的困

---

[1] 王缉思主编:《高处不胜寒——冷战后美国的全球战略和世界地位》,世界知识出版社1999年版,第365~366页。

[2] 阎学通:《现在谈"中国世纪"太早了》,载《环球时报》,2015年3月20日国际论坛版。

[3] 王缉思、李侃如:《中美战略互疑:解析与应对》,社会科学文献出版社2013年版,第71页。

难程度。①

第三,奥巴马政府国际秩序大战略在实践中存在的缺陷为后奥巴马时代的共和党政府通过强调权力秩序观以更好地发挥美国的全球领导力指明了方向。奥巴马政府的国际秩序思想主体延续着民主党自由主义的外交理念,强调规则、制度,轻视权力在国际秩序构建中的重要作用。故此,他的国际秩序大战略遭到共和党以及民主党右翼势力的责难。作为现实主义权力秩序观的典型代表,美国布鲁金斯学会高级研究员、共和党外交智囊核心人物之一罗伯特·卡根(Robert Kagan)的观点最具代表性。卡根指出,任何秩序最终都不会单纯依靠规则,而是依靠强制实施这些规则的实力。国际秩序并非进化而来的,而是强制实施的结果,是强国意志的体现,必须依托于强国的实力作为支撑。② 2014 年,美国《国家利益》期刊总负责人之一保罗·桑德斯(Paul J. Saunders)撰文指出,奥巴马过于天真地相信法治、规范等国际规则而并非实力在国际政治中的作用。③ 2016 年美国总统大选共和党总统候选人之一的联邦参议员马科·卢比奥(Marco Rubio)在《外交》期刊撰文,抨击奥巴马政府在美国面临更严峻全球性挑战之际削减军费的做法,他强调增加军事预算的必要性。卢比奥认为,美国下届政府应该回归到二战结束以来两党一致认同的

---

① 基辛格在《世界秩序》一书中就曾坦言,由于人类存在理解上的分歧,全球还没有存在过真正意义上的"世界秩序"。参见 Henry Kissinger, *World Order*, New York: Penguin Press, 2014, pp.2–3.

② Robert Kagan, *The World America Made*, New York: Alfred A. Knopf, 2012, pp.96–97.

③ Paul J. Saunders, "The Wanderer", *The National Interest*, September/October 2014, p.5.

壮大美国国防以满足世界全球化这一新现实的传统上来。①尽管卢比奥在共和党总统候选人提名中最终落选，但作为共和党建制派精英代表，卢比奥的对外政策主张基本体现了共和党精英的观点。特朗普总统在竞选期间就曾攻击奥巴马政府削减军事预算的举措，尽管特朗普身上体现出更多的不确定性，但作为第45任美国总统，特朗普必将会沿着共和党政府推崇强大国防的外交传统，在捍卫美国的世界霸权地位中更多地强调权力秩序观的重要作用。

四、结束语

在美国历史上，每一位有作为的总统都会给美国，也会给世界留下一份值得思考的外交遗产。就奥巴马总统而言，强调国际秩序是美国国家利益的一部分，推行国际秩序大战略，这无疑是其外交遗产的一个突出亮点。美国学者吉迪恩·罗斯(Gideon Rose)认为，奥巴马是棒球队中一个表现出色的投手，他从前面队友手中接过球并传递到下一个队友。奥巴马从小布什总统手上接过了两场战争和一场全球金融危机，并领导美国摆脱了这些老问题，避免了美国陷入新的麻烦。罗斯认为，奥巴马政绩不俗，其成就应该肯定而不是责难。在罗斯看来，奥巴马成功的关键是他抓住了问题的关键：他意识到美国培

---

① Marco Rubio, "Restoring-America's Strength: My Vision for U.S. Foreign Policy", *Foreign Affairs*, Vol.94, No.5, September/October 2015, pp.109-110.

育达 70 年之久的自由国际秩序的重要性。^①的确,奥巴马意识到如何重塑美国全球领导力的"药方",即将战略重点投入到国内,国内战略优先于国际战略。奥巴马政府在国际上强调战略收缩与协调,从而将主要精力投入到国内经济与社会问题的改革中。但是宏观的战略收缩并不排除局部的战略进攻。奥巴马政府强调,国际秩序大战略就是一种攻势战略,目标主要针对以中国为首的新兴经济体对美国全球领导力的挑战。学术界这两年热议国际秩序或世界秩序,这从一个侧面说明奥巴马政府强调国际秩序大战略的正确性。尽管奥巴马政府反复强调国际秩序大战略的重要性,但这种大战略在实践中并没有发挥应有的作用,甚至在美国国内非议不断。就国际秩序的两个重要因素而言,权力与规则缺一不可,奥巴马政府注重规则而忽视权力。在美国实力不断面临相对衰落、对外奉行休养生息的收缩战略之际,奥巴马政府一味强调国际秩序中的规则塑造,这无疑是一张无法兑现的空头支票。另外,在政治极化日益严重的美国社会,奥巴马政府在如何推进国际秩序大战略方面还面临来自美国国内的挑战。新美国安全中心"扩展美国权力"项目组发表的最新研究报告认为,当今对美国领导的国际秩序的根基构成威胁的是,诸如俄罗斯与中国这样一些具有实力又富有野心的集权政府,以及伊斯兰极端恐怖主义,而维护这个国际秩序最大的挑战也许在美国自身。因为美国两党长期一致奉行的介入世界的政策现在却因两党的相互责难而遭受损害。^②

---

①　Gideon Rose,"What Obama Gets Right:Keep Calm and Carry the Liberal Order On,"*Foreign Affairs*,Vol.94,No.5,September/October 2015,p.2.

②　Kurt Campbell,eds.,Extending American Power:Strategies to Expand U.S. Engagement in a Competitive World Order,Center for a New American Security,May 2016,p.2.

第三部分

国际秩序与特朗普政府的对外战略调整

美国对外政策传统的第四种解读

——评亨利·诺的《保守国际主义：
杰斐逊、波尔克、杜鲁门、里根时代的武装外交》*

在美国学术界，就美国对外政策研究的方法论而言，至少存在着四种学术流派：其一，对策研究，强调其现实性与实效性；其二，理论研究，强调用国际政治理论诠释现实或历史问题；其三，淡化理论色彩的宏观政策或战略研究，强调其宏观性与思辨性；其四，纯历史性的美国对外政策史研究，强调史实的考证与思辨。就这些学术流派而言，我们不能说孰优孰劣，它们只是站在不同的角度，共同诠释着美国对外政策。美国学者亨利·诺的最新研究成果《保守国际主义：杰斐逊、波尔克、杜鲁门、里根时代的武装外交》[①]（以下简称

---

* 本文原载《美国研究》2014 年第 5 期，收入本书时进行过局部修订。

① Henry R. Nau, *Conservative Internationalism: Armed Diplomacy under Jefferson, Polk, Truman, and Reagan*, Princeton, New Jersey: Princeton University Press, 2013.

《保守国际主义》),从宏观与微观角度就美国对外政策展开研究,以其宏观性与思辨性见长,集中体现了上述第三种学术流派的特点。亨利·诺是美国乔治·华盛顿大学艾略特国际事务学院资深教授,长期从事美国对外政策的教学与研究。在《保守国际主义》一书中,他提出了美国对外政策中的第四种传统,即保守国际主义传统。本文首先就保守国际主义的内容进行了简要的介绍,然后重点就保守国际主义产生的国内政治思潮以及保守国际主义能否主导美国的对外政策走向进行了一番深入的分析。

一、保守国际主义的主要特点

从宏观层面论述美国对外政策传统,这是一项极具挑战性的学术研究,它要求学者不光对美国对外政策史有着扎实的学术根基,还要对国际政治理论与美国对外政策现状有着深入的研究。有鉴于此,美国学者中能够将这几个方面的研究融会贯通,并从宏观层面驾驭美国对外政策传统者并不多见。亨利·诺的《保守国际主义》在这方面进行了有益的尝试。早在 2002 年,亨利·诺在其专著《国内外:美国对外政策中的身份与权力》一书中就认为,美国对外政策传统主要有三种:孤立主义或民族主义、现实主义与国际主义。经过十余年的深入思考与学术积淀,亨利·诺对美国对外政策传统中的国际主义进行了重新定位,他将国际主义分为自由国际主义与保守国际主义,认为此前美国学术界所指的国际主义主要是自由国际主义,而在自由国际主义之外,美国对外政策传统还存在着第四种表现形式,即为大家所广泛忽视的保守国际主义。

何为保守国际主义？按照亨利·诺的说法,保守国际主义综合了前面几种对外政策传统的优点,它既强调自由国际主义所倡导的美国有改造世界的责任观、现实主义所倡导的美国用军事力量维护全球秩序稳定的武力观,也强调被民族主义所倡导的尊重国家主权观。按照亨利·诺的解释,保守国际主义的特征主要体现在三方面:第一,保守国际主义具有自由国际主义的特点,即强调扩展美国式自由民主制度,但保守国际主义强调首先将自由扩展到已经存在自由体制的周边地区,并非立刻将自由扩展到世界上任何地区。第二,现实主义主张用武装的外交与对手进行谈判,以推动自由民主,只有在谈判失败之际才动用武力,而保守国际主义主张在谈判失败之前就动用武力。第三,保守国际主义强调有限全球政府,利用民主的公民社会或杰斐逊所倡导的"姊妹共和国"在全球进行分权,而并非威尔逊与罗斯福所倡导的以国际组织为中心来管理世界。①鉴于自由国际主义已经深入人心,亨利·诺在书中重点解释了保守国际主义与自由国际主义的不同之处。在他看来,保守国际主义与自由国际主义的主要区别在于,保守国际主义也强调将美国式自由民主价值观向外输出,但是在输出方式的选择上与自由国际主义有所区别。保守国际主义对自由国际主义那种首先强调用外交与国际制度的方式输出美国式自由民主,而限制用武力作为外交之外的最后手段的方式持保留态度。保守国际主义主张用独裁者所持的观点看待世界, 即独裁者每日在国内施加暴

---

① Henry R. Nau, *Conservative Internationalism*, Princeton, New Jersey: Princeton University Press, 2013, p.2.

力,对外试图用武力攫取权力。保守国际主义强调武力的使用并非在谈判失败之后,而是在谈判之前或谈判进行期间。在保守国际主义者看来,如果民主只有在谈判失败之后使用武力才能获得,他们会在谈判之外使用武力以达到目的。在保守国际主义者看来,没有以武力作为后盾的外交无法减少全球事务中的武装冲突,它只能使独裁者更倾向于使用武力。为了对付独裁者使用武力,可能的话,军事武装应该尽早使用。①所以,保守国际主义强调在谈判有可能失败之前就动用武力,反对自由主义所强调的将武力作为最后的不得已的手段。亨利·诺指出,国家在对外政策方面所使用的手段主要是外交或武力。这两种手段如何巧妙的结合,这是国家领导人必须认真考虑的问题。保守国际主义与自由国际主义都强调外交与武力并用,但如何将两者有效地结合,其策略上有所不同。保守国际主义使用武力以推动外交有所进展,自由国际主义使用外交是为了减少使用武力。它们在对外政策方面采取的不同的手段或策略并非是出于各自偏好,不能说自由国际主义在天性上是鸽派或保守国际主义在天性上是鹰派。这种策略或手段的不同体现了二者看待世界的传统观念的差异。自由国际主义主张通过交流、谈判、相互依赖、机制来解决国家之间存在的问题。国家之间的合作会带来回报,而威胁与使用武力会带来消极后果,误解与冲突大多源于缺少交流与沟通,外交是解决或弥补缺陷较好的方式。②正如自由国际主义学者伊肯伯里所言,国家之间的冲突将会被制服,被限定在通过多边国际法、标准、保护措施与争端解决机制所建立起来的

① Henry R. Nau, *Conservative Internationalism*, Princeton, New Jersey: Princeton University Press, 2013, p.5.

② Ibid., pp.24–25.

铁笼子式的国际大家庭内部。①从本质上讲,保守国际主义与自由国际主义都强调扩展美国式自由民主制度,但自由与平等孰先孰后,双方存在分歧。保守国际主义视自由优先于平等,主张在承认国际社会各主权国家平等之前将一些国家从专制体制中解放出来,先让这些国家获得自由。自由国际主义视平等优先于自由,承认国际社会中的主权国家(无论专制与否)平等,认为只有提倡国际社会中各主权国家平等相处,才能最终促使所有的国家奉行自由主义理念。对保守国际主义而言,国家的性质与特点是问题,无论其自由与否;对于自由国际主义而言,所有国家参与国际社会的现状是问题,无论其强势与否,参与与否。②为了进一步验证自己观点的正确性,亨利·诺从二百多年的美利坚合众国历史实践中精心挑选了杰斐逊、波尔克、杜鲁门与里根这四位总统,分四章进行了重点史实论证。他认为杰斐逊在大陆扩张与路易斯安那问题上维护了美国利益;波尔克在美国与墨西哥产生的西南领土争端中综合运用外交与武力手段,维护了美国在西南领土方面的利益;杜鲁门在与苏联的对抗中运用遏制政策维护了西方集团的利益;而里根在 20 世纪 80 年代对苏联集团采取强硬政策,通过大规模军备竞赛的方式迫使苏联集团回到谈判桌上,并最终拖垮了苏联。在他看来,这四位总统都是武力与外交并重,在美国历史上以强势或铁腕总统著称。

---

① G. John Ikenberry,Thomas J. Krock,Anne-Marie Slaughter and Tony Smith,*The Crisis of American Foreign Policy:Wilsoniamnism in the Twenty-First Century*,Princeton,New Jersey:Princeton University Press,2009,p.16.

② Henry R. Nau,*Conservative Internationalism*,Princeton,New Jersey:Princeton University Press,2013,p.52.

二、保守国际主义的思想根源

自美国立国以来，以孤立主义为特征的民族主义主导美国对外政策达一个世纪之久。但是伴随着美国国力日盛，就如何认识外部世界，基于不同的国际政治哲学，美国对是否介入外部世界出现了两种本质上的区别：一种是以现实主义的均势观看待世界，认为国际政治就是追逐权力；一种是以自由主义的机制观看待世界，认为建立在国际法与国际机制基础之上的国际社会可以约束权力。在这一思路的引导下，亨利·诺从武力、外交、防务安全、扩展民主四大方面将民族主义、现实主义、自由国际主义与保守国际主义四大对外政策流派用一张简易图体现出来：

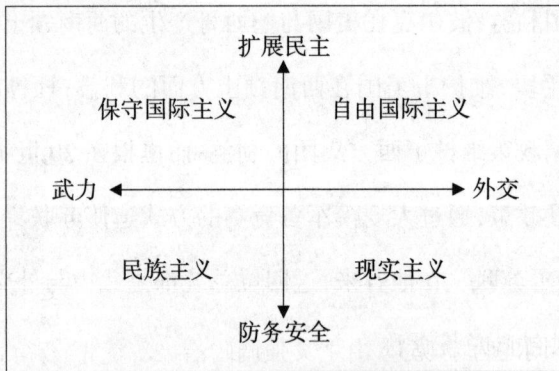

```
                    扩展民主
                      ↑
    保守国际主义        |        自由国际主义

武力 ←――――――――――――――――|――――――――――――――――→ 外交

    民族主义           |         现实主义
                      ↓
                    防务安全
```

图 4　美国对外政策传统的类型[①]

通过这张平面图我们可以看出，民族主义强调武力与防务安全，现实主义

---

①　Henry R. Nau, *Conservative Internationalism*, Princeton, New Jersey: Princeton University Press, 2013, p.27.

推崇外交与防务安全,自由主义注重外交与扩展民主,而保守主义侧重武力与扩展民主。从整个美国外交传统的发展来看,民族主义已经"退居二线",自一战之后逐渐兴起的威尔逊自由国际主义日益兴盛,并最终主宰了二战后的美国对外政策大战略。在自由国际主义的大战略框架下,现实主义不过是从战术层面考虑如何更好地实现这种大战略。但是保守国际主义却强调武装的外交,主张用武力扩展民主。这种分歧看似是一种策略之别,其实质却体现出美国政治思想传统中自由主义与保守主义的不同哲学观,以及与这两种哲学观交织在一起的政党政见之争。

自由主义是美国政治思想的基石,自由与平等是其核心政治哲学。自由主义强调自由与公正的选举、公民权利、自由贸易、自由企业制度、私有财产的不可侵犯性。但是何为自由主义? 在几百年的美国政治实践中逐渐形成了两大对立的哲学观:自由主义与保守主义。美国俄亥俄大学国际政治学者彼得·海斯·格里耶在《美国对外政策的政治学》一书中指出,美国人都认同"大 L"的自由主义,但在心理与内外政策取向上又分化为"小 L"自由主义与保守主义。① 就美国的国内政治而言,关于自由的理解始终存在着分歧,自由与平等孰轻孰重,哪个更为重要,政治平等优先还是经济自由优先? 对于这一问题的不同理解形成了两种不同的哲学观:自由主义强调政治平等优先,保守主义强调经济自由优先。亨利·诺指出,自由主义与保守主义都认同美国独立宣言与美国宪法所体现的美国政治理念,其不同主要体现在对于自由与平等理念的理解上

---

① Peter Hays Gries, *The Politics of American Foreign Policy: How Ideology Divides Liberals and Conservatives over Foreign Affairs*, Stanford, California: Stanford University Press, 2014, p.9.

存在差异。自由主义强调机会均等,强调影响个人发展方面的条件应该均等,大家有均等的发展机会,希望在一个均等的发展条件下收获大致相当的结果。正如美国总统林登·约翰逊在"伟大社会"中所言:"我们所追求的……与其说平等是一种权利或理论,不如说平等是一种事实,平等是一种结果。"保守主义相信一旦存在着机会均等,结果则在于个人的禀赋与选择,由于遗传、天赋、能量等的差异,个人奋斗所导致的结果是不同的。正如亚里士多德早就指出的那样,生活中有两种类型的不平等:不公平地对待平等的个体——这是自由主义所关心的问题,平等地对待不平等的个体——这是保守主义所关心的问题。所以,亨利·诺认为,自由主义寻求社会正义,保守主义寻求个体正义。自由主义接受很少的自由以保证平等,保守主义接受很少的平等以保证自由。由于自由主义强调个体在社会层面的平等,所以自由主义者强调政府对社会的积极介入。保守主义强调个体的自由,所以保守主义者主张有限政府。[1]至于自由主义与保守主义分歧的更深层原因,在亨利·诺看来,这涉及关于人性这一问题的不同理解。自由主义更多从理性与世人层面理解人性,保守主义则更多从哲学与宗教的怀疑主义角度理解人性。[2]

关于自由与平等的不同理解与美国社会中的党派政治紧密地联系在一起。19 世纪,南部民主党由于捍卫个体自由而成为保守主义政治势力的代表。但到 20 世纪,尤其是 20 世纪 30 年代之后,由民主党总统罗斯福主导的新政改革,以及其后由民主党倡导的一系列福利制度改革成为现代自由主义的象

---

[1]　Henry R. Nau, *Conservative Internationalism*, Princeton, New Jersey: Princeton University Press, 2013, p.14.

[2]　Ibid., pp.15–16.

征。自此,现代自由主义开始主导美国政坛。亨利·诺对此深有感悟。他回忆道,50 年前,自己初到华盛顿读研究生之际,当时的世界和今天大不一样,那时几乎是自由主义的天下。在布鲁金斯学会、卡耐基基金会等华盛顿智库很难听到能够使自己产生心灵共振的自由主义声音:小政府、低税收、宗教信仰、竞争的市场等。没人研究社会出现问题是由于政府的失败,而认为是市场的问题,没有人认为家庭、宗教、社会责任、节约是解决社会问题的根源,而更多地注重要求政府制定福利计划解决这些社会问题。在美国对外政策领域,大家都在谈论自由国际主义,没人提及保守国际主义,甚至认为保守国际主义根本就不存在。①

　　在许多保守主义者看来,罗斯福总统的自由主义改革运动背离了美国的政治传统与社会理念。所以在美国,现代意义上的保守主义是在反对自 20 世纪 30 年代以来的自由主义运动中逐渐兴起的。自此,自由主义与保守主义的政见分歧最终与当代美国政党政治相互交织在一起:民主党相对关注群体的政治平等,而共和党相对关注个体的经济自由。60 年代,在自由主义主导美国政治与社会生活之际,以巴里·戈德华特(Barry Goldwater)为首的共和党保守主义政治势力向民主党发起了强劲的挑战。1964 年,戈德华特,这位来自亚利桑那的前国会参议员、共和党总统候选人,向在任总统、民主党人约翰逊发起了挑战。在竞选期间,选民将戈德华特嬉称为"保守主义先生"。戈德华特的总统竞选之举,不光是对民主党的挑战,也是对民主党主导的、自罗斯福总统以

---

① Henry R. Nau, *Conservative Internationalism*, Princeton, New Jersey: Princeton University Press, 2013, p.ix.

来的自由主义运动的挑战。尽管戈德华特在竞选中失败,但是他为保守主义在美国社会中的逐渐兴起奠定了基础,戈德华特可以称为 20 世纪下半叶美国保守主义的奠基人。80 年代,以里根主义为代表的现代保守主义在美国如日中天。90 年代,尽管民主党人克林顿执掌行政大权,但保守主义在国会与民间仍然具有强大的影响力。进入 21 世纪,以共和党人小布什为首的新保守主义重新执掌行政大权。尽管民主党人奥巴马赢得了 2008 年总统选举,但奥巴马倡导的经济振兴计划与医疗体制改革不光遭到共和党的抵制,也遭到以减税和反对奥巴马政府医疗体制改革为主要政治诉求的"茶党运动"的反对,双方联合的一个重要标志就是 2010 年共和党人重新控制了美国国会众议院。

三、武装的外交能否奏效

自由主义与保守主义的内政之争同样涉及它们的国际观。自由主义的国际观就是自由国际主义,主张用国际机制来构建世界秩序。保守主义的国际观就是保守国际主义,它同样也强调用国际机制来构建世界秩序,但与自由国际主义有所不同的是,保守国际主义在看待国际政治时更多地偏向现实主义,从人性恶角度理解现实世界,对法治与合作等自由主义理念持怀疑态度,倾向于用武力来构建和平。格里耶在分析自由主义与保守主义的国际观之区别时指出,自由与保守的意识形态不同似乎是基于对人性的认识差异。自由主义倾向于人性善的一面,认为人类有能力通过集体行为来完善这个世界,而保守主义认为人性在本质上存在缺陷,所以法律与传统是防范人性自私的重要手段。自由主义倾向于合作,保守主义更认同人类之间的竞争。自由主义更倾向于社会福利政策,而保守主义更倾向于在国家安全方面增加投入,更强调军费开支。①所以,自由国际主义与保守国际主义的一个重要区别就是保守国际主义倾向于用武装的外交来构建世界和平。那么在一个世人向往和平的世界中武装的外交能否奏效呢?

美国总统大印是美国国家的象征,总统大印上最鲜明的特点是白头鹰及其左右两爪上的箭束与橄榄枝。1945 年之前,总统大印中白头鹰的头是偏左的,即白头鹰左爪拿箭束——象征武力的一侧;罗斯福政府重新修改后,白头鹰的头最终偏到右侧,即白头鹰右爪拿橄榄枝——象征和平的一侧。在伴随丘吉尔乘火车到密西西比的富尔顿准备作"铁幕演说"途经俄亥俄河谷时,杜鲁门向丘吉尔展示总统大印,并特意指出美国已对白头鹰头的朝向作了修改。丘吉尔沉思片刻后认为白头鹰之头应该能够旋转,随时应对和平与战争的需要。②事实上,白头鹰头朝向的变化具有重要的政治含义,它在一定程度上体现了美国外交传统的转变。按照亨利·诺的理解,丘吉尔的观点代表着美国传统中的经典现实主义,即无论外部环境如何,为了确保国家安全,美国对外政策都应该将武力与和平结合起来。罗斯福总统之前,总统大印中白头鹰头朝向左侧,即代表着武力的箭束一侧,这体现出美国早期以民族主义为主的对外政策传统:强调美国壮大自身、不卷入世界的冲突,这种观点在美国早

① Peter Hays Gries, *The Politics of American Foreign Policy*, Stanford, California: Stanford University Press, 2014, pp.39–42.

② Henry R. Nau, *Conservative Internationalism*, Princeton, New Jersey: Princeton University Press, 2013, p.1.

期共和国历史上比较盛行,并在 20 世纪 30 年代得以重现。罗斯福之后,白头鹰头像调整到象征和平的橄榄枝一侧,代表着美国对外政策传统进入到自由国际主义时代。这个时代的主要特征是美国希望通过构建诸如国联与联合国这样的国际组织来领导世界。但是亨利·诺对当今白头鹰头的朝向并不满意,认为美国总统之印应该重新设计,即白头鹰的头应该向外,凝视着现实世界,而并非向左或向右,考虑是否武力优先还是外交优先,凝视正前方的世界,意味着美国希望自身以及世界人民获得自由。①他强调白头鹰的头向外,不要左顾右盼,实际上是在阐述美国对外政策传统中保守国际主义观的核心,即武力与外交并重,武力与外交是一对连体双胞胎,两者缺一不可。②就像钱币的两面:武力与外交,彼此不能单独使用,并希望未来的美国外交应该以保守国际主义为主,由自由国际主义向保守国际主义过渡。

需要指出的是,亨利·诺强调保守国际主义,推崇武力,这让人不能不联想到小布什政府的新保守主义。有学者评论指出,保守国际主义这种提法只不过是"新瓶装旧酒","诺为我们大家提供了一瓶旧酒(新保守主义),只不过用新瓶(保守国际主义)装进去而已"。③其实,这种评论是对保守国际主义的一种误解。按照亨利·诺的观点,保守国际主义强调武力与外交并重,而小布什政府的对外政策在捍卫国家利益时过于强调武力而忽视外交,应该划归保

---

① Henry R. Nau, *Conservative Internationalism*, Princeton, New Jersey: Princeton University Press, 2013, pp.2–3.

② Ibid., p.208.

③ Michael C. Desch, "Neoconservatism Rebaptized," *The American Conservative*, Vol.12, No.6, November/December 2013, p.46.

守民族主义之列。①

历史还是历史，不同的是后人如何看待历史，对历史的不同诠释与解读则意味着如何认识现实。事实上，作者不光在研究美国外交传统、诠释学术，也是在倡导一种现实关怀，倡导美国外交走保守国际主义之路。亨利·诺坦言，自己的研究不光是一种学术的回归，更是一种现实关怀。从学术上讲，亨利·诺的研究旨在说明冷战以来美国外交传统中除了现实主义与自由国际主义之外，还有一种被学术界忽视的保守国际主义。现实主义强调威慑，自由国际主义强调缓和，保守国际主义强调观念。从现实层面上讲，亨利·诺提出保守国际主义旨在为当今的美国政府提供一种对外战略，这种战略旨在对付像中国与俄罗斯这样的国家行为体与恐怖主义这样的非国家行为体对美国的威胁。②在亨利·诺看来，当今美国奥巴马政府的战略退却是一种错误。美国应该奉行现实主义与自由国际主义之间的中间路线，即在现实主义之藐视在国外倡导民主、主张离岸壮大国防与自由国际主义之轻视使用武力、坚持公开与最后的外交原则之间寻求一条中间路线。这条路线强调重新武装美国的外交，以美国民众能够承受的代价为前提，寻求美国例外论的目标。③亨利·诺对奥巴马政府削减国防预算之举持否定态度，他借用美国战略学家米德的观点指出，奥巴马还没有成为那种受到弱势国防预算困扰与折磨的卡特综合征（The Carter Syndrome）的牺牲品。④亨利·诺认为，奥巴马在外交方面过于软弱，

① Henry R. Nau, *Conservative Internationalism*, Princeton, New Jersey: Princeton University Press, 2013, pp.70–73.

② Ibid., pp.218–219.

③ Ibid., p.10.

④ Walter Russell Mead, "The Carter Syndrome", *Foreign Policy*, January/February 2010, pp.58–65.

在一个极具竞争的时代,奥巴马将自己描绘成一个纸老虎。奥巴马外交宛如一曲随着主题即兴演奏的爵士乐,[1]但外交不光是一种爵士乐,也应该是一种乐器的碰撞。奥巴马的外交过于注重音乐的旋律而缺少了乐器应有的碰撞。奥巴马过于强调相互理解、妥协而很少使用武力解决地区冲突。奥巴马似乎相信,如果美国不使用武力,其他国家也不会使用武力。如果那样,问题就来了。因为其他国家相信只有竞争而不是合作才能解决世界问题。[2]亨利·诺在一篇文章中甚至这样形容奥巴马的哲学观:奥巴马太相信这个世界是一个七巧板而不是一场棋局比赛。所以,他过于倚重外交而忽视军事手段。[3]

应该看到,亨利·诺的观点并非一己之见。他的书稿完成于斯坦福大学胡佛研究所,在首都华盛顿的保守主义重镇传统基金会举办过新书推介会,所有这些都清楚地表明其观点集中体现了美国政坛中的一种政治势力,即美国在对外政策方面不应该一味地停留在自由国际主义的思维轨道上,武装的外交也非常必要,"该出手时就要出手"。在他看来,小布什在是否动用武力方面走向一个极端,奥巴马在这个问题上又走向另外一个极端。

奥巴马政府上台以来,美国在对外政策方面进行了重大调整,面对利比亚危机、叙利亚危机、伊朗核危机与乌克兰危机,奥巴马政府更多地以"巧实力"作为应对之策略,在对外政策中少了一些"世界警察"应有的锋芒,这也是

---

[1]　Richard Holbrooke, "The Next President", *Foreign Affairs*, September/October, 2008, p.18.

[2]　Henry R. Nau, *Conservative Internationalism*, Princeton, New Jersey: Princeton University Press, 2013, p.77.

[3]　Henry R. Nau, "The Jigsaw Puzzle & the Chess Board: The Making and Unmaking of Foreign Policy in the Age of Obama", *Commentary*, May 2012, p.14.

招致保守国际主义诟病之原因。奥巴马是一个现实主义者,他强调美国有限的安全目标,对国防预算进行了大规模的削减。他强调关注美国内政问题,在国内问题上强调扩大政府权限。2009 年,奥巴马在法国甚至否认美国在世界应该承担特殊的使命。①事实上,奥巴马内政外交的改弦更张更多是出于无奈:美国国力在经历了 10 年反恐战争之后需要休养生息,美国正面临着又一轮的衰落论困扰。但是美国外交就像一个钟摆,它不光在民主党与共和党的党争之间左右徘徊,也在自由主义与保守主义的意识形态分歧之间摇摆。当美国国力恢复,保守主义主导美国政坛之际,保守国际主义存在的最大问题就是如何让一个以美国式民主为特色的国家、一个以自由国际主义为主流外交传统的国家中的国民能够接受武力干涉的必要性。如果能够克服这个障碍,保守国际主义很有可能会成为未来美国的对外大战略。

---

① Henry R. Nau, *Conservative Internationalism*, Princeton, New Jersey: Princeton University Press, 2013, p.77.

杰克逊主义与美国特朗普政府的外交政策 *

　　杰克逊主义外交传统的系统论述出现在美国哈德逊研究所教授、对外关系委员会高级研究员沃尔特·拉塞尔·米德(Walter Russell Mead)的著作《上帝的眷顾:美国的外交政策及其如何影响了世界》①一书中。在该书中,作者打破了传统中对美国外交所作的理想主义和现实主义的分野,以美国著名政治家名字命名,描述了几个世纪以来美国实施外交政策的四种基本方式,即促进开放世界的汉密尔顿主义、维护民主制度的杰斐逊主义、拥护人民主义价值观和追求军事实力的杰克逊主义以及严格遵守道德原则的威尔逊主义。这四种方式为我们理解美国外交政策提供了新的分析视角。正像米德所说的,美

---

　　* 本文是作者与其指导的博士研究生石秋峰合作研究的成果,原载于《国际论坛》2018 年第 1 期,收入本书时进行过局部修订。

　　① Walter Russell Mead, *Special Providence: American Foreign Policy and How It Changed the World*, New York and London: Taylor & Francis Books, Inc., 2002.

国外交政策在这四种方式中变换,各自相互结合、相互补充,短期灵活性与长期延续性使美国获益匪浅。①

杰克逊主义从诞生的那一时刻起就深深地影响着美国的外交实践;而美国外交实践,反过来又推动了这种政治理念的传播,使其深深地根植于美国民众的思想中。随着美国国内国际环境的变化,在一定的时期内,杰克逊主义重新回到了美国政治舞台的中心,甚至主导美国的对外政策。2016 年特朗普(Donald Trump)总统的当选就是典型的例子。要想深刻地理解特朗普政府当前的外交政策以及未来的走向,就必须从美国这种传统的政治文化里找到其根源。正如王缉思教授所言:"外交行为受领导人思想意识的支配,而领导人外交思想不仅是在对外部环境长期做出反应的基础上形成的,也是本国家、本民族的政治文化、观念形态的反映。国际政治包含着不同国家利益的协调与冲突,也充满着不同思想原则的相互撞击。因此,研究一个国家特别是大国的外交政策,必须联系该国的政治传统、价值观念,以至广义上的文化来进行考察。"②

本文试图通过对美国历史上的杰克逊主义进行归纳总结,梳理其与美国外交实践的联系,同时结合特朗普的当选阐述杰克逊主义在特朗普政府外交政策中的表现,进而分析当今美国杰克逊主义回归的原因,并就特朗普政府的外交政策对自由主义国际秩序的影响作简要的评析。

---

① Walter Russell Mead, *Special Providence: American Foreign Policy and How It Changed the World*, New York and London: Taylor & Francis Books, Inc., 2002. p.95.

② 王缉思:《美国外交思想传统与对华政策》,载《美国研究参考资料》,1989 年第 3 期,第 1 页。

一、杰克逊主义的政治理念

安德鲁·杰克逊(Andrew Jackson)是美国历史上第 7 任总统,也是美国历史上第一位平民总统。按照美国学者的说法:"他战胜了其他出身豪门的达官贵人,第一次引领'普通人'进入可以让全体公民分享的政治中去。他在维护个人权力方面有着永不疲倦的渴求,这种渴求驱使他以'普通人'的名义而战。"①在两届任职期间,杰克逊开创了美国真正意义上的两党制,利用否决权加强了总统对国会的影响力,维护联邦的统一;摧毁了美国国家银行体系,捍卫了经济上的自由竞争;实现了成年男性的普选制度,为资本主义民主注入了新的思想观念;制定了印第安人移民政策,使其在任职期间以及后来都备受争议。这样一位对美国历史有着深远影响的人物,其政治外交思想几乎不为人所知。正如米德所说,对外国人和一些美国人来说,杰克逊主义在四个学派中是最不能给人留下深刻印象的学派。②但是在事实上,杰克逊主义对美国的外交具有不可替代的历史作用,它以一种隐性的方式,在不知不觉中牢牢地融入美国的外交传统,并伴随着美国外交一起发展。③

米德认为,杰克逊主义是"由平民主义、个人主义、荣誉和勇气的原则所

---

① [美]斯蒂芬·斯科夫罗内克:《总统政治——从约翰·亚当斯到比尔·克林顿的领导艺术》,黄云、姚蓉、李宪光译,新华出版社 2003 年版,第 145 页。

② Walter Russell Mead, *Special Providence: American Foreign Policy and How It Changed the World*, New York and London: Taylor & Francis Books, Inc., 2002, p.225.

③ 张燕君:《美国外交传统中的杰克逊主义》,载《江西师范大学学报》(社会科学版),2006 年第 4 期,第 98 页。

定义的一个'政治感情共同体'"。①杰克逊主义的世界观被看成一个非自由的、平民主义的意识形态体系,源于欧洲移民和美洲原住民之间早期的现代文明间的冲突,这种传统将美国建构成一个以深层文化和种族为纽带的紧密结合的民间共同体。②杰克逊主义政治学与其说是一种思想或政治运动,不如说是一大部分美国公众社会、文化和宗教价值观的表达。③杰克逊主义的政治理念主要体现在以下三大方面:

第一,平民主义的价值观。作为一位平民总统,杰克逊执政期间推行的一系列措施,如反对国家的积极干预,反对联邦集权,实行轮流担任公职制度,主张更多的人参政议政等,更多地体现了一种平民主义的价值观导向。其在政治、经济和社会领域的改革被后世称为"杰克逊民主"。在米德看来,杰克逊主义者具有民主和平民主义的天性。在杰克逊主义者眼里,美国人民的政治和道德本能是健康的,是值得信任的,他们不需要文化精英的教育和指导。杰克逊主义者不相信政府和精英,认为政府不可避免地都有腐败和低效现象。④"政府的目的应该竭尽全力促进人民共同体的政治、经济和道德福祉,为了实现这个目标,只要不违反道德情感或者杰克逊主义者所认可的必不可少的自

---

① Walter Russell Mead, "The Jacksonian Tradition and American Foreign Policy", *The National Interest*, Winter 1999/2000, p.8.

② Taesuh Cha, "The Return of Jacksonianlism: International Implication of the Trump Phenomenom", *The Washington Quarterly*, Vol.39, No.4, Winter 2017, p.85.

③ Walter Russell Mead, *Special Providence: American Foreign Policy and How It Changed the World*, New York and London: Taylor & Francis Books, Inc., 2002, pp.225-226.

④ Ibid., p.238.

由,任何手段都是可以允许的"。①杰克逊主义的平民主义价值观一直影响着美国的对外政策,是美国政府获得国内民众支持的思想来源。

第二,本土主义的身份观。本土主义在美国历史悠久,其本源是对外来者的恐惧——恐惧他们与本国人竞争工作机会、公共服务,恐惧他们带来不同的政治、社会、宗教理念,挑战本地固有的思想和文化。②在本土主义者眼里,所谓的"美国人"既非原住民印第安人,也非外来移民,而是指13个英属北美殖民地居民的后裔,其潜意识中的优越性根深蒂固。"许多美国人实际上不是像杰斐逊主义者那样通过支持个人自由和共和国自治来确定他们政治共同体的身份,而是用一系列特定的文化起源和习俗来确定他们的身份,这些文化渊源、习俗与北欧血统、新教、相信'白种人'的优越性和家长式的家庭领导力密切相关。"③尽管随着全世界移民的进入,美国越来越成为一个多民族、多种族和多元文化的社会,但是基于盎格鲁-撒克逊文化传统的本土主义身份观念,仍时时刻刻地影响着美国的内政和外交。亨廷顿也指出,当美国白人感觉到自己的社会地位和经济地位降低了,自己职业被移民和外国人抢走了,自己的文化被扭曲了,语言被替代了的时候,就可能出现排外的社会政治运动。④杰克逊总统在任职期间颁布了大量的关于印第安人向西部移民的法律,

---

① Walter Russell Mead,"The Jacksonian Tradition and American Foreign Policy",*The National Interest*, Winter 1999/2000,p.15.

② 王悠然:《本土主义在美国"周期性发作"》,载《中国社会科学报》,2017年第3版。

③ Rogers M. Smith,"The'American Creed'and American Identity:The Limits of Liberal Citizenship in the United States",*The Western Political Quarterly*,Vol.41,No.2,1988,p.234.quote from Michael Clarke, Anthony Ricketts,"Understanding the Return of the Jacksonian Tradition",*Orbis*,Winter 2017,p.18.

④ [美]亨廷顿:《我们是谁?——美国国家特性面临的挑战》,程克雄译,新华出版社2005年版, 第257页。

一方面反映了当时资本主义上升时期扩张土地的需要，另一方面也反映了以盎格鲁-撒克逊文化为基础的本土主义排外观念。

第三，国家主义的荣誉观。杰克逊凭借其在新奥尔良战役中的出色表现被美国人誉为"英雄"。他那种国家主义荣誉观念激励着一代又一代杰克逊主义者。米德认为，虽然今天很少有美国人使用荣誉这个不合时宜的词汇，但他依然是数百万美国中产阶级的核心价值观念。[1]杰克逊主义者认为当荣誉受到损害时，首先就要采取一切手段维护荣誉，即使进行战争也在所不惜。在他们看来："杰斐逊主义外交所欢迎的远离战争的措施无异于胆怯和软弱。只有勇敢抵抗，才能对付恃强凌弱的人，其他都是绥靖，既不光彩又无益处。"[2]荣誉观念还要求美国恪守承诺，一旦美国做出安全保证或承诺，不论发生什么事情都必须履行这些诺言。[3]

杰克逊主义是在美国历史发展的过程中逐渐形成的一种非正式的意识形态，而"非正式意识形态可能比正式意识形态更加稳定和持久。因为它根植于一个国家的历史文化之中，并因为隐藏在不自觉的意识中而常常被视为理所当然，其影响可能更大"。[4]杰克逊主义的美国已经创造出来，并在可预见的将来继续创造一个又一个政治领导者，一个又一个运动，将继续对国家内外政策产生重大影响。[5]

---

[1] Walter Russell Mead, *Special Providence: American Foreign Policy and How It Changed the World*, New York and London: Taylor & Francis Books, Inc., 2002, p.231.

[2] Ibid., p.250.

[3] Ibid., p.251.

[4] 王立新：《意识形态与美国外交政策》，北京大学出版社 2007 年版，第 7 页。

[5] Walter Russell Mead, *Special Providence: American Foreign Policy and How It Changed the World*, New York and London: Taylor & Francis Books, Inc., 2002, p.226.

二、杰克逊主义与美国的外交政策

(一)美国外交传统中的杰克逊主义

杰克逊主义对美国外交政策的影响体现在如何认识外部世界、如何认识美国的国家利益以及如何实现国家利益三个方面。首先,从对外部世界的看法来说,杰克逊主义者具有强烈的悲观现实主义色彩。杰克逊主义者认为,和国内"洛克式"的政治秩序不同,国际社会是霍布斯式的无政府主义状态,是混乱无序的:在一个竞争激烈的世界里,作为主权国家的美国必须把自己的利益放在首位。①他们接受了威斯特伐利亚国际关系理念,认为国际事务所遵循的原则和国家政治所遵循的原则是不一样的。②因此,美国必须高度警惕,全副武装;美国外交必须狡猾机灵、强硬有力、不比其他国家更讲廉耻。③米德也认为,杰克逊主义的现实主义建立在自我群体内部与外部黑暗世界之间的明确分野基础之上。④

其次,杰克逊主义者在认识美国的国家利益时,强调把国家的重心放在国内,奉行"美国优先"的原则,根据美国的国家利益确定美国的外交政策。所以他们通常也被称为"孤立主义者"。但杰克逊主义者与美国早期的孤立主义

---

①② Walter Russell Mead, "The Tea Party and American Foreign Policy", *Foreign Affairs*, Vol.90, No.2, March/April 2011, p.35.

③④ Walter Russell Mead, *Special Providence：American Foreign Policy and How It Changed the World*, New York and London：Taylor & Francis Books, Inc., 2002, pp.245-246.

者不同,他们的思想同冷战结束后美国的新孤立主义思想一致。他们对世界事务的参与程度依赖于对外部威胁的评估。"杰克逊主义者支持美国参与两次世界大战,不是因为同盟国、纳粹或日本军队犯下的暴行,而是美国轮船在大西洋的沉没和日本对珍珠港的袭击分别使威尔逊总统和罗斯福总统克服了美国人根深蒂固的对'外来纠缠'的厌恶感。"[1]"杰克逊主义者认为,在没有直接威胁美国安全的情况下,他们可能倡导一个'谦逊'(humble)的外交政策,避免了威尔逊主义者的'十字军'自由主义的干预和汉密尔顿主义者对开放的国际政治和经济制度的承诺。"[2]当代的杰克逊主义者之所以反对美国政府干预波斯尼亚,是因为波斯尼亚对美国的安全利益造成了有限的威胁。但却支持美国政府干预萨达姆对科威特的入侵,因为伊拉克的举动被认为是对世界石油供应的威胁,对美国的经济福利构成更直接的潜在的威胁。

最后,杰克逊主义者认为,要以最安全、最经济的方式实现国家利益,就必须减少美国在全球的参与,降低外交政策的成本和风险。"他们通常在乎国际参与成本,厌恶不成比例地分担成本,他们宁愿把资源和注意力放在国内。希望他们的总统清楚地界定目标并成功地按照目标来实施。"[3]杰克逊主义者对美国创造一个自由世界的能力表示深深的怀疑,反对威尔逊主义者在全世界传播美国民主和价值观的做法。他们也深深怀疑通过国际法、多边主义和人

---

　　[1]　Michael Clarke, Anthony Ricketts, "Understanding the Return of the Jacksonian Tradition", *Orbis*, Winter 2017, p.19.

　　[2]　Ibid., p.21.

　　[3]　Melisa Deciancio, "The Jacksonian Tradition and the United States Foreign Policy: The Influence of History on the Ideas of the Bush", September 2008, p.15. http://www.researchgate.net/publication/277657913.

道主义干预来改变世界的全球主义理念。他们认为,即使必要时采取武力来推动理想的实现,也不是为了民主和人权本身的目的,而是为了加强美国的安全和保持美国的经济优势。杰克逊主义中的保守主义思想在美国的对外军事政策中体现得更为明显。"他们希望政府把足够的资源投入到军事,使在国家安全需要的任何时间、任何地点能够投入压倒性的军事力量,他们广泛支持一个'语气轻柔,同时手拿大棒'的总统。"①从一定程度上说,二战后的美国一直保持庞大的军费开支与国内杰克逊主义者的支持是分不开的。当杰克逊主义者在认为国家安全受到严重威胁时,便支持政府进行先发制人的打击,并全力以赴取得战争的全面胜利。他们相信麦克阿瑟对战争的说法,即"只有胜利,别无所求",胜利唯一明确的标志就是敌人的无条件投降。②总体上看,杰克逊主义和传统的保守主义的思想一致。因为传统保守主义钟情于孤立主义、民族主义和贸易保护主义,而新保守主义则更倾向于"新帝国论"。③

(二)杰克逊主义对当代美国外交政策的影响

19世纪中期以后,随着美国开始向帝国主义阶段过渡,奉行扩张和军事实力至上的杰克逊主义对美国外交政策的影响也越来越大,并取得了巨大成就。在此思想的指导下,美国掀起了大陆扩张的浪潮,并最终使其疆界延伸到了太平洋沿岸。

① Melisa Deciancio, "The Jacksonian Tradition and the United States Foreign Policy: The Influence of History on the Ideas of the Bush", September 2008, p.14. http://www.researchgate.net/publication/277657913.
② Walter Russell Mead, *Special Providence: American Foreign Policy and How It Changed the World*, New York and London: Taylor & Francis Books, Inc., 2002, p.256.
③ 周琪:《意识形态与美国外交》,上海人民出版社2006年版,第264页。

　　进入 20 世纪，尽管杰克逊主义在很多时候没有主导美国的外交政策，但它的影响却无处不在。"在冷战时期，杰克逊主义者是最坚定、最活跃的鹰派，他们坚决主张对苏遏制，对所谓的'共产主义扩张'毫不手软。"①杜鲁门和艾奇逊等人通过加大宣传苏联和共产主义意识形态对美国的直接威胁来获得杰克逊主义者对其外交政策的支持。另一方面，作为杰克逊主义政治理念一部分的国家主义荣誉观在冷战期间一直伴随着美国的外交政策。为了体面地从越南撤军，同时也为了平息国内杰克逊主义者的舆论，尼克松和基辛格一直将他们从越南撤军的战略定义为"和平与荣誉"。②而里根总统推行的"星球大战计划"、对苏的"推回战略"和对第三世界亲苏国家的"低烈度战争"政策让人们再一次发现了杰克逊主义的影子。

　　冷战结束后，没有了直接威胁美国的敌人，杰克逊主义者对美国外交政策的支持开始减弱。在克林顿政府时期，杰克逊主义者在国会蓄意地阻止政府过多参与海外政策，如拒绝按时缴纳联合国会费，反对政府对海地、索马里和波斯尼亚的军事干预，拒绝加入国际刑事法院等。而 2001 年的 9·11 事件使杰克逊主义传统开始全面主导美国的对外政策，具体的表现就是形成了以反恐为核心的布什主义对外战略。

　　首先，美国人在这次遭受袭击后对威胁的高度认知使美国的外交政策重新回到 1947 年至 1948 年期间所具有的地位，为了应对国内外所面临的威胁，杰克逊主义者支持政府采取一些限制公民自由的措施。"杰克逊主义者对外

---

① 张燕君：《美国外交传统中的杰克逊主义》，载《江西师范大学学报》，2006 年第 4 期，第 100 页。

② Mead, "The Tea Party and American Foreign Policy", p.37.

交政策的再次关注，使布什政府有机会再次实现杜鲁门政府所取得的成就，通过利用公众关注真正的安全威胁，以激励公众支持建立一个影响深远的自由世界秩序计划"。①

其次，恐怖主义分子对世界贸易中心的袭击直接打击了美国资本主义，破坏了美国在世界上的荣誉，以致后来杰克逊主义者全力支持布什总统发动对阿富汗和伊拉克的战争。

最后，布什主义的外交战略遵循非敌即友、单边主义和先发制人的原则，这与杰克逊主义的保守主义观念也有许多相似之处。奥巴马上台之后，试图通过"巧实力"的外交政策来抵消布什主义为美国带来的负面影响，引导美国外交政策远离杰克逊主义的外交方式，但收效甚微，并没有抑制住美国在全球影响力衰落的势头。而在内政方面，民主党在 2010 年和 2014 年两次的中期选举中全面溃败，再一次说明了没有杰克逊主义者的支持，美国的内政和外交将陷入困境。

三、杰克逊主义的回归与特朗普政府的外交政策

2016 年特朗普当选为美国总统，为美国的外交政策带来了不确定性。从其竞选期间的言论以及当选后的行动来看，他将实施一种"非正统"的外交政策已成为共识。尽管这种"非正统"的外交政策是对二战以后美国主流外交政

---

① Walter Russell Mead, "The Tea Party and American Foreign Policy", *Foreign Affairs*, Vol.90, No.2 March/April 2011, p.38.

策的一种背离，但从其表现来看，仍没有脱离美国的外交传统，更多地体现了美国外交传统中的杰克逊主义。

（一）杰克逊主义在特朗普政府外交政策中的体现

特朗普提出的"美国优先"来实现让"美国再次伟大"的理念同杰克逊主义者所倡导的将捍卫和保护美国国家利益视为第一要务的思想一致，都是把国内事务作为优先考虑的对象，具有一定的孤立主义色彩。但特朗普和杰克逊主义者并非是孤立主义者，他们更像是具有现实主义思想的民族主义者，都认为只有当美国能获得切实的利益，而非出于改造世界的高度道德使命感时，华盛顿才应该干预和参与海外事务。正如特朗普所言："所有繁荣的国家首先都是将自己的利益放在首位。我们的朋友和敌人也将他们的利益置于我们之上。为了公平起见，我们也要如此。我对那些将我们约束起来、降低美国地位的国际联盟持怀疑态度，永远不会加入其中。"[1]特朗普对美国的国家利益作了比前任们更为狭隘的诠释，他会更多地从做交易的角度评估美国对国际事务的参与。特朗普以"美国优先"为出发点，使其外交政策在国际政治、经济和安全领域中的表现与二战后美国所倡导的自由国际主义外交政策大相径庭。

在国际政治领域，与威尔逊主义者支持在国外推进民主相反，特朗普和杰克逊主义者都认为，美国的民主是独特的，并不适用于其他国家，美国要做的不是把民主制度强加于人，而是要苦练内功，为世界其他国家树立榜样。

---

① Transcript: Donald Trump's Foreign Policy Speech, April 27, 2016. https://cftni.org/recent-events/donald-trump-delivers-foreign-policy-speech/.

"美国的例外主义并不是美国观念所具有的普遍吸引力,也不是美国特有的改变世界的使命,而是根植于国家对美国个体公民平等和尊严的特别承诺。"① 特朗普也认为,美国和盟友应该重振西方价值观和制度,不应该试图去传播"普世价值",加强和促进西方文明要比军事干预更能在世界上促进改革。②

在国际经济领域,为确保国内普通民众的经济福利,二者都支持采取贸易保护主义,反对长期以来的自由贸易原则。特朗普把美国贸易失败的根源归结为经济全球化中的自由贸易。特朗普认为,美国天真地实行自由贸易,而其他国家通过重商主义行为获得不正当利益。③"许多贸易协定伤害了美国,使制造业的工作从美国转移到了中国、墨西哥等国家,损害了美国工人和中产阶级的利益,导致经济增长缓慢和巨额债务,并且侵蚀了美国经济实力的基础。"④为了将美国经济放在优先位置,特朗普表现出了放弃经济多边主义的倾向,主张与外国进行一对一的双边贸易谈判。具体表现为他要求重新就《北美自由贸易协定》(NAFTA)进行谈判,并在上任后立即着手同加拿大和墨西哥开展双边谈判;同时在上任后马上宣布退出《跨太平洋伙伴关系协定》,实现了竞选时的承诺;2017年6月1日,又以伤害了美国经济为由宣布退出国际社会应对气候变化的《巴黎协定》,这和2001年小布什退出《京都议定书》颇为相似,都是为了其狭隘的利益抛弃多边主义的表现。总的来看,为了保护

---

① Walter Russell Mead, "The Jacksonian Tradition Revolt—American Populism and the Liberal Order", *Foreign Affairs*, Vol.96, No.2, March/April 2017, p.3.

② Transcript: Donald Trump's Foreign Policy Speech.

③ Zalmay Khalilzad, "The Emerging Trump Doctrine?"http://nationalinterest.org/feature/the-emerging-trump-doctrine—17176?page=show.]

④ Zalmay Khalilzad, "The Emerging Trump Doctrine?"

美国的贸易利益,未来特朗普将执行强硬的对外贸易路线,通过单边的惩罚性措施重构对美有利的贸易条件。正像国内有学者所说的,如果说奥巴马执政时期的美国更希望扮演"地球村村长"的角色,外交是"兼济天下",那么特朗普政府则要回归私利至上的"财主"角色,外交姿态是"独善其身"。①

在军事安全领域,特朗普政府的外交政策集中体现了美国杰克逊主义的外交传统。首先,特朗普将坚定地推行"以实力求和平"的战略,这和杰克逊主义者崇尚军事、以压倒性的军事力量来消除威胁的保守主义观念高度契合。特朗普认为,冷战以来美国的军事实力一直呈下降趋势,而其他国家的军事能力却在迅速地拓展。所以美国首要的任务是重振国家军事力量,以应对他眼中"危险世界"的威胁。一方面要增加国防预算。2017 年 3 月 16 日,美国白宫公布了 2018 财年联邦政府预算纲要报告,其中国防预算为 6391 亿美元,基础预算为 5745 亿美元,比 2017 年的 5232 亿美元增加了 513 亿美元,比 2017 财年增加了 10%。②另一方面提出扩军计划。2018 年陆军人数从 2017 年的 46 万人增至了 47.6 万人,未来几年要增加到 54 万人;海军人数从 32.29 万人增加到 32.79 万人,未来几年战舰将增至 350 艘;空军人数从 31.7 万人增至32.51 万人,未来几年将增至 35 万人,使战机规模维持在 1200 架以上;海军陆战队的人数从 2017 年的 18.2 万人增加到 2018 年的 18.5 万人,未来几年步兵营将增

---

① 樊吉社:《特朗普外交 等待尘埃落定》,载《世界知识》,2017 年第 5 期,第 35 页。

② Lynn M. Williams,Coordinator and Pat Towell, "FY2018 Defense Budget Request:The Basics", *Congressional Research Service*,June 9,2017,p.2.

至 36 个,人数增加 1.2 万人。①其次,特朗普对待恐怖主义的态度鲜明地体现了杰克逊主义中坚决捍卫国家荣誉、保护共同体免受直接威胁的理念。2017年 2 月,特朗普在向国会参众两院联席会议发表演讲时,曾用杰克逊主义式的语言将伊斯兰国(IS)描述为"一帮目无法纪的野蛮人,残害穆斯林和基督徒以及各种信仰的男女和儿童"②。特朗普把伊斯兰国和伊斯兰极端主义视为美国当前面临的主要威胁,为了消除这种威胁,采取任何手段都是合情合理的。这和为了回应野蛮人对美国的威胁,拒绝对美国人做出道德限制的杰克逊式伦理观一致。最后,为了维护美国本土的安全,对外来移民采取收紧的政策。在竞选期间他向选民许诺将驱逐 1100 万非法移民, 在南部边界建立应对墨西哥移民的安全墙,还呼吁全面彻底关闭穆斯林进入美国的大门。2017 年 1月 27 日,特朗普就职刚一周就以维护国家安全为由签署了"禁穆令"。这项行政命令在美国和全球引发了广泛的争议。

(二)杰克逊主义传统回归的原因分析

有学者认为:"特朗普的成功并非侥幸(no fluke),事实上,这体现了美国都市知识分子精英的自由国际主义与农村社区普通美国人的杰克逊主义传统之间长期斗争的历史。"③特朗普的当选意味着美国的外交政策正从二战结

---

① Kathleen J. McInnis and Pat Towell, "FY2018 Defense Budget: Issue for Congress", *Congressional Research Service*, June 5, 2017, pp.30–33.

② Transcript: President Trump's address to a joint session of Congress. http://q13fox.com/2017/02/28/transcript-president-trumps-address-to-a-joint-session-of-congress/.

③ Taesuh Cha, "The Return of Jacksonianlism: International Implication of the Trump Phenomenom", *The Washington Quarterly*, Vol.39, No.4, p.83.

束以来的威尔逊自由国际主义转向"美国优先"的杰克逊式的民族主义。杰克逊主义的强势回归,与美国国内外环境的变化密切相关。正像米德指出地那样,杰克逊主义一直是美国政治的重要力量,在社会和经济压力变化的时期,其重要性会日趋增长。①

杰克逊主义传统的回归是在这样一个大背景下逐渐呈现的,即"美国参与全球化和实行其'自由国际主义'战略所产生的负面影响正蔓延至美国社会中下层领域"②。就连一直推崇自由国际主义的伊肯伯里(G.John Ikenberry)也认为,近些年来,西方公众越来越不把自由国际秩序作为志同道合国家的稳定和团结一致的源泉,而把它作为全球富人和权贵的娱乐场(playground)。③从国内的经济角度看,美国战后一直支持的、以自由贸易为基础的国际经济秩序给美国带来的"红利"越来越少。尤其是2008年的金融危机使国内的经济状况更加恶化,经济低迷,失业率居高不下,中产阶级队伍萎缩,贫富差距进一步扩大。从国内社会的角度看,杰克逊主义者认为,各种外来人口,包括信奉伊斯兰教的穆斯林、拉美裔移民、墨西哥移民和全世界各地的移民等大量涌入美国,不仅抢夺了他们的工作机会,还威胁到他们真正的美国身份。"身份和文化在美国政治中一直起着重要作用,2016年也并不例外。杰克逊主义的美国感觉自己被包围了,其价值观受到了攻击,未来受到了威胁。许多杰克逊主义

---

① Walter Russell Mead, "The Tea Party and American Foreign Policy", *The National Interest*, Winter 1999/2000, p.34.

② 王栋、孙冰岩:《特朗普对华政策前瞻》,载《现代国际关系》,2016年第12期,第15页。

③ G. John Ikenberry, "The Plot Against American Foreign Policy:Can the Liberal Order Survive?", *Foreign Affairs*, Vol.96, No.3, May/June 2017, p.3.

者认为,特朗普尽管有许多不足,但看似只有这个唯一的候选人愿意为自己的生存而奋斗"。①诺贝尔经济学奖获得者约瑟夫·斯蒂格利茨(Joseph Stiglitz)在一篇文章中也指出:"自由主义全球化的负面影响,如经济两极分化,中产阶级和工人阶级的收入停滞不前,美国白人的预期寿命下降,已经削弱了对支持自由、放任资本主义的现有秩序的信任。而且全球化的另一个负面影响——越来越多的大规模移民不仅威胁到白人工人的经济安全感,而且也破坏了民族(种族)认同的稳定。"②从国内政治的角度看,政治精英长期以来对国内民众诉求的漠视直接诱发了民众对现存的所谓"政治正确"的抵制。罗伯特·基欧汉(Robert O.Keohane)认为,华盛顿的政治精英们极力支持自由市场、边界开放和多边主义,而忽视了为那些处于困境中的人们建立一个强有力的安全网,这种不平衡性削弱了国内对自由贸易、军事同盟以及其他很多方面的支持。③特朗普在就职典礼上也说:"长久以来,首都华盛顿的一小部分人攫取了利益果实,代价却要由民众来承受。工作机会越来越少,工厂纷纷倒闭。建制派保护的是他们自己,而不是我们国家的民众。"④从外交政策实践来看,自由国际主义的外交实践结果无法令美国民众满意,尤其是美国的中东政策。9·11事件之后,美国的单边主义政策没收到预期效果,不但耗资巨大,而且诱发了盟国

---

① Walter Russell Mead, "The Jacksonian Tradition Revolt——American Populism and the Liberal Order", *The National Interest*, Winter 1999/2000, p.4.

② Joseph Stiglitz, "Globalization and its New Discontents", Project Syndicate, August 5, 2016. https://www.project-syndicate.org/commentary/globalization-new-discontents-by-josephe-stiglitz-2016-08.

③ Jeff D. Colgan and Robert O. Keohane, "The Liberal Order Is Rigged: Fix It Now or Watch It Wither", *Foreign Affairs*, Vol.96, No.3, May/June 2017, p.39.

④ Donald Trump's Inaugural Address, January 20, 2017. https://www.whitehouse.gov/inaugural-address.

离心离德的倾向。在中东推进的以民主为核心的社会与政治改革也事与愿违，支持"阿拉伯之春"运动的失败使中东再陷乱局。特朗普在首次发表的外交政策演说中也意识到了这一点："我们屡屡犯错，从伊拉克、埃及、利比亚再到叙利亚问题。所有这些行动都将这个地区置于混乱中，给'伊斯兰国'的成长及繁荣提供了空间。"①美国乔治敦大学外交学系副教授克罗尼格（Matthew Kroenig）也认为："过去的八年，在世界上每一个对美国重要的地区留下了恣意妄为的敌人、紧张不安的盟友和越来越多的混乱。奥巴马继承了两场反叛乱运动，但他留给继任者的却是整个混乱的世界。事实上，当前的国际环境可能是自冷战高潮以来任何一位新总统所面临的最糟糕的情况。"②与此同时，国内民众的安全也无法得到保障。"美国在中东地区惊人的资源投入和让人失望的中东乱局使美国的外交精英和基层民众对其传统的对外干涉政策产生微妙的心态转变，这种心态转变结合 2008 年金融危机后经济恢复过于缓慢、中产阶级经济恶化的因素，产生出强烈的孤立主义思潮。"③以上这些因素为杰克逊主义在美国政治舞台上的回归提供了有利的客观条件。从主观上看，特朗普成功调动了那部分对美国实施自由国际主义感到失望和厌恶的选民，而他提出的"美国优先"和"让美国再次伟大"的路线图又迎合了杰克逊主义者的心理需求，给社会底层的人带来了希望。正像有学者所言，希拉里·克

---

① 　Transcript:Donald Trump's Foreign Policy Speech, April 27,2016. https://cftni.org/recent-events/donald-trump-delivers-foreign-policy-speech/.

② 　Matthew Kroenig, "The Case for Trump's Foreign Policy:The Right People, the Right Positions", *Foreign Affairs*, Vol.96,No.3,May/June 2017,p.31.

③ 　王栋、孙冰岩：《特朗普的对华政策前瞻》，载《现代国际关系》，2016 年第 12 期，第 17 页。

林顿被描绘成现有体制的'傀儡',而特朗普则把自己看成一个平民的保护者,就像两百年前杰克逊做的那样。[1]基辛格也认为,特朗普的当选很大程度上是美国中产阶级对其价值观受到知识分子阶层攻击做出的反应,如此一来他的当政倒是一次缩小甚至弥合大众与精英在美国外交事务上观念分歧的良机。[2]

四、结束语

尽管杰克逊主义是 19 世纪美国民族主义和保护主义的遗产,但这种外交传统有强大的生命力,在特定的时刻甚至可能主导美国的外交政策。特朗普的当选既是杰克逊式民粹主义的胜利,又为美国实施杰克逊式的外交政策奠定了基础。特朗普政府的外交政策不仅脱离了战后两党的共识,而且冲击了后里根时代共和党的外交政策,也将挑战美国长期倡导以西方为中心的自由主义国际秩序。这一点无论是在美国政界还是学界都引起了广泛的担忧。美国中央情报局前副主任麦克罗林(John McLaughlin)认为,如果特朗普做了他所说的所有事情,美国就可以和这个世界的领导角色说再见了。[3]《纽约时报》记者贝克·皮特(Baker Peter)写到,特朗普的胜利正在颠覆盛行数十年的

① Taesuh Cha,"The Return of Jacksonianlism:International Implication of the Trump Phenomenom", *The Washington Quarterly*, October 2016, p.87.

② Niall Ferguson, "Donald Trump's New World Order", *The American Interest*, November 21, 2016, http://www.the-american-interest.com/2016/11/21/donald-trumps-new-world-order/.

③ Rodger A. Payne, "Trump and American Foreign Policy:A Threat to Peace and Prosperity?" Conference Paper, February 2017. https://www.researchgate.net/profile/Rodger_Payne/publication/313851504.

国际秩序,并对美国在世界上的地位提出了深深的质疑。①伊肯伯里也不无担心地写道:"美国总统唐纳德·特朗普的本性与支撑战后国际体系的思想背道而驰。他对自由主义秩序的挑战更加危险,因为他随意地蔑视自由民主本身的规范和价值观。"②那么特朗普的当选是否像许多学者所担心的那样,将很快摧毁美国主导的自由国际秩序? 答案并非那么简单。事实上,美国所主导的自由国际秩序随着以金砖国家为首的新兴大国的发展在许多年前已开始走向衰落。就像著名国际关系学者阿米塔·阿查亚(Amitav Acharya)所言:"唐纳德·特朗普当选美国总统是美国领导的自由主义国际秩序危机的结果而非原因……其真正原因是自由主义秩序未能解决国内选民因全球权力转移引发的担忧。"③美国当前外交政策的转变是其在面临新的国际国内外形势下主动进行的一种对外政策的调试,而"特朗普极端而独特的风格恰好使他能很好地承担起美国政策转变所引起的外界反对压力,从而不影响美国作为霸权国家的国际声望"④。一方面,维护美国在世界上的首要地位仍是特朗普政府坚定不移的目标,即使是出现外交战略的失误,美国政治体制的纠错能力也会使其在一定时期内保持强大的国家地位。另一方面,以中国为首的新兴大国客观

①　Peter Baker, "Donald Trump's Victory Promises to Upend the International Order", *New York Times*, November 9, 2016. https://www.nytimes.com/2016/11/09/world/donaldtrumps-victory-promises-to-upend-the-international-order.html.

②　G. John Ikenberry, "The Plot Against American Foreign Policy:Can the Liberal Order Survive?", *Foreign Affairs*, Vol.96, No.3, May/Jume 2017, p.2.

③　[加]阿米塔·阿查亚:《"美国世界秩序的终结"与"复合世界"的来临》,载《世界经济与政治》,2017年第6期,第14~15页。

④　海尔(PelagiaKarpathiotaki):《从特朗普当选看美国的外交政策》,http://news.ifeng.com/a/20170117/50587499_0.shtml.

上不具备构建新的国际秩序的实力,主观上"另起炉灶"的动力也不强。所以,自由主义的国际秩序在短期内不会随着特朗普的当选而迅速终结。自由国际主义秩序可能在衰落,但"这并非意味着'新兴大国'因为'美国的世界秩序'终结就能够以单独或集体的方式填补空缺"①。正像米德所说的,在未来的日子里,国际政治所面临的挑战与其说是按照传统原则完成建立自由秩序这项任务,不如说是找到一种方法来阻止这一自由秩序遭到侵蚀,并且在一种更可持续的基础上重建全球体系。②

---

① [加]阿米塔·阿查亚:《美国世界秩序的终结》,袁正清、肖莹莹译,上海人民出版社,2017年版,第7页。

② Walter Russell Mead, "The Jacksonian Tradition Revolt——American Populism and the Liberal Order," *The National Interest*, Winter 1999/2000, p.7.

2017 年美国国家安全战略报告评析

2017 年 12 月 18 日,特朗普政府公布了其任内首份美国国家安全战略报告。这份烙有鲜明特朗普主义印迹的战略报告因特朗普政府在内政外交方面的反建制派举措以及美国在世界举足轻重的影响力,引发了世人的广泛关注。本文在全面解读这份战略报告的基础上,着重分析该报告所体现的美国国家安全战略指导思想的转变、美国国家利益的四大内涵,以及该报告对中美关系可能产生的消极影响。

一、特朗普政府国家安全战略的指导思想

自 2016 年特朗普被提名为美国共和党总统候选人以来,特朗普就打着"美国第一"的口号,提出要让美国再次伟大,其竞选口号及其言行体现出鲜

明的反建制派特色。特朗普总统执政以来的举措不断验证着这种反传统特点，这种反传统的思想在特朗普总统公布的首份美国国家安全战略报告中得到充分体现。透过这份战略报告我们可以发现，特朗普政府国家安全战略指导思想的两大突出特点：

其一，奉行"美国第一"的思想，质疑自二战结束以来指导美国对外大战略的自由国际主义。20世纪初，威尔逊主义开始挑战自19世纪以来美国外交中以孤立主义为特色的现实主义。威尔逊主义强调以美国式自由民主的政治与经济理念改造世界，其外交思想具有鲜明的自由国际主义特色。二战后，美国历届政府大致沿着威尔逊式自由国际主义的思路，认为美国的国家利益与一个政治自由、经济开放的外部世界息息相关。一个自由民主的世界事关美国国家利益，一个自由开放的市场经济世界事关美国的国家利益。因此，美国对外大战略强调要捍卫一个自由民主与经济开放的世界。冷战结束后，克林顿、小布什与奥巴马政府继续奉行威尔逊式自由国际主义的对外大战略，向全世界推行美国式自由国际秩序。但是2017年年初上台的特朗普政府在"美国第一"的口号下，并不认为一个自由民主与经济开放的世界事关美国国家利益。因为特朗普所强调的安全是美国自身的安全而不是他国的安全，特朗普所强调的经济繁荣是美国的经济繁荣而不是世界的经济繁荣，特朗普所强调的民主是美国的民主而不是世界的民主。因此，特朗普政府在事实上质疑美国对外奉行长达70年之久的自由国际主义。故此，美国政治精英中的建制派才会担忧美国主导达 70 年之久的战后自由国际秩序的发展方向问题。①该战略报告开篇就强调,认识一切问题的出发点应该从美国人民出发,而非世界人民出发。美国人民的利益是认识问题的出发点,是美国政府思考问题的真正"指路明灯"(North Star)。"美国第一"战略就是美国人民、美国人的生活方式、美国利益第一位。报告认为"美国第一"是本届政府的职责,是美国领导世界的基石。"美国第一"的国家安全战略是基于美国的原则,对美国利益的敏锐洞察,以及对美国面临挑战的应对决心。②特朗普在为该战略报告发布当日发表的演讲中指出,此前美国处处为别人着想,但现在美国要为自己而活。特朗普"美国第一"的思想秉承其竞选时宣称的一贯立场。2016 年 7 月 22 日,特朗普在美国共和党总统提名大会上的讲话中提到"美国第一"口号时就指出:"美国主义,而并非全球主义,将是我们的信条(Americanism,not globalism,will be our credo)。"③从政治正确性角度讲,任何美国国家安全战略报告都声称代表着美国人民的利益,但特朗普政府的这份战略报告刻意强调其代表着美国人民却有着特殊的用意。因为在特朗普政府看来,此前的历届华盛顿政府都没有能够真正代表美国人民,只有本届政府才是美国人民的代表。但是从特朗普竞选期间的民意基础来看,特朗普主要代表着美国南部与内陆地区广大中产阶级与蓝领白人的利益。这类力量代表着当今西方世界中的反全球化与民族主义政治势力。按照美国学者米德(Mead)的解释,特朗普政府的执政理

---

①　美国《外交》期刊 2017 年第一期发表的系列论文就是这种忧虑思想的集中体现。

②　The White House,National Security Strategy of the United States of America,December 2017,p.1.

③　Donald Trump's Republican National Convention Speech,22 JULY 2016. http://www.telegraph. co.uk/news/2016/07/21/donald-trumps-leaked-republican-national-convention-speech-in-fu/.

念体现了一种美国外交传统中的杰克逊主义回归。①米德认为,特朗普浪潮的出现标志着二战后美国社会中传统的自由一致的崩塌以及安德鲁·杰克逊精神以咆哮般声势进入美国政治的辩论舞台。②美国学者雅各布·海尔布伦(Jacob Heilbrunn)也认为,特朗普对外政策意味着其回归到美国历史上独特的外交传统,即杰克逊大众民族主义的世界观。③美国康奈尔大学教授卡赞斯坦(Katzenstein)认为,在特朗普的政策背后,隐约可见的是保守主义和民族国家主义的传统。前者可以追溯到 20 世纪 30 年代对于大萧条的反应,而后者更是自杰克逊时代就已经存在。④因此,特朗普政府代表了美国国内民族主义的政治理念,体现了美国外交传统中杰克逊主义的国家利益观,强调对美国国家利益最为狭义的理解。特朗普政府国家安全战略的指导思想是美国国家利益至上,反对自二战结束以来在美国对外大战略中居于主导地位的自由国际主义。

其二,以现实主义的国际政治观认识大国关系。特朗普在为该战略报告发布而发表的演讲中强调,美国正进入一个新的竞争时代。该战略报告明确指出,这是一份结果导向,而并非意识形态导向,原则性强的现实主义战略报告。⑤该战略报告坦承权力在国际政治中起着核心作用。⑥报告认为,国际政治

---

① Walter Russell Mead, "The Jacksonian Revolt:American Populism and Liberal Order", *Foreign Affairs*, Vol.96, No.2, March/April 2017.

② Walter Russell Mead, "Andrew Jackson, Revenant", *The American Interest*, January 17, 2016.

③ Jacob Heilbrunn, "The New Foreign Policy Populism", *The National Interest*, March/April 2016, pp.5-9.

④ 《美国著名国际关系学者卡赞斯坦教授应邀来我院讲座》, http://www.sis.pku.edu.cn/cn/News/0000000918/do.

⑤ The White House, National Security Strategy of the United States of America, December 2017, p.1.

⑥ Ibid., p.55.

的竞争要求美国重新思考过去二十多年所奉行的政策,即这种政策主张让对手参与并融入国际制度中,在全球商业中将对手改造成一个友好的行为体与值得依赖的合作伙伴。报告认为:"在许多情况下,这种假设前提是错误的。"①报告尽管也承认竞争并不总是意味着敌意,并非必然会导致冲突,但又坚持认为国际政治中的竞争不可能是短暂的,而将会是一种长期的趋势,要求美国持续性地关注。②该战略报告强调以竞争而非合作,零和而非双赢的逻辑认识大国关系。沿着这种思路,美国将中国、俄罗斯定性为战略竞争对手。报告认为,中国与俄罗斯挑战着美国的实力、影响力与利益,试图侵蚀美国的国家安全与经济繁荣。③从国际政治理论角度上讲,现实主义从权力角度认识国际政治,认为在一个无政府的国际社会中国家对权力的追求是永恒的。同时,现实主义强调从地缘政治的角度认识权力,认为大国之间的竞争是永恒的时代主题,军事作为对外政策的优先选择永远不会过时。现实主义也注重外交,但更强调实力,尤其是将军事实力作为外交的基础。现实主义认为:国家最大的道德义务是关注国内问题,国际社会中的道德问题并非优先关注的对象。现实主义对过度的战略扩张持谨慎的态度。特朗普政府的国家安全战略报告与这种现实主义的国际政治逻辑高度契合。哈佛大学政治学教授斯蒂芬·沃特(Stephen Walt)认为,特朗普代表着一种准现实主义的世界观,将现实国际政治视作霍布斯式的世界。④关于特朗普政府的现实主义外交思想,美国战略学

---

① The White House, National Security Strategy of the United States of America, December 2017, p.3.

② Ibid., p.4.

③ Ibid., p.2.

④ Stephen Walt, "No, Real Donald Trump Is Not a Realist", *Foreign Policy*, April 1, 2016.

家布兰兹(Brands)与费韦尔(Feaver)在文章中也有深入论述。布兰兹与费韦尔认为,特朗普式现实主义的对外政策有三大支柱:第一,特朗普将国际政治视作零和博弈的舞台;第二,特朗普政府将所有国家视作美国的竞争对手;第三,特朗普政府信奉超越道德,反对在国际社会倡导人权与促进民主。[1]如果将特朗普政府的这份战略报告与冷战结束以来从克林顿到奥巴马政府的国家安全战略报告作一对比我们不难发现,特朗普政府的国家安全战略报告少了些雄心勃勃和理想主义。该战略报告并没有提到,自克林顿政府以来美国历届政府在国家安全战略报告中所特意强调的价值观是美国政府追求的国家利益,甚至明确提出,美国政府认识到美国人民的生活方式不能强加于他国,人类发展的终点并非必然一致。[2]这就在事实上表明,美国政府反对输出民主。有学者将特朗普政府的国家安全战略报告与奥巴马政府的战略报告比较后发现,奥巴马2015年的国家安全战略报告是一个在外围加入了建构主义的理想主义希望清单,而特朗普的国家安全战略报告是一个任性且用现实主义伪装的自我中心主义(petulance and solipsism masquerading as realism)。[3]事实上,奥巴马政府出台的两份国家安全战略报告兼具理想主义与实用主义。[4]尽管奥巴马政府的国家安全战略强调价值观与国际秩序的重要性,但奥巴马政府在许多问题上却采取实用主义的策略,价值观问题被高调提出,但在外

---

[1] H. Brands & P. Feaver,"Saving Realism from the So-Called Realists",*Commentary*,Aug. 16,2017.

[2] The White House,National Security Strategy of the United States of America,December 2017,p.4.

[3] James Joyner,"How Trump's National Security Strategy Breaks with the Past",December 19,2017. http://nationalinterest.org/feature/how-trumps-national-security-strategy-breaks-the-past-23715.

[4] 关于这一问题的深入论述,参见杨卫东:《奥巴马外交:主义意识还是问题意识》,载《学术前沿》,2015年第4期(下),第78~86页。

交实践中很少运用。

二、特朗普政府国家安全战略中的国家利益观

自 1987 年里根政府出台美国历史上首份国家安全战略报告以来,美国历届政府公布的国家安全战略报告都重点阐述了美国在现阶段面临的安全威胁、美国的国家战略目标、美国国家利益的内涵以及美国可能实施的战略手段。这当中尤其以美国政府对国家利益内涵的认知最为重要。就特朗普政府的国家安全战略报告而言,在"美国第一"以及现实主义思想指导下,该战略报告从安全、繁荣、实力以及影响力等四大方面着重阐述了现阶段的美国国家利益内涵。

第一,安全方面。尽管美国历届政府都将安全界定为美国最为重要的国家利益,但对于安全的内涵,每届政府的理解并非完全一致。在特朗普政府看来,美国安全的内涵仅局限于美国人民、美国本土、美国人的生活方式,不包括美国的盟友与战略伙伴,反对给美国盟国、伙伴国提供安全保护。就对安全的理解而言,由于特朗普政府反对为国际社会提供安全保护,导致其安全观迥异于美国历届政府。在奥巴马政府时期,美国国家安全战略报告强调要强化美国与盟国的关系,认为美国对国际安全负有独特的责任。奥巴马政府的安全观强调美国本身的安全、美国公民的安全、美国盟国及其伙伴国的安全。[1]小布什政府时期的美国国家安全战略报告认为,美国国家安全战略基于独特

---

[1] The White House, National Security Strategy, May 2010, p.17.

的、能够体现美国价值观与国家利益的美国国际主义。美国的战略目标是促使世界不仅公正、安全而且更加美好。① 1994 年 7 月,克林顿政府出台首份《参与和扩展的国家安全战略》。在这份战略报告中克林顿政府提出,美国国家安全战略的核心目标是用军事力量捍卫美国可靠而持续的安全环境,支撑美国经济复苏,促进海外民主。②克林顿政府所强调的安全是全球安全,而不仅仅局限于美国本土安全。在"美国第一"安全观的指导下,特朗普政府认为,对美国本土构成威胁的主要因素有核武器,化学性、放射性、生物性物质的攻击,有组织的恐怖活动,毒品与人口非法交易,以及各种自然灾害。为此,美国政府应该采取的主要措施有:强化美国边界控制与移民政策,防范大规范杀伤性武器扩散,寻找恐怖威胁之源,拆散跨国犯罪组织,保持网络时代的美国安全,促进建立一个具有恢复力的美国社会。

　　第二,经济繁荣方面。经济繁荣是特朗普政府国家安全战略所强调的国家利益之核心。特朗普政府认为,强大的经济才是美国安全的基石,美国力量之源, 增长与革新的美国经济才能促使美国维持世界上最强大的军事实力,保护美国本土安全。特朗普政府认为,近些年美国经济实力在全球经济体发展中相对下降。所以美国必须重振经济,而重振美国经济又首先要恢复民众对美国经济发展模式的信心。在特朗普政府看来,全球化时代以来,美国工厂、公司与就业岗位大量转移国外。2008 年金融危机之后,民众对美国经济发

①　The White House,The National Security Strategy of the United States of America,September 2002,p.1.

②　The White House,A National Security Strategy of Engagement and Enlargement,July 1994,p.i.

展模式的质疑日益增加。在对外贸易方面,不公正的贸易协定是导致美国贸易赤字日益增加的主要因素之一。报告认为,振兴美国国内经济的主要措施有:复苏国内制造业,为中产阶级创造更多就业岗位,鼓励革新,保持科技优势,保护国内环境,实现能源优势,建立一个公平互惠的国际经济贸易体系,从而让美国更多地受益。在阐述经济繁荣方面,该战略报告就美国主导达70年之久的战后经济秩序进行了一番反思,认为美国将一个自由经济的贸易体系向那些没有分享美国价值观的国家扩展,希望这些国家建立一个自由的经济与政治环境,并相应地使美国也受益。但实践表明,这些国家只是口头上赞同自由贸易,并没有进行相应的经济与政治改革,相反还扭曲并破坏着这些经济制度的关键内容,并从中受益。报告认为,美国再也不能漠视这种不合理现状的存在。美国将联合那些与美国有着共同志趣的盟国、伙伴国以确保这些经贸原则得以贯彻。[①]

第三,以实力促进和平。相对于安全与经济繁荣这些美国国家利益的"常态化"议题,该战略报告将"以实力促进和平"作为美国国家利益,确属特朗普政府的首创。该战略报告秉承现实主义的视角,认为权力竞争始终处于历史的核心并具有连续性。美国面临的现实挑战主要来自三大方面,即中国与俄罗斯这样的"修正主义国家";伊朗与朝鲜这样的"流氓国家";跨国威胁性的国际组织,尤其是伊斯兰圣战者恐怖主义组织。报告强调,当今存在着赞成集权性政体与主张自由社会两者之间的基本性政治竞争。中国与俄罗斯试图构

[①]　The White House, National Security Strategy of the United States of America, December 2017, pp. 17–18.

建一个同美国价值观与利益相对立的世界。中国正在寻求一个能够替代美国在印太地区影响力的战略,正在扩展国有经济影响力的模式,以自己的价值取向重新整合东亚地区。俄罗斯试图重塑其强国地位,在边界地区外围建立其影响力辐射的区域。①因此,美国必须保持其军事实力的绝对优势,美国与其盟国以及其他权力部门之间的关系要充分整合。②报告指出,自 20 世纪 90 年代以来,美国表现出极大的战略自满。美国自认为,其军事优势足以高枕无忧,民主和平不可避免,自由民主的扩展会从根本上改变国际关系的特点,国家之间的竞争让位于和平与合作。与建立强大的军事实力相反,当美国国家安全的威胁日益增加时,却大规模减少其军事投入甚至达到自 1940 年以来的最低水平。报告对美国近年日益减少的军事投入表现出极大的不满,认为外部的安全威胁日益增加,而美国的军事优势却日益遭受侵蚀。当美国不断削减军费投入之际,大国竞争却正在回归。中俄不断在国际舞台展示其军事实力,从而显示其具有在危机时刻与和平年代抵御美国军事介入的能力。中俄正在与美国具有地缘优势的地区展开竞争,试图按照自己的偏好改变国际秩序。在竞争对手强化军事投入之际,报告强调美国应该重视军事威慑的现实意义,强化美国在陆地、天空、海洋、外层空间、网络空间方面的威慑能力,以应对可能的战略威胁。③

第四,提升美国的影响力。将"提升美国的影响力"作为国家利益是特朗

---

①　The White House, National Security Strategy of the United States of America, December 2017, p.25.

②　Ibid., p.26.

③　Ibid., p.27.

普政府国家安全战略报告的又一创举。报告认为,美国的影响力对于世界的和平与繁荣具有积极的作用,美国的民主与经济繁荣具有世界示范性与影响力。美国应该与伙伴国分享其对自由民主与经济繁荣的渴望。这样,美国对这些国家就具有典范性的影响力。报告借用汉密尔顿当年的言论指出,世人的眼睛关注着美国,美国为自由而奋斗的事业引发了人类思想观念的革命,美国典范的影响力已经穿透了被黑夜笼罩的独裁专制地区。[①]报告认为,提升美国影响力的方法就是美国要与其盟国、伙伴国建立紧密的价值观认同联盟,利用外交手段加强对美国价值观有认同度国家之间的政治关系。另外,美国要帮助那些对美国有认同感而相对脆弱的发展中国家,将这类国家纳入西方阵营,为美国商业创造有利可图的市场。最后,美国应该向发展中国家投资,积极参与多边论坛,增强竞争力,提升美国在这些论坛中的影响力。强化美国的影响力,其潜在用意应该在于同中俄等国家争夺全球影响力。因为美国认识到中国与俄罗斯正在不断扩大在发展中国家的影响力,赢得相对于美国的竞争优势。中国正在全球投入数亿美元,扩大基础设施建设,俄罗斯正通过控制关键性能源和其他一些基础设施扩大在欧洲与中亚的影响力。美国应该取代中俄等国家在发展中国家的影响力,扩大在这些国家的经济、政治与安全利益。

三、报告对中美关系的消极影响

特朗普政府国家安全战略报告基于"美国第一"的现实主义思维,更多地

---

① The White House, National Security Strategy of the United States of America, December 2017, p.37.

从竞争的角度认识大国之间的关系,这种零和式的思维逻辑在美国的对华战略中得到充分体现。该战略报告将中国定义为竞争性大国(rival power),认为中国与俄罗斯这样的"修正主义国家"是美国面临的首要挑战,中国挑战着美国的实力、影响力与国家利益,中国试图侵蚀美国的安全与繁荣。[1]报告认为,美国奉行达20年之久的、通过接触将中国这样的竞争者融入国际社会的假设前提是错误的。与美国的期望相反,中国试图构建同美国价值观与利益相对立的世界,寻求机会替代美国在印太地区的角色,扩张国有经济模式的影响范围,重塑有利于中国的地区秩序。[2]该报告在阐述美国在印太地区面临的地缘竞争与挑战时指出,尽管美国寻求继续与中国的合作,但中国正在利用经济诱惑、惩罚、有影响的操作、含蓄性的军事威胁说服其他国家接受中国的政治与安全议程。中国在基础设施方面的投资以及贸易战略强化了中国的地缘政治意向。中国在南海建立的军事前哨威胁到该地区的自由贸易流通,威胁到其他国家的主权,破坏了地区稳定。中国日益发展的军事现代化意图在于限制美国进入该地区,为中国在该地区提供自主权。中国展示一种雄心,要国家间彼此受益,但中国在该地区的优势地位削弱了其他国家在印太地区的主权。该地区国家正在呼吁维持美国在该地区的领导能力,坚持该地区秩序要尊重国家主权与独立。[3]

纵览整个报告,"中国"一词可能在报告中出现的频率最多。但大多数情

---

① The White House, National Security Strategy of the United States of America, December 2017, pp. 2-3.

② Ibid., p.25.

③ Ibid., p.46.

况下,美国对中国的定位更多的是"竞争者(competitor)""挑战者(challenger)""竞争对手(rival power)"或"修正主义国家(revisionist power)"这样一些具有消极含义的概念。不难看出,特朗普政府的国家安全战略报告更多的以竞争而并非合作、双赢的眼光认识中美关系,在许多战略性议题上处处将中国作为潜在或现实的竞争对手,例如在安全、繁荣、实力与影响力四大主题方面。报告每强调一大主题重要性的同时,就会本能地认为中国威胁到美国在这些方面的利益。就 21 世纪以来美国历届政府出台的国家安全战略报告而言,特朗普政府的这份战略报告对华战略定位最为消极与负面。尽管小布什政府在执政初期曾将中国定位为战略竞争对手,但其在 2002 年出台的首份国家安全战略报告中对中国的定位又相对正面。报告强调美国欢迎一个强大、和平与繁荣的中国出现,美国寻求与中国建立一种建设性的关系。[1]在 2006 年出台的第二份国家安全战略报告中,小布什政府大致沿袭了这种思路。奥巴马政府于 2010 年出台的首份国家安全战略报告对中国的评价也相对积极,报告强调美国将继续寻求与中国建立一种积极、建设性与广泛的双边关系。[2]正是带着这种竞争性思维认识中美关系,特朗普政府的这份战略报告不可能正面呼应中国政府所提出的建立中美新型大国关系的设想。

　　冷战结束以来,美国历届政府出台的国家安全战略报告中,涉及中国的内容大致奉行自由国际主义的战略思维。这种战略思维认为,美国应该用制

---

[1]　The White House, National Security Strategy of the United States of America, September 2002, pp. 27–28.

[2]　The White House, National Security Strategy of the United States of America, May 2010, p.43.

度构建将"体制外国家"纳入美国主导的自由国际秩序中。克林顿政府出台的"参与和扩展战略"就是这种战略思维的集中体现。具体到美国的对华战略,美国奉行接触加遏制的战略:通过接触,试图对中国这样的"体制外国家"进行"改造";通过遏制,防范中国这样的潜在大国对美国构成威胁。但是进入 21 世纪以来,中国的日益强大及其大国自信不断动摇着美国对华战略中"改造论"的思想根基,2015 年美国战略界出现的"十字路口论"就是这种对华战略争议的集中体现。在这场辩论中,一类观点就认为,美国应该以现实主义而非自由主义的政治逻辑认识中美关系,强调对华政策中地缘政治竞争的重要性。特朗普政府公布的这份国家安全战略报告大致就顺应了这种思想。尽管我们清楚战略报告所宣扬的战略思想与具体的政策执行之间有一定的差异,但该报告较之历届美国政府而言所体现出的对华更具竞争性的现实主义战略思维,必然会给未来的中美关系蒙上一层厚厚的阴影。可以肯定,未来的中美关系在这样一些议题方面会受到消极影响:其一,经贸关系。特朗普政府的"美国第一"思想会更多地体现在经济层面,要求中国做出有利于美国的让步,否则双边关系中的经贸摩擦会进一步加剧。其二,地缘政治方面。特朗普政府提出的加大对印太地区的全方位关注,其防范中国的战略意图非常明显,在其强调以军事实力促和平的思想指导下,朝鲜半岛冲突与对抗乃至战争爆发的可能性进一步加剧,这对中国在东北亚地区的地缘安全会产生负面影响。此外,特朗普政府加大军事预算投入的举措必然体现为美国对印太地区军备投入的增加,这必然会强化对中国的安全威胁,加剧中美两国的大国地缘政治博弈。

四、结束语

二战结束以来，美国民主、共和两党在对外大战略方面都秉承自由国际主义的政治逻辑，强调用威尔逊式自由国际秩序领导世界。冷战结束后，从克林顿政府、小布什政府到奥巴马政府，美国历届政府继续秉承自由国际主义对外大战略，强调美国要持续推动升级版的威尔逊主义国际秩序全球化，奥巴马政府甚至在其出台的两份国家安全战略报告中强调国际秩序是美国四大国家利益之一。但是特朗普政府出台的国家安全战略报告的指导思想却背离了这一两党一致并奉行达 70 年之久的自由国际主义政治逻辑，用"美国第一"主义取代自由国际主义。自特朗普作为共和党总统候选人参与美国总统大选之日起，学界始终对特朗普现象持怀疑态度，但正是这样一匹不为世人看好的"黑马"成功入主白宫，时至今天通过国家安全战略报告全面展示其对外大战略。应该看到，特朗普政府看似背离美国两党一致对外大战略传统的举措其实有其存在的必然性。早在 2016 年美国总统大选之际，共和党总统候选人克鲁兹（Cruz）与特朗普都反对美国奉行价值观外交，主张美国不能再做世界警察，再也不能在海外搞民主化的国家建构，应该将更多的精力放到国内。只不过特朗普的观点情绪化、极端化，而克鲁兹的观点更具有思想性、细致性。为此，媒体称之为特朗普–克鲁兹对外政策。①美国前驻北约大使，现芝

---

① Max Boot, "Is a New Republican Foreign Policy Emerging?", *Commentary*, February 2016.

加哥全球事务委员会主席伊沃·达尔德(Ivo Daalder)曾撰文指出,2016 年美国大选期间,民主党总统候选人桑德斯(Sanders)与共和党总统候选人特朗普都一致质疑美国在战后长达 70 年之久的国际领导地位,许多美国民众也质疑美国在全球的领导地位。美国的这种领导地位不但遭到广大民众的质疑,甚至两党的主要总统候选人也遭到质疑。①美国学者阿纳托尔·利芬(Anatol Lieven)也认为,尽管桑德斯与特朗普就社会与经济正义、国家的作用、种族、包容性与文化多元性等议题有重大分歧,但他们就经济民族主义,赞同美国减少对海外的承诺与介入等议题的立场几乎完全一致。②所以,特朗普政府国家安全战略报告中所体现出的对外大战略思想转变就存在着一定的必然性,是偶然中的必然。一位韩国学者就认为,特朗普政府上台后,美国现存的自由国际主义大战略很可能要修正,转向新孤立主义。在这位学者看来,"我们正目睹着一个历史的分水岭,即美国霸权与战后自由世界秩序的方向正开始发生着转变"③。

进入 21 世纪以来,以美国为首的西方世界在全球经济体量中的比重相对下降,新兴经济体在全球经济体量中的比重日益上升,权力从发达经济体向新兴经济体的转移成为时代趋势。故此,国际秩序正日益进行着深度调整与变革。国际秩序的大转型成为一种必然趋势,传统上美国主导的自由国际秩序

---

① Ivo Daalder and Robert Kagan, "The U.S. can't afford to end its global leadership role", *The Washington Post*, April 22, 2016.

② Anatol Lieven, "Clinton and Trump: Two Faces of American Nationalism", *Survival*, Vol.58, No.5, 2016, p.8.

③ Taesuh Cha, "The Return of Jacksonianism: The International Implications of the Trump Phenomenon", *The Washington Quarterly*, Vol.39, No.4, Winter 2017, p.84.

一统天下的格局将成为过去。有学者甚至提出人类正经历着四百年来未有之巨变。①在这种大背景下,美国政府对其传统的自由国际主义大战略进行反思与调整就成为一种历史必然。正是由于美国政府要对其传统的对外大战略进行反思与调整,美国政府对国家利益的认知才会做出不同的判断。从里根政府到小布什政府的二十余年间,美国对国家利益的界定基本都能够达成一致,即安全、经济繁荣与民主价值观是美国政府所追求的三大主要国家利益。但是从奥巴马时代开始,美国政府对国家利益的认知开始出现变化,奥巴马政府首次将国际秩序纳入美国国家利益范畴并引发争议。②到了特朗普时代,美国政府对国家利益的界定又发生了新的变化,特朗普政府将安全、繁荣、实力与影响力作为美国国家利益的新四大支柱。特朗普政府对美国国家利益做出了最为狭义的界定,不太强调一个繁荣开放的世界经济秩序对美国国家利益的重要性,不太强调一个自由民主的世界政治秩序事关美国国家利益,不太在意美国在世界的领导力。尽管特朗普政府的国家安全战略反映了美国国内杰克逊主义的国家利益观,但这种国家利益观的重大转变在一定程度上也是21世纪以来以美国为首的西方世界经济实力相对下降,以中国为首的新兴经济体群体性崛起,在世界经济与政治舞台影响力日益上升的一种体现。可以说,特朗普政府的国家安全战略反映了新时代下美国对传统国家安全战略的深刻反思,尽管这种反思在美国精英层面还没有达成广泛共识,还极具

---

① 参见袁鹏:《四百年未有之变局——中国、美国与世界新秩序》,中信出版集团2016年版。

② 参见Christopher Hemmer, "Continuity and Change in the Obama Administration's National Security Strategy", *Comparative Strategy*, Vol.30, Issue 3, 2011, pp.269–270.

争议。需要指出的是,特朗普政府对美国自由国际主义大战略的反思与调整不可能是一种权宜之计,而很有可能是一种影响美国对外大战略的常态化大趋势。

第四部分

国际秩序转型与中美关系

中国梦面临美利坚"智能帝国主义"的挑战 *

奥巴马政府几年来的对外政策调整,促使一些人想起当年美国国家安全事务助理布热津斯基曾经给卡特政府建议的"智能帝国主义"。本文从四个方面重点分析了奥巴马政府对外政策的"智能帝国主义"色彩,并结合中国梦的提出,阐述了美利坚"智能帝国主义"对中国梦的现实威胁。

一、美国大战略的调整——美利坚"智能帝国主义"出笼

冷战的结束以苏联集团的自我瓦解作为标志,此后,国际政治格局进入了单极时代,美国作为唯一的超级大国"君临天下",其自立国以来所形成的

---

* 本文原载于《学术前沿》(下)2013 年 10 月,收入本书时进行过局部修订。

传播自由民主的使命感意识有了前所未有的膨胀。20 世纪 90 年代以来,美国以军事手段几乎介入了国际政治的所有重大事件,毋庸置疑,美国都必然以胜利者自居。但是美国的国力与声誉也因此受损。保罗·肯尼迪就曾认为,美国的实力因其在海外的"帝国的过度扩张"而减弱。2003 年以来,小布什政府发动的、备受争议的伊拉克战争就像当年肯尼迪政府发动的越战一样,随着战争的不断深入,引发了美国民众日益上升的反战情绪。2007 年 2 月,布热津斯基在参议院对外关系委员会举行的听证会上公开反对美国卷入伊拉克战争。布热津斯基认为,发动伊拉克战争对美国而言是一种历史的、战略的、道德的灾难,它削弱了美国在全球领导地位的合法性,导致伊斯兰世界与美国的对立。[1] 2008 年,伴随着总统大选年的到来,美国国内要求结束反恐战争、重构美国大战略的呼声不断高涨。美国对外关系委员会主席理查德·哈斯就曾呼吁,伊拉克战争冲淡了美国在世界的位置,伊拉克战争是一场代价高昂的战争——无论就经济、军事、外交还是就整个人类而言。相对于过去,美国的影响力绝对地下降了。哈斯认为,在对外政策方面,美国应该更多地奉行多边主义,再也不能奉行那种代价昂贵的政策,即要么支持我们,要么反对我们。[2]

在这场要求结束反恐战争、重构美国大战略的呼声与大辩论中,新美国安全中心以其在美国智库中的独特影响力而备受瞩目。2008 年,新美国安全

---

[1] Testimony of the Honorable Zbigniew Brzezinski Before the Senate Foreign Relations Committee, United States Senate, February 1, 2007. http://csis.org/testimony/zbigiew–brzezinski–us–involvment–iraq.

[2] Richard N. Haass, "The Age of Nonpolarity: What Will Follow U.S. Dominance", *Foreign Affairs*, Vol.87, No.3, May/June 2008, pp.46–57.

中心研究员肖恩·布里姆莱在《寻找我们的道路》一文中指出,今天的美国迷失了大战略的方向。下一届美国新总统不仅应该准确地回答美国在这个世界中的作用,而且应该修订一种大战略,使其更聪明、更具有持续性,能够更容易在国内外推行。新一届政府必须解决三个主要的问题:第一,如何处理阿富汗与伊拉克战争。第二,如何解决美国经济面临的严峻挑战。第三,如何处理美国因阿富汗与伊拉克战争所导致的战略性注意力分散,以及由此所造成的损失。^①在新美国安全中心出台的最新一份关于美国大战略的研究报告中,罗伯特·阿特研究员发出这样的警告:美国主宰全球的单极时代已经结束。这个单极时代始于苏联解体,终于 2008 年 9 月雷曼兄弟公司的垮台。^②

正是由于小布什政府在反恐战争中的失误, 在 2008 年的总统大选年中, 所有人都期待小布什之后美国会有所改变。但如何变,美国精英层面在美国如何摆脱困境,进行战略选择上分化为两派。按照西班牙《起义报》的说法,第一种选择应该是军事主义,最近几年以布什为首的新保守主义者秉承的战略正是这一选择的生动实践。第二种选择是卡特前总统的顾问、美国重要战略家布热津斯基所倡导的"智能帝国主义"的战略,即利用不那么直接与明显的暴力方式, 而不是代价高昂的军事干预来维护美国的利益。^③法国学者米歇

① Michèle A. Flournoy and Shawn Brimley,eds., "Finding Our Way:Debating American Grand Strategy",Center for a New American Security,June 2008,pp.11–14.

② Robert J.Art, "Selective Engagement in the Era of Austerity",in Richard Fontaine and Kristin M. Lord,eds.,*America's Path:Grand Strategy for the Next Administration*,Center for a New American Security, May 2012,pp.15–16.

③ 米歇尔·科隆:《明天美国的国际政策会怎样》,载西班牙《起义报》,2008 年 10 月 13 日。http://www.stnn.cc/pol_op/200810/t20081013_877787.html。

尔·科恩也曾指出,布什政府后期,美国精英阶层就美国国家对外战略出现了两种鲜明的分歧:第一种是以沃尔福威茨为代表,采取新保守主义的军事手段,以扩大对外军事干预带动国内军工企业的发展,从而刺激经济复苏,这种战略具有攻击性与威慑性。另一种战略,按照布热津斯基的解释,叫作"软权力"或"智能帝国主义"。尽管这种战略与前者目标一致,但其很少采取暴力手段,很少依赖代价高昂的军事干预,更多地依赖秘密的、间接的、代理人式的战争以及采取行贿等策略。[1]

在反思小布什式的新保守主义对外政策过程中,以巧实力为标志的新对外政策逐渐浮出水面。2006年,美国战略与国际关系研究中心成立了由奈与前副国务卿阿米蒂奇领衔的数十名政界与知识界精英组成的专家委员会专门研究巧实力。在这份研究报告中奈等人认为,巧实力既不是硬实力,也不是软实力,它是两者的巧妙结合。它强调必要时运用强大的军事实力,但也注重在盟国、伙伴国与国际体系上投入精力,以拓展美国的影响力,并确立美国对外行动的合法性。报告特别建议下届美国政府:第一,没有必要将更多的钱花费到军事预算,因为将额外的美元花费到硬实力上并不能带来额外的、投入美元所值的安全收益。第二,成功与失败体现在能否赢得更多的新盟友,强化与老盟友的关系。正如报告所言,问题的关键是美国能否赢得更多的盟友,而不是消灭多少敌人。[2]为了扩大巧实力委员会研究成果的影响力,奈与阿米蒂

---

① Michel Collon, "What will the US foreign policy be tomorrow?", http://www.michelcollon.info/What-will-the-US-foreign-policy-be.html?lang=fr 2013-8-5.

② Richard L. Armitage and Joseph S. Nye, JR., CSIS Commission on Smart Power: A Smarter, More Secure America, Center for Strategic & International Studies, 2007, pp.7-10.

奇联名在《华盛顿邮报》发表《美国:停止愚蠢,聪明些》一文,全面阐述他们的观点。文章指出,9·11事件之后,"我们将以一副狂暴、发怒的面孔,而并非美国传统价值观中充满希望、乐观、宽容与机会的面孔呈现在世人面前"。这种令人担心的处世之道挫伤了美国调动其盟友捍卫其为之奋斗之事业的能力,美国应该运用一种能够将其硬权力与软权力结合起来,利用其吸引力与说服力以及展示其经济与军事实力的聪明战略。文章认为,过去6年的经验证明,仅依靠硬实力不足以实现国家长期的安全目标。美国的军事是世界一流的,但巨额的美元军事预算运用到硬实力上并没有带来必然的、超额的、物有所值的安全。在一个变化的世界中,美国应该投入更多的软实力,以补充其军事与经济实力无法实现的目标。奈与阿米蒂奇将这种方法称为巧实力。文章最后提出了包括联盟、伙伴、制度,全球发展,公共外交,经济一体化,技术与革新等五方面内容的措施以实现美国的国家利益。[1]在奈与阿米蒂奇等人不断呼吁巧实力的同时, 时任美国国防部长的罗伯特·盖茨也在不同场合表达了同样的观点。2007年11月26日,盖茨在美国堪萨斯州立大学发表演说,在那次讲话中盖茨强调,美国应该综合运用软权力与硬权力,才能壮大美国的实力。伊拉克战争与阿富汗战争的一个沉痛教训就是,单纯的军事胜利无法赢得经济发展、制度重建、法治、内部和解以及有效的管理。盖茨认为,冷战后美国面临着一系列不对称性战争,单纯的军事手段无法解决这些问题,他呼吁

---

[1] Richard Armitage and Joseph Nye, "Stop Getting Mad, America. Get Smart", *Washington Post*, December 9, 2007, p.B3.

运用非军事手段解决这些问题。①

反恐战争的深刻反省，从单纯军事打击的备受质疑再到巧实力的提出，2008 年前后，美国精英阶层大致形成了一种共识，即必须扭转因伊拉克战争所造成的美国声誉受损局面，必须以更为明智的战略替代小布什政府的新保守主义。在这种形势下，布热津斯基在卡特政府时期曾经提出过的"智能帝国主义"又重新受到重视与推崇。

二、"智能帝国主义"——巧实力的 2.0 版

"智能帝国主义"因小布什政府的单边主义而提出，以巧实力为其主要特征，似乎是巧实力外交的升级版或 2.0 版。但综观奥巴马政府上台以来美国政府推行的对外政策，美利坚"智能帝国主义"的内涵绝非一个巧实力那么简单，它是一个内容广泛、囊括多个层面的对外战略。在笔者看来，其内容主要体现在以下四个方面：

（一）不太强调传统的军事干涉主义或单边主义，注重干涉模式的多样性

在 2007 年，作为国会参议员、准备角逐民主党总统候选人提名的奥巴马就在《外交》上撰文指出，美国领导人应该承认一个令人痛心的事实，即美国不可能用军事手段解决伊拉克内战中什叶派与逊尼派之间的冲突。奥巴马呼

---

① http://www.defense.gov/speeches/speech.aspx?speechid=1199，2013.8–14.

吁:"我们不可能指望美国民众支持政府以危险的方式将男人与女人投放到国外,除非我们向民众指出,我们会以一种明智与审慎的方式使用武力。"①事实上,早在小布什政府后期,小布什也意识到单纯军事打击的消极一面。为此,他任命盖茨取代新保守主义的核心代表拉姆斯菲尔德作为新任国防部部长。2008年4月,盖茨在西点军校发表演讲,他特意引用马歇尔、艾森豪威尔等美国军事战略家奉行的作战三原则(除非不得已,否则千万不要发动战争;不要单兵作战;不要长时间卷入对外战争),告诫美国国民不要轻易言战。②2009年,盖茨在《外交》上撰文直言,美国不可能通过增加更多的预算来消除国家安全威胁,不要期望美国什么都做什么都买。③美国对外关系委员会主席哈斯在总结伊拉克战争的教训时也强调,2003年春的伊拉克战争过于随意,美国在伊拉克并没有非常重要的利益,美国并没有面临来自伊拉克的致命威胁,美国本可以选择制裁而不是战争。④正是在上述思想的指导下,奥巴马政府上台后不久就果断地做出从伊拉克全面撤军的决定。另外,在随后的西亚、北非、阿拉伯地区动荡局势中,奥巴马政府尽量保持克制,避免直接的军事干预,只是为反政府武装提供政治、情报、经济支持,用经济制裁等方式给现政

---

①　Barack Obama,"Renewing American Leadership",*Foreign Affairs*,Vol.86,No.4,July/August 2007,pp.5–16.

②　Evening Lecture at the U.S. Military Academy(West Point,NY),As Delivered by Secretary of Defense Robert M. Gates,U.S. Military Academy,West Point,NY,Monday,April 21,2008,http://www.defense.gov/speeches/speech.aspx?speechid=1233.

③　Robert M.Gates,"A Balanced Strategy:Reprogramming the Pentagon for a New Age",*Foreign Affairs*,Vol.8,No.1,January/February 2009,p.28.

④　Richard N. Haass,"The Irony of American Strategy:Putting the Middle East in Proper Perspective",*Foreign Affairs*,Vol.92,No.2,March/April 2013,pp.58–59.

权施加压力,完全以一副幕后策划、指导的姿态出现在中东国际舞台上。2012
年 3 月 24 日,《纽约时报》撰文披露,美国中央情报局在彼得雷乌斯(Petraeus)
将军的领导下,私下里帮助卡塔尔、沙特阿拉伯、土耳其政府,让这些国家公
开反对叙利亚。布热津斯基反对美国直接卷入中东内乱,而应该利用英法等
前宗主国的力量。[1] 2013 年 8 月底,叙利亚阿萨德政权使用化学武器,奥巴马
政府不得不采取军事手段进行打击,布热津斯基在《金融时报》上撰文,希望
奥巴马政府首先要占领道德的制高点,动员全球舆论谴责这场战争本身;另
外,希望奥巴马政府推动更多的国家参与到反对叙利亚的战争中,催生一个
更广泛的国家联盟。[2]

(二)强调用国际规则来塑造与约束新兴经济体的崛起

20 世纪以来,由美国所主导建立的一系列国际组织或规范实际是一种威
尔逊式的自由主义国际秩序。这种国际秩序观的特征主要有:开放的市场、民
主共同体、集体安全、法治。当人类步入 21 世纪之际,新兴经济体在国际社会
的影响力与日俱增,这对由美国主导下建立的西方国际秩序构成了一定的挑
战。面对这种挑战西方精英阶层提出,要用传统的西方国际秩序观改造新兴
经济体,将新兴国家纳入西方主导的国际秩序中。在这方面,美国普林斯顿大
学教授约翰·伊肯伯里的观点最具代表性。2008 年,伊肯伯里在为新美国安全

---

[1] "Brzezinski on the Syria Crisis", *The National Interest*, June 24, 2013, http://nationalinterest.
org/commentary/brzezinski-the-syria-crisis-8636.

[2] Zbigniew Brzezinski, "The steps that Obama must now take on Syria", *Financial Times*, August
27, 2013.

中心提交的战略性研究报告中指出,今天,对美国国家安全最严重的威胁并非来自哪个具体的敌人,而是半个世纪以来,美国所倡导的、能够维护美国国家利益与安全的全球秩序的制度基础遭受侵蚀。所以美国的大战略并非寻求一个有针对性的威胁,而是重塑那些得到认可的、合法的制度体系。伊肯伯里将这种大战略称为"自由秩序的构建"。①同年,伊肯伯里在《外交》上撰文指出,美国领导下的单极时代终将过去。他告诫美国政府:如果美国要保持在当今世界的领导力,就必须强化当今的国际秩序,加强制度与体系构建,使这个秩序的根基尽可能牢固。针对中国的崛起,伊肯伯里鼓励中国加入到这个由西方主导的国际秩序而并非排斥这个秩序。按照伊肯伯里的说法,中国的崛起必须遵循这样一个原则,即西方是贯通东方之路。②2009年,伊肯伯里与约翰·霍普金斯大学教授丹尼尔·杜德尼合作,在《外交》杂志上撰文,全面阐述他们的观点。文章认为,尽管自由主义赢得冷战的胜利,但后冷战时期20年中,这个世界并没有像西方想象的那样实现"历史的终结",事实上,这个世界进入到西方自由主义与以中国、俄罗斯为首的集权专制主义的竞争时代。专制政体并没有伴随着冷战的结束而瓦解,专制体制不仅成功地实现与资本主义的对接与兼容,而且成为与西方资本主义进行竞争的新代表。独裁政府只有寻求自由主义的路径,它们才能更快、更容易地实现国内的政治改革。文章认

---

① G. John Ikenberry, "An Agenda for Liberal International Renewal", in Michèle A. Flournoy and Shawn Brimley, eds., *Finding Our Way: Debating American Grand Strategy*, Center for a New American Security, June 2008, pp.45–46.

② G. John Ikenberry, "The Rise of China and the Future of the West: Can the Liberal System Survive?", *Foreign Affairs*, Vol.87, No.1, Jan.–Feb. 2008, pp.24–25.

为,成功的对外政策应该是,美国等西方自由民主制度国家应该接纳而不是排斥这些专制体制国家,应该将这些专制体制国家融入西方主导的自由国际秩序中,让这些国家成为一个负责任的利益攸关者。①

(三)推行亚太再平衡战略,在亚太推行均势外交

均势外交是早期欧洲政治舞台的特点,但是伴随着中国在东亚的崛起,美国也意识到在东亚运用均势外交的必要性。作为前任美国总统奥巴马的哲学教父,布热津斯基明确阐述了美国在亚太的均势思想。布热津斯基认为,未来几十年美国面临的主要挑战是如何恢复国力,壮大西方,在东方平衡中国的崛起。美国在亚洲的作用实际上复制着英国在 19 世纪和 20 世纪早期对欧洲大陆的政策,即作为一个平衡者的角色。美国能够,也应该帮助亚洲国家以调停者的角色避免地区冲突,并制衡潜在国对现状的冲击。②关于美国这种均势外交思想,《外交》杂志编辑小詹姆斯·霍格也有着清晰的解读。霍格认为,亚洲在崛起,世界权力重心逐渐向亚洲转移,这是一个无法抗拒的事实。美国如何对抗不断崛起的中国? 大战略之一就是用亚洲强国平衡中国的崛起。例如,利用日本、印度制衡中国。霍格建议华盛顿采用"软遏制"手段,加强与印度的战略合作,利用印度的经济与军事实力以及强大的民主体制制衡中国的

---

① Daniel Deudney and G.John Ikenberry, "The Myth of the Autocratic Revival", *Foreign Affairs*, Vol.88, No.1, January/February 2009, pp.77–93.

② Zbigniew Brzezinski, "Balancing the East, Upgrading the West: U.S. Grand Strategy in an Age of Upheaval", *Foreign Affairs*, Vol.91, No.1, January/February 2012, pp.97–101.

崛起。①正是在这种大战略思想的指导下,奥巴马政府于 2011 年年底提出重返亚太战略,东亚地区局势持续紧张,这不能不说有美国因素的存在。欧洲理事会对外关系项目主任马克·伦纳德就曾援引一位美国五角大楼的战略家的话指出,美国重返亚太,不是在下棋,而是在搅局。②应该指出,美国重返亚太,并非单纯局限于军事层面,它应该是一个全方位的大战略。澳大利亚前总理陆克文认为,美国的重返亚太战略远非一个简单的军事声明,它只是奥巴马宏大的再平衡亚太政策中的一部分,这一再平衡政策还包括外交与经济战略,即美国要成为东亚峰会中的一员,要建立 TPP,加深与印度的战略合作等。③

(四)注重对外软实力的运用,公共外交的推广

众所周知,软实力概念是约瑟夫·奈首先提出的。软实力的核心是强调吸引力,而并非强制力,合法性是软实力内涵的关键。但是美国发动的伊拉克战争却强调以武力构建伊拉克民主,这与伊拉克的国情并不兼容。所以伊拉克战争严重地挫伤了美国的软实力。据美国与英国情报机构的研究报告,美国在伊拉克战争中运用硬权力的方式解决伊拉克问题而忽视软权力的运用,这导致在过去的 5 年中伊斯兰极端主义势力的增加而并非减少。鉴于此,奈特

---

① James F. Hoge Jr., "A Global Power Shift in the Making: Is the United States Ready?", *Foreign Affairs*, Vol.83, No.4, Jul.–Aug. 2004, p.5.

② Mark Leonard, "Why Convergence Breeds Conflict: Growing More Similar Will Push China and the United States Apart", *Foreign Affairs*, Vol.92, No.5, September/October 2013, p.131.

③ Kevin Rudd, "Beyond the Pivot", *Foreign Affairs*, Vol.92, No.2, March/April 2013, p.12.

别强调,尽管赢得人心的软权力不会得到伊斯兰极端分子的认可,但它在赢得主流伊斯兰民意上是非常重要的,而没有这些人的支持,美国的反恐战争是不会胜利的。①事实上,美国在软实力方面具有极大的优势。从软实力资源的三大方面(文化、政治价值观、对外政策)来看,美国本应该具有相当的优势,但冷战结束以来,美国政府忽视了软实力方面的投入。依据奈的研究,冷战期间,美国之音可以覆盖一半的苏联人口、70%~80%的东欧人口,但是在 21 世纪到来之际,仅仅有 2%的阿拉伯人能够听到 VOA。1995—2001 年,美国新闻署与世界上穆斯林人口最多的国家进行学术和文化交流的人数从每年的 45000 人削减到 29000 人。②作为发挥软实力的重要手段,公共外交在过去的相当一段时期不受重视。奈通过图表指出,在过去的 15 年(1994—2008),美国政府的公共外交预算不增加反倒减少, 从 20 世纪 90 年代的年均 15 亿美元左右减少到 21 世纪初的年均 10 亿美元。③奈认为,美国国务院在公共外交方面的年度投入只占美国年度军事预算的 0.25%、情报收集投入的 3%。如果美国能够将军事预算的 1%用于公共外交投入,即每 100 美元投资于炸弹时,将 1 美元投资于感情与观念,情况就会好得多。④奈的软实力观对奥巴马政府影响较大。作为奥巴马政府第一任期国务院的掌门人,希拉里·克林顿最早代

① Joseph S. Nye,Jr.,"Security and Smart Power",*American Behavioral Scientist*,Volume 51,Number 9,May 2008,p.1353.

② Joseph S. Nye,Jr.,"Public Diplomacy and Soft Power",*The Annals of the American Academy of Political and Social Science*,March 2008,p.98.

③ Richard L. Armitage and Joseph S. Nye,JR.,CSIS Commission on Smart Power:A Smarter,More Secure America,Center for Strategic & International Studies,2007,p.48.

④ Joseph S. Nye Jr.,"The Decline of America's Soft Power:Why Washington Should Worry",*Foreign Affairs*,Vol.83,No.3,May – Jun. 2004,pp.19–20.

表奥巴马政府提出了巧实力,并将公共外交这一巧实力"军械库"中的重要工具进行了完美的发挥。2010年1月,希拉里·克林顿在华盛顿新闻博物馆就网络自由发表讲话,明确提出了信息技术自由、言论自由、信仰自由与链接自由等新四大自由观,对国际政治影响较大。此外,希拉里·克林顿在倡导妇女权利,强调民意层面的民众之间的直接交流等公共外交方面也下了不少功夫。鉴于此,有新闻评论员指出,希拉里·克林顿在促进美国软实力外交方面做出了重大贡献。[①]

三、中国梦面临美利坚"智能帝国主义"的挑战

众所周知,中国的崛起是21世纪人类历史上的重大事件。改革开放三十多年以来,中国经济持续快速发展,国内生产总值规模不断攀升,2010年,国内生产总值总额一举超过日本,成为全球第二大经济体。中国经济规模的急剧膨胀,令国人乃至西方世界都始料未及。英国《金融时报》专栏作家沃尔夫将中国形容为早熟的超级大国。近年来,经济界出现了许多关于中国经济发展预测的数据。例如,彼德森国际经济研究所全球发展中心高级研究员苏布拉马尼安认为,保守地估算,如果中国以年均7%增长率、美国以年均2.5%增长率计算,到2030年,中国国内生产总值将占世界总额的20%,美国占世界总额的15%,中国的对外贸易额将是美国的一倍,人民币将成为美元最有力

①　Michael Hirsh, "The Clinton Legacy:How Will History Judge the Soft-Power Secretary of State?", *Foreign Affairs*, Vol.92, No.3, May/June 2013.

的竞争者。[①]如果从整个人类经济史发展的角度来看,中国曾长期处于世界经济体的首位,近代二百年左右的落后只是历史长河中一个相对短暂的阶段。因此,21世纪初中国经济规模的重新复苏是一种历史的回归,这种回归也就是中华民族的伟大复兴。正是预见到这种历史的回归,中国新一届领导集体不失时机地提出了中国梦。2012年11月29日,以习近平同志为核心的新一届中共中央领导集体在国家博物馆参观《复兴之路》展览过程中提出了实现中华民族的伟大复兴就是中华民族近代以来最伟大的梦想。这也就是所谓的"中国梦"。2013年3月17日,新任国家主席习近平在十二届全国人大一次会议闭幕会上再次阐述了"中国梦"思想。从此,中国梦作为振奋民心、汇聚民意的一个政治口号得到国人的广泛认同。

客观地讲,中国梦的实现是一个复杂的命题,它并非一个口号那么简单。尽管伴随着中国的经济崛起,中国梦的实现具有了更为坚实的物质基础,但是我们还必须清醒地认识到,中国梦的实现必须正确处理好对内对外两个层面的重大问题。对内而言,如何实现经济复兴与政治民主化进程的有机结合,如何实现和谐社会与科学发展,如何以最大公约数实现国家的统一,这些都是摆在国人面前无法回避的问题。对外而言,如何处理好新兴大国与守成大国之间的矛盾,如何处理好中国与以美国为首的西方国家之间的矛盾,就成为一个现实的命题。

从地缘上讲,古代中国的崛起相对简单,强大的中央王国面对着的是一

---

① Arvind Subramanian, "The Inevitable Superpower:Why China's Dominance Is a Sure Thing", *Foreign Affairs*,Vol.90,No.5,September/October 2011,pp.68-69.

种"四夷来朝"的格局,封贡体系成为那个时代的典型特征。但是当代中国的崛起却是在一种全球化浪潮的趋势下,面对着以美国为首的西方自由主义国际秩序格局。近代以来,世界政治与经济重心经历了由地中海时代、欧洲时代、大西洋时代到太平洋时代的转变。在这一转变中,美国作为一个美洲国家,也可以说作为一个太平洋国家出现在世界政治舞台上。如果从美国的历史发展进程上讲,早期的美国就是一个典型的美利坚帝国,美国建国史就是一个不断向西挺进与扩张的历史。美国大陆帝国的构建者、美国第六任总统约翰·昆西·亚当斯当年就曾指出,美国是一个不断向西滚动的帝国。19世纪60年代,美国国务卿西沃德又提出了构建美利坚太平洋帝国的设想。20世纪,尤其是二战结束之来,美国在西太平洋构建起了一系列同盟或准同盟体系,一个以美日同盟为核心的东亚-太平洋体系出现在不断崛起的中国面前。因此,从地缘上讲,美国是中国的邻国——尽管它的主体部分远在太平洋东岸。

当今世界权力正在发生着两大变化:第一,权力正在逐渐由发达国家向发展中国家转移。第二,权力正在由国家行为体向非国家行为体转移。中国作为新兴经济体,作为全球第二经济体的崛起就是全球权力转移中的前者。但是中国的和平崛起、中国梦的实现却面临着一种传统大国权势更替的预言,即中国的崛起对美国是一种现实主义的威胁。权力转移理论在西方学术界比较盛行,这些理论大多基于历史的已有经验,以现实主义的研究视角强调潜在的挑战国国力达到霸权国国力的80%左右,挑战国就会通过战争与霸权国对抗,最终实现权力的转移。①因此,中国必须走出传统大国崛起的窠臼,走出这个历史怪圈,否则中国梦的实现将会成为泡影。如果从简单的历史记忆来判断,中国的崛起对美国的霸权体系是一种挑战,但是在全球化高度发达的今天,中国与美国具有广泛的经济利益,共同面临着全球化带来的诸如气候、瘟疫等全球性问题的挑战,中美之间的关系已经不是传统大国之间的零和博弈,而是一种双赢博弈。同时,我们还应该看到,当今的国际秩序是二战后一系列战胜国主导下建立起来的自由国际体系,中国已经从毛泽东时代的挑战者转变为后毛泽东时代的认同者与受益者。改革开放以来,中国不断地融入世界,不断地加入各种国际组织,不断地融入国际体系,遵守各种国际制度。尽管中国对现存的国际秩序有一些看法,但中国主张的改革而不是推翻现有的国际秩序或重建一个新的国际秩序。所以崛起进程中的中国,不可能颠覆现有的国际秩序,因为这是绝大多数国家所不允许的。中国也不可能挑战由美国等西方国家塑造的战后国际秩序,不可能用战争解决问题,事实上也没有这个必要。中国要崛起,不光面对着美国,也面对着整个西方国家主导下建立的国际秩序。正如伊肯伯里所言,当今的国际秩序加入容易,颠覆则难。②

　　同时,我们还应该清醒地看来,中国终究是一个与美国国情迥异的国家,在美国等西方国家看来,中国是一个集权制国家,与西方所奉行的所谓民主体制有着巨大的观念冲突。尽管当今的国际政治舞台不再强调以意识形态画

---

① Zhiqun Zhu, *US–China Relations in the 21st Century Power Transition and Peace*, London and New York: Routledge Taylor & Francis Croup, 2006, pp.13–14.

② G. John Ikenberry, "The Rise of China and the Future of the West: Can the Liberal System Survive?", *Foreign Affairs*, Vol.87, No.1, Jan.–Feb. 2008, p.24.

线,但西方国家的固有冷战思维逻辑是不会改变的。这种固有逻辑之一就是西方国家总是在潜意识中敌视中国这样一个社会主义国家,尤其是中国自改革开放以来的 40 年,经济规模不断膨胀,西方国家必然会感到一种有形与无形的压力。排除这种冷战思维,仅从传统的现实主义国际政治思维来看,任何一个霸权国都无法容忍一个潜在的霸权国对其构成挑战,都会以种种伎俩搞垮自己的竞争对手。国际政治终究是一种政治,是一种国家间政治,政治的实质与最高形式是追求权力——尽管它是现实主义的逻辑观。所以中国的和平崛起、中国梦的实现必须谨防美利坚智能帝国主义的挑战。

四、结束语

在中国人看来,"帝国主义"是一个极具时代色彩的贬义词。但是淡化帝国主义色彩,并非意味着帝国主义的这种客观现象就不存在。在国际政治舞台上,西方发达国家历史上对广大发展中国家所采用的炮舰与大棒政策不能不令发展中国家联想到帝国主义的现实存在。美国作为当今唯一的超级大国,在后冷战时代所推行的霸权政策其实质就是一种帝国主义的政策。所以将美国称为"美利坚帝国主义"也不为过。奥巴马政府上台以来,美国对外推行的一系列政策只是对其前任政府的一种理性修正,这种政策在他国看来其实就是一种"智能帝国主义"。"智能帝国主义"的提出其实正说明美国传统的军事帝国主义政策无法满足时代的需要,美国称霸全球的野心与其国力无法支撑这种野心之间的矛盾。有西方学者评价,当今美国面临的最大挑战并不是赫然出现一个大国对手,而是债台高筑、基础设施破损和经济不景气这三重打击。①尽管美国现在相对衰落,但是我们应该清醒地认识到,在今后相当长的一个时期内美国仍然是无法取代的超级大国,其在世界的影响力无法撼动。2010 年 12 月,即将卸任的奥巴马政府经济顾问萨默斯(Summers)曾说,预测美国的衰落就像这个共和国的历史一样古老。但是这些预测成为每一代美国人复兴这个国家的重要驱动力。美国面临着挑战,但是美国具有为世人所知的最灵活、最具驱动力、最具创新意识的社会发展潜力。②

在最新一期的《外交》杂志上,欧洲理事会对外关系项目主任伦纳德这样评价奥巴马政府的对外政策:奥巴马政府现在寻求一种低成本的领导力模式,即一种像邓小平处理对外政策的美国风格,与邓小平处事模式不同的是,邓小平试图隐藏中国不断增长的财富,奥巴马则试图隐藏美国由于国力不支而不断增长的对外需求差额。在具体实践中,奥巴马模式意味着用经济制裁惩罚诸如伊朗与朝鲜这样的敌对国家,用遥控飞机来打击恐怖主义,避免在国外挥动单边主义的大棒,而主张站在领导国家的幕后,与俄罗斯等强国建立一种实用主义的关系。③伦纳德的评论准确无误地道出了当今奥巴马政府对外政策中的"智能帝国主义化",这不能不引起中国的重视。尽管中国是一个有着悠久历史的文明古国,但其近代化的经济史、宪政史与外交史与老牌

---

① Stephen M.Walt, "The End of the American Era", *The National Interest*, October 25, 2011.

② Arvind Subramanian, "The Inevitable Superpower: Why China's Dominance Is a Sure Thing", *Foreign Affairs*, Vol.90, No.5, September/October 2011, p.67.

③ Mark Leonard, "Why Convergence Breeds Conflict: Growing More Similar Will Push China and the United States Apart", *Foreign Affairs*, Vol.92, No.5, September/October 2013, pp.130–131.

的英美等西方国家相比还相当年轻。所以在未来的相当长的历史时期内，我们还应该谨慎地与美利坚"智能帝国主义"共舞。

全球失序与美国对华战略争议 *

    2008 年国际金融危机以来,国际秩序日益由有序向无序发展。按照美国对外关系委员会主席理查德·哈斯(Richard N. Haass)的说法,当今人类正目睹着一个历史时代的终结与另一个历史时代曙光的到来,正在终结的时代是美国超群优势的时代,在美国超群优势时代终结的今天,世界正在步入一个失序的时代。①基于全球失序这种客观现实,本文首先分析了后金融危机时代全球失序的原因,以及美国战略界基于全球失序这种现实,并就如何重新定位美国的全球战略出现的战略争议。其次,分析了当今美国战略界以"十字路口论"为标志的对华战略反思。再次,文章就美国战略界的"十字路口论",从

---

* 本文原载于《当代世界与社会主义》2016 年第 4 期,收入本书时进行过局部修订。

① Richard N. Haass, "The Era of Disorder", October 27, 2014, http://www.cfr.org/global/era-disorder/p33683.

204

理论与现实两个层面进行了深入解读。最后针对目前的中美关系提出了相互塑造与中美正和关系的新思路。

一、后金融危机时代的全球失序

苏联解体、东欧剧变、东西方冷战以社会主义阵营的内乱宣告终结,此后,全球秩序开启了一个以美国自由国际主义为特征的自由霸权秩序时代。一时间,"单极时代论"大行其道,似乎国际社会真的进入了"美国治下的和平"。但是进入 21 世纪,尤其是 2008 年金融危机的爆发,美国治下的单极时代受到极大的冲击。美国学者罗伯特·阿特(Robert J.Art)认为,美国主宰全球的单极时代已经结束。这个单极时代始于苏联解体,终于 2008 年 9 月雷曼兄弟公司的破产。①伴随着后金融危机时代单极时代的终结,《自由市场的终结》一书的作者伊恩·布雷姆纳(Ian Bremmer)认为,金融危机后的世界陷入一种无序的"G零时代",没有一个国家具有全球的政治与经济影响力,能够真正推动国际议程。②前乔治城大学教授查尔斯·库普乾(Charles Kupchan)认为世界进入了多极时代。③无论是无极时代,还是多极时代,后金融危机时代的美国式自由霸

① Robert J.Art,"Selective Engagement in the Era of Austerity",in Richard Fontaine and Kristin M. Lord,eds.,*America's Path:Grand Strategy for the Next Administration*,Center for a New American Security,May 2012,p.15.

② Ian Bremmer and Nouriel Roubini,"A G-Zero World",*Foreign Affairs*,Vol.90,No.2,March/April 2011,p.2.

③ Charles Kupchan,*No One's World:The West,the Rising Rest,and the Coming Global Turn*,New York:Oxford University Press,2012,p.x,p.3.

权秩序危机四伏,全球秩序逐渐由有序向无序方向发展。乔治城大学教授切斯特·克罗克(Chester A. Crocker)认为,当今的世界是一个失序的世界,就像一艘在大海中航行的轮船,在没有风或逆风行驶的情况下船舵操作失灵,轮船在大海中漫无目标地漂流。当今的国际秩序就处于无舵转型状态。克罗克认为失序的具体体现为:东欧乌克兰危机、中东北非伊斯兰世界内乱以及亚太地区各国受地缘政治推动而引发的无序状态。①地缘政治大师布热津斯基在评价当今的全球秩序时指出:"我们生活在一个存在着巨大混乱、割裂与不确定性的世界中,不存在唯一的中心威胁着大家,而是许多分散的中心威胁着几乎所有人。"②哈斯也发出类似的感慨,他认为后冷战的世界秩序正在拆散,尽管它并不完美,令人怀念。③总之,西方战略家普遍承认后金融危机时代的全球失序,西方绝对主导世界格局的时代不复存在。

全球失序的一个重要原因是全球权力结构发生变化,权力发生转移。按照约瑟夫·奈的权力转移理论,当今世界的权力结构正在向两个方向转移:其一是从发达经济体向新兴经济体转移,其二是从国家行为体向非国家行为体转移。④美国《对外政策》前编辑莫伊塞斯·奈姆(Moises Naim)在《权力的终结》一书中也认为,当今世界无序的一个重要原因是国家权威日趋下降。所有机构(诸如公司、教会、军队、国家)中的精英正在失去他们主导决策、将他们的

① Chester A. Crocker,"The Strategic Dilemma of a World Adrift",*Survival:Global Politics and Strategy*,Vol.57,No.1,February–March 2015,pp.7–8.

② Doyle McManus,"Is Global Chaos the New Normal?",*Los Angeles Times*,July 29,2014.

③ Richard N. Haass,"The Unraveling:How to Respond to a Disordered World",*Foreign Affairs*,Vol.93,No.6,November/December 2014,p.74.

④ Joseph S. Nye,Jr.,*The Future of Power*,New York:PublicAffairs,2011,p.xv.

意志施加于制度与结局的权力。这将导致一些问题,即国家日益面对着包括普通公民在内的其他一些社会力量对国家决策的竞争。新科技与社会媒体支撑下的非国家行为体对国家权威构成重大冲击,国家的权力正在消融。①全球失序的深层次原因应该是自冷战结束以来西方自由主义在政治与经济领域的无限制膨胀所致。例如,哈斯认为,全球失序的一部分原因是权力的扩散,另一部分原因与美国有关。他认为,美国于 2003 年发动的伊拉克战争加剧了伊斯兰世界逊尼派与什叶派之间的冲突。美国试图推翻叙利亚政权,但又无能为力。在这种情况下,在伊拉克与叙利亚权力失控的真空地区出现了一个伊斯兰国。②全球失序是一个不争的事实,但一些西方学者却认为,全球失序是由于权威主义挑战西方主导的国际秩序所致。例如,加拿大学者、前自由党领导人迈克尔·伊格内蒂福(Michael Ignatieff)认为,权威主义正在赢得规范冲突的胜利,正在建立一种基于国家主导、国家资本主义,并拒绝道德普世主义的全球可替换发展模式。克罗克认为,最近几年,权威主义与中央集权主义论调开始抬头,世界政治极化现象不断出现。联合国安理会在许多重大问题上出现分歧,北京共识与华盛顿共识相互竞争,布雷顿森林体系受到新兴经济体创办的金融机构的挑战。在某种程度上,体现中国看法的规范与价值观受到热议,俄罗斯"修正主义"正在抵制各种西方政策,新兴大国的自信不断增加,美国与其西方盟国正在从权力的巅峰下滑,世界的权力正在扩散。克罗克

---

① Moises Naim,*The End of Power:From Boardrooms to Battlefields and Churches to States*,*Why Being In Charge Isn't What It Used to Be*,New York:Basic Books,2013.

② Richard N. Haass,"The Era of Disorder",October 27,2014,http://www.cfr.org/global/era-disorder/p33683.

甚至认为这一现象潜在的、引人注目的战略意义在于,全球权力结构正在回归两极格局,广义的地缘政治的回归确实正在发生。①正是因为全球失序,东西方是否陷入新冷战、地缘政治是否回归,日益成为一个热点议题。② 2014年,美国著名战略学家沃尔特·拉塞尔·米德(Walter Russell Mead)在《外交》期刊上撰文指出,2014年以来,地缘政治竞争又回归世界舞台的中心,旧有的大国博弈又返回国际关系之中。这主要体现在俄罗斯在乌克兰危机问题上的态度:中国在海洋主权方面坚定的立场,日本对自身地缘政治警惕性的上升,伊朗通过与叙利亚、黎巴嫩的联盟试图主导中东。米德抨击奥巴马政府强调塑造一个自由国际秩序,忽视地缘政治竞争,从而使美国身陷困境的对外政策。③关于地缘政治是否回归,美国对外政策分析团队分裂为两大阵营。布鲁金斯学会国际秩序与战略项目主任托马斯·赖特(Thomas Wright)认为,第一个阵营认为,当今世界秩序存在的障碍是由于地缘政治的回归,体现在中东国家权力的弱化在中东造成的灾难性的结果,俄罗斯的侵略对美国在欧洲安全方面的核心利益构成本质性的挑战,以及中国的崛起对亚洲构成的挑战。第二个阵营相信美国面临着各种威胁与挑战,但拒绝地缘政治回归这种说法。这个阵营认为美国必须应对各种危机,无论是来自俄罗斯方面的挑衅还是中东伊斯兰国(ISIS)的兴起,并认为没有必要过分夸大这些危机的影响力。在国家

---

① Chester A. Crocker, "The Strategic Dilemma of a World Adrift", *Survival: Global Politics and Strategy*, Vol.57, No.1, February–March 2015, pp.9–11.

② Robert Legvold, "Managing the New Cold War", *Foreign Affairs*, Vol.93, No.4, July/August 2014.

③ Walter Russell Mead, "The Return of Geopolitics: The Revenge of the Revisionism Powers", *Foreign Affairs*, Vol.93, No.3, May/June 2014, pp.69–77.

安全战略问题上,奥巴马自己坚定地站在第二阵营。[1]

基于全球失序这种现实,美国战略界就如何重新定位美国的全球战略出现了新的争议,保守国际主义坚持对国际秩序的强势式领导,自由国际主义坚持对国际秩序的克制式领导。2014 年,华盛顿智库"新美国安全中心"出台的一份美国大战略研究报告开篇指出,当今美国安全环境的恶化史无前例。报告认为,对外战略与对内治国方略的复杂性导致美国的全球领导力面临着严峻的挑战。现在,权威资本主义正在与美国式自由资本主义争夺世界影响力,权威资本主义正在对西方自由世界秩序构成挑战,许多中间国家成为相互竞争的对象。在这种情况下,美国面临着使人眼花缭乱的治国方略的挑战。美国对外政策制定者与公众不光就美国应该做些什么这一问题(即作为世界的领导者还是从世界领导者地位退却)分裂为两大派,而且就美国如何介入世界这一问题分裂为两派。[2] 2014 年 10 月 17 日,布鲁金斯学会就美国大战略举办的一场以"美国大战略:世界领导者还是克制的强国?"为主题的辩论会中, 会议的两个主角: 美国布鲁金斯学会高级研究员罗伯特·卡根(Robert Kagan)与麻省理工学院教授巴里·波森(Barry Posen)就美国国家大战略产生了分歧。卡根认为,美国在塑造世界秩序方面具有永久的责任与能力,所以美国在国外必须保持积极地介入以防止国际秩序的崩溃。而波森认为,美国持续多年地过度介入世界事务导致一系列失败,所以美国应该关注自身国家安

---

① Thomas Wright, "Interpreting the National Security Strategy", http://www.brookings.edu/blogs/up-front/posts/2015/02/06–interpreting–the–national–security–strategy.

② Julianne Smith and Jacob Stokes, "Strategy and Statecraft: An Agenda for the United States in an Era of Compounding Complexity", Center for a New American Security, June 2014, pp.1–19.

全利益,在介入外部事务,尤其是使用军事手段问题上采取一种克制战略。[①]
面对全球失序这种现实可能性,奥巴马政府在先后出台的两份美国国家安全
战略报告中都高调强调国际秩序在重塑美国全球领导力中的重要性,试图通
过祭起国际秩序这面大旗,用国际秩序约束新兴经济体的崛起。奥巴马政府
反复强调国际秩序,这正好从一个侧面印证了当今国际秩序中存在的问题。
从美国这样一个世界领导者的认知逻辑出发,相对于单极时代美国在全球绝
对霸主地位的"全球有序",当今正日益步入多极化的国际社会自然是处于一
种"全球失序"状态。

二、全球失序下的美国对华战略争议

全球失序的一个重要原因是,以美国为首的发达经济体的相对衰落和以
中国为代表的新兴经济体的群体性崛起导致了全球权力结构的相对转移。在
这种情况下,美国全球霸权地位的基石受到冲击,美国战略界对已有的全球
战略产生怀疑,这其中就包括对崛起大国——中国的战略是否应该重新调整
进行激烈辩论与反思。这种对华战略的辩论与反思以"十字路口论"为特点,
在美国学术界表现得尤为突出。奥巴马政府前副国务卿詹姆斯·斯坦伯格
(James Steinberg)指出,中美两国的政策制定者与分析家正在承认这样一个事
实,即中美关系处于一个十字路口。自尼克松历史性的访问以来,主要以友好

---

① Restraint or Preeminence in U.S. Grand Strategy?,http://www.brookings.edu/blogs/markaz/posts/
2014/10/23-us-strategy-intervention-or-restraint-middle-east-isis.

关系为特征的中美第一个 40 年的双边关系已经过去，太平洋两岸对双边关系不断增加的相互理解的那种最美好的日子也许会成为幻觉。斯坦伯格认为，这种担心是有充分理由的。在他看来，除非美国与中国承认这种危险是由于它们本能性的竞争属性所致，承认两国关系富有活力，并发展一种成熟的战略以及相关联的政策以应对那些危险，否则这种担忧会成为现实。为防止美中两国关系进一步恶化，斯坦伯格提出了"战略再确保论"（Strategic Reassurance）。他认为，战略再确保是避免美中关系陷入危险的必要选择，美中双方都应该向对方确保它试图合作的意图，每一方需要向对方表明它捍卫至关重要的利益时必要的决心与能力。[1]美国普林斯顿大学教授阿伦·弗里德伯格（Aaron L. Friedberg）认为，自 20 世纪 90 年代以来，尽管华盛顿的对华战略偶尔也存在争议，在对华接触与制衡的政策轨迹上也有小幅微调，但在过去的四分之一世纪中，美国政府还是继续奉行这一政策。而最近几年，美国政府就这一战略的充分性与持久性开始提出质疑。[2]弗里德伯格认为新中国成立以来，美国的对华政策可分为鲜明的"三个 20 年"：第一个 20 年（1949—1969），美国对中国奉行孤立与遏制政策。第二个 20 年（1969—1989），美国对中国的政策指针摆向相反的方向，尽管美中关系没有发展成真正的同盟关系，但两国基于共同的对手——苏联建立了战略合作关系。第三个 20 年（1989—2009），美国对华政策在合作与竞争之间寻求混合政策。一方面，美国通过贸易与外

---

① James Steinberg and Michael E. O'Hanlon, *Strategic Reassurance and Resolve: U.S.-China Relations in the Twenty-first Century*, Princeton and Oxford: Princeton University Press, 2014, p.203.

② Aaron L. Friedberg, "The Debate Over US China Strategy", *Survival: Global Politics and Strategy*, Vol.57, No.3, June-July 2015, p.90.

交关系寻求一种与中国的接触政策;另一方面,美国寻求一种并非像冷战时期那样基于遏制的政策,而是为了美国及其盟国的利益,对华追求一种制衡政策。这种政策事实上是一种遏制-接触政策。现在,美国战略家面临的问题是,面对中国显著的上升趋势,美国的这种政策是否还要维持下去。①奥巴马政府前国安会东亚事务高级顾问杰弗里·贝德(Jeffrey Bader)对中美关系的这种悲观论也表示认同,杰弗里·贝德认为,亚太地区持续多年的和平得益于尼克松、基辛格与中国领导人的和解,以及此后双方领导人对双边关系良性发展持续性的培育,但近期美国对外政策专家在大众传媒上就美中关系的评论促使人们不能不得出这样的结论:美中合作关系正面临被拆散的危险境地。贝德认为,许多美国对外政策专家对此观点表示认同,他们认为自尼克松以来的八届美国总统的对华政策已经过时,美国应该认识到与中国就西太平洋地区美国的主导地位寻求战略和解是不可能的;美国应该承认,甚至应该信奉一种观点,即伴随着美中合作关系的消退,美中关系应该建立在竞争的基础之上。②美国资深中国问题专家何汉理(Harry Harding)在 2015 年秋季号的《华盛顿季刊》撰文指出,最近几年,在美国涉及对华不满的书籍、研究报告、文章雪崩般涌现,它们挑战着目前的美国对华政策,建议改变目前的对华政策。当前美国就几十年以来——也许是自 20 世纪 60 年代中期就美中关系正常化进行严肃认真的讨论以来——的对华政策正进行着最激烈的讨论,讨论

---

① Aaron L. Friedberg, *A Contest For Supremacy:China,America,and the Struggle for Mastery in Asia*,New York and London:W.W.Norton & Company,pp.58-59.

② Jeffrey Bader, "Changing China Policy:Are We in Search of Enemies?",John L.Thornton China Center at Brookings,Strategy Paper 1,June 2015.

的有些内容甚至令人回想起20世纪50年代关于"谁丢失了中国"的那场对华战略大辩论。何汉理认为,目前的美国对华政策大讨论主要局限于学界,但伴随着2016年美国总统大选的临近,候选人会将中国问题作为竞选获胜的热门议题借题发挥,未来的当选总统也许会改变对华政策。因为,目前的对华政策被广泛认为是失败的,要求对华采取强硬政策的呼声正在出现。如果这种观点主宰了这场对华大辩论,美中关系将会显著地恶化。①何汉理认同美国学界一致的看法,即美中关系正变得日益恶化,并有冲突的可能性,尽管这种冲突的可能性仍然较低。他认为现有的美国对华政策是失败的,并需要重新考虑,也许需要重大修改。②在这种情况下,美国著名的知华派专家大卫·兰普顿(David Lampton)提出美中关系"临界点论"(Tipping Point),并希望美中两国发表第四份联合公报是有充分依据的。

三、中美关系"十字路口论"的理论与现实基础

面对中国的崛起,美国学术界出现新一轮的对华政策大辩论,提出两国关系"十字路口论"是有其理论与现实原因的。

其一,从理论层面上讲,美国认为冷战结束以来的对华接触与"改造"中国的政策是失败的。20世纪以来,美国基于自身的政治理念,总是以自由主义的思维逻辑认识世界,这自然也包括认识中国。按照美国著名学者邹谠(Tsou

---

① Harry Harding, "Has U.S. China Policy Failed?", *The Washington Quarterly*, Vol.38, No.3, Fall 2015, p.95.

② Ibid., p.101.

Tang)的解释,美国希望中国最终成为一个现代的、民主的、基督教的并追随美国领导的国家。①尽管中华人民共和国的成立击碎了美国"改造"中国的梦想,引发了美国关于谁"丢失了中国"的大辩论,但20世纪70年代以来美中关系的逐步改善又"唤醒"了美国自由主义潜意识中的"改造论"。另外,中国自20世纪70年代末以来的改革开放政策也促使美国方面误认为中国是在美国预设的轨迹上向前发展。冷战结束以来,克林顿政府时期制定的"参与与扩展战略"就含有通过对华接触,将意识形态不同于美国的中国纳入美国主导的自由国际秩序之中的设想。无论是克林顿政府的"战略合作伙伴关系",还是小布什政府的"建设性合作关系",美国对华大战略的总体思路没有变化,即通过接触、"改造"与"驯服"促使中国朝着美国所设想的方向进行政治民主化改革。但是近几年中国发展的方向并没有按照美国设定的轨迹向前推进,中国经济的高速发展反倒促使中国提出道路与制度自信,抵制西方的普世价值。弗里德伯格指出,美国国内有一种共识认为,随着中国不断改革开放,经济持续增长,中国的中产阶级会不断增加,中产阶级在经济自由之外必然会要求政治自由。这样,中国大陆会像韩国一样,步入自由民主社会行列。但今天中国社会的发展出乎美国的设想,中国共产党仍然牢固地掌握着国家政权,美国最初所设想的中国民主转型之路遥遥无期,美中之间的意识形态分歧没有任何改观。②弗里德伯格在最新发表的一篇文章中再次强调,中国比当年"六

---

① [美]邹谠:《美国在中国的失败(1941—1950)》,王宁、周先进译,上海人民出版社2012年版,第4页。

② Aaron L. Friedberg, *A Contest For Supremacy:China,America,and the Struggle for Mastery in Asia*, New York and London:W.W. Norton & Company,pp.49-51.

四"政治风波时期更为富足,但中国并没有更为民主化。美国长期的对华接触战略并没能促使中国进行政治改革,中国距离美国所期望的政治改革进程更为遥远。①兰普顿也深刻地认识到美国学术界对华战略的这种细微转变。他认为,造成上述问题的潜在原因是,自1978年以来,美国对中国大致形成的共识正日益受到侵蚀。这种共识是,中国经济市场化将最终导致政治民主化。但是当今中国不断壮大,却并没有向美国政治精英所设想的那样,经济市场化会推动政治民主化,中国在经济层面与世界的相互依存并没有导致中国在安全层面与世界的相互依存。兰普顿认为,从根本上讲,美国开始不得不重新思考它在全球的优势地位。最近几年可以感觉到,美国对中国内外政策的评价几乎达到一个临界点。②何汉理在分析美国对中国的"六大失望"时首先就认为,中国新一届领导集体不但没有按照美国的设想推动中国社会的民主化进程,反而加强了政府对社会各领域,尤其是出版、媒体、大学、非政府组织的控制。③美国《外交》期刊2015年第3期上的一篇文章甚至提出"中国改革停滞论"的观点。④《外交》是美国对外政策方面最具影响力的期刊,"中国改革停滞论"在《外交》上的提出,至少体现了部分美国学界精英对中国推进政治、经济与社会深层次改革的一种失望,这种失望情绪有可能影响到美国的对华接触政策。

---

① Aaron L.Friedberg, "The Debate Over US China Strategy", *Survival: Global Politics and Strategy*, Vol.57, No.3, June–July 2015, pp.90–91.

② David M. Lampton, "A Tipping Point in U.S.–China Relations is Upon Us", US–China Perception Monitor, http://www.uscnpm.org/blog/2015/05/11.

③ Harry Harding, "Has U.S. China Policy Failed?", *The Washington Quarterly*, Vol.38, No.3, Fall 2015, p.96.

④ Youwei, "The End of Reform in China: Authoritarian Adaptation Hits a Wall", *Foreign Affairs*, Vol.94, No.3, May/June 2015, pp.2–7.

其二,从现实层面上讲,中国近年在外交上充分体现的大国自信与奋发有为,在美国看来是挑战其全球领导力、对美国构成现实的战略威胁。大国自信是近几年美国学术界对中国外交的新评价。2011年,普林斯顿大学教授柯庆生(Thomas Christensen)在《外交》期刊上发表的一篇分析中国大国自信的文章中指出,自2010年以来,中国在对外政策中日趋强势,显示出更多的自信,其主要原因是2008年全球金融危机以来,中国的崛起与美国的衰落导致中国修复其对外大战略。①2013年,哈佛大学教授江忆恩(Alastair Iain Johnston)在《国际安全》期刊发表长篇宏论,深入分析了2008年国际金融危机以来的中国大国自信问题,江忆恩将中国的这种自信定义为"新自信"(new assertiveness)。②2015年秋季号的《华盛顿季刊》同时发表两篇探讨中国大国自信的文章。文章之一出自弗里德伯格之手。弗里德伯格重点从大国自我中心主义、中国凝聚国内政治力量需要以及战略考量等三方面分析了中国大国自信的原因。③文章之二出自乔治城大学助理教授奥琳埃娜·史凯乐·麦斯楚(Oriana Skylar Mastro)之手。麦斯楚认为,中国提出反地区介入战略(anti-access/area denial strategy),倡导积极防御、奋发有为的对外政策将长期延续,并

---

① Thomas J. Christensen, "The Advantages of an Assertive China", *Foreign Affairs*, Vol.90, No.2, March/April 2011, pp.54-55.

② Alastair Iain Johnston, "How New and Assertive is China's New Assertiveness?" *International Security*, Vol.37, No.4, Spring 2013, pp.7-48.

③ Aaron L. Friedberg, "The Sources of Chinese Conduct: Explaining Beijing's Assertiveness," *The Washington Quarterly*, Vol.37, No.4, Winter 2015, pp.133-150.

指出美国应该针对中国的这种大国自信在对华战略方面做出相应的调整。①
美国对外关系委员会亚洲研究中心主任伊丽莎白·伊科诺米（Elizabeth E-
conomy）对中国近几年的这种大国自信也表示担忧。在伊科诺米看来，习近平
时代中国民族主义的言辞与极富自信心的军事姿态对美国的地区利益构成
威胁。所以美国应该支持在亚太保持强大军事存在的亚太再平衡战略，以遏
制中国在该地区的进攻性战略。②就美国对华政策动态而言，2015年美国学术
界推出的两份最新对华战略报告尤其引人注目。报告之一出自澳大利亚前总
理陆克文（Kevin Rudd）之手。陆克文在为哈佛大学贝尔弗中心提交的研究报
告中指出，美国方面认为，中国将长期威胁美国利益——这种观点正在复苏，
且许多人将"长期来看"替换为"逐渐逼近"，理由即是中国近期在海洋和领土
主权问题上采取的强硬措施。报告认为，崛起的中国对于美国而言不再是"一
切照旧"。基于中国正在加强其将美国赶出亚洲的长期政策，以及建立其自身
在该区域的战略影响的假设，美国在亚洲的政治、外交和安全政策领域正将
中国视为活跃的竞争对手。③报告之二出自哈佛大学教授罗伯特·布莱克威尔
（Robert Blackwill）与卡内基国际和平基金会研究员阿什利·特利斯（Ashley J.
Tellis）之手。该报告认为，过去数十年的美国对华接触政策导致了中国对美国
国家安全的挑战，而美中并非是一种合作伙伴关系。华盛顿当前的对华大战

① Oriana Skyler Mastro, "China's Assertiveness Is Here to Stay", *The Washington Quarterly*, Vol. 37, No.4, Winter 2015, pp.151-170.

② Elizabeth Economy, "China's Imperial President: Xi Jinping Tightens His Grip", *Foreign Affairs*, Vol.93, No.6, November/December 2014, pp.88-91.

③ Kevin Rudd, "The Future of U.S.-China Relations Under Xi Jinping: Toward a New Framework of Constructive Realism for a Common Purpose", Belfer Center for Science and International Affairs, April 2015.

略,即将中国的经济与政治整合并融入自由国际秩序,是以损害美国在全球的优势地位与长远的战略利益为代价的,这种大战略在今天看来存在严重的危险性。报告认为,中国是美国最值得注意的竞争者,美国应淡化对华合作,美国对中国一项新的大战略应该是以平衡中国崛起而不是继续帮助其崛起作为中心任务。①尽管这些研究报告并不能代表美国政府的态度,但这至少体现出美国战略界与当时的奥巴马政府的对华政策存在明显分歧。澳大利亚国立大学教授休·怀特(Hugh White)在评价这两份报告时指出,来自美国对外政策分析领域的两份核心报告认为,中国对美国亚洲领导地位的挑战是一种现实,美国在亚洲的政策应该根本性的转变,以应对这种现实。两份报告都认为,中国经济崛起标志着亚洲实力格局发生着根本性的转变。②

美国对华战略的"理论困境"与中国在对外战略方面所表现出的大国自信导致美国学术界对现行的对华政策持怀疑与失望态度,强调以对华合作为主的呼声日益受到对华竞争为主的鹰派挑战。美国知名中国问题专家沈大伟(David Shambaugh)认为,当今的中美关系是一种所谓的合作式竞争(coopetition)。但中美关系中的竞争因素正在不断增多,并已经成为主要方面,而合作因素不断下降,退居第二位。所以,目前的中美关系可以称为竞争共处(competitive

---

① Robert D.Blackwill and Ashley J.Tellis, "Revising U.S. Grand Strategy Toward China," Council on Foreign Relations, Council Special Report, No.72, March 2015, pp.1–21.

② Huge White, "America's China Consensus Slowly Unravels", The Interpreter, http://www.lowyinterpreter.org.

coexistence）。①在沈大伟看来,中美两国政府对潜在的世界秩序观存在着巨大的分歧:美国试图扩展自由秩序,而中国对美国倡导的自由秩序观持不同的看法,经常反对这种自由秩序。②在这种情况下,美国对华强硬派坚持认为,美国应该抛弃对华友好与合作的幻想,加强在亚洲的军事与外交存在,强化与盟国的同盟体系,对北京施加压力。

四、相互塑造与中美正和关系

20世纪90年代的美国展开了对华政策大讨论。美国面对着一个实力有限,仅具有潜在威胁的中国,所谓的中国威胁还是一个遥远的将来时。当时,美国对华大战略中的"接触"含有"改造"中国的深层用意。20年后的今天,美国面对着一个日益强大但依然迥异于美国政治体制的中国,认为"改造"无望。因此,学术界开始不断反思对华政策,对传统的对华政策提出质疑。"十字路口论"就充分体现出美国学术界对华战略存在的这种焦虑与分歧。长期以来,中美学术界就两国关系持一种乐观看法,即中美关系好也好不到哪去,坏也坏不到哪去。但是今天中美关系存在临界点的这种现实可能性导致传统的中美关系乐观论需要重新反思,如何正确化解中美矛盾成为一个具有现实意义的重大课题。在此,笔者仅提出一种思路框架供学界参考。

---

① David Shambaugh, ed., *Tangled Titans: The United States and China*, Lanham, Maryland: Rowman & Littlefield Publishers, Inc., 2013, pp.4-5.

② Ibid., p.21.

第一,正确认识权力、规则与合法性之间的辩证关系。国际秩序是近两年学界讨论的热门议题之一,但如何理解与界定国际秩序的内涵,学界并没有给出一个令人满意的答案。如何构建国际秩序,人类历史的经验与智慧告诉我们有两种现实的选择:现实主义的国际秩序观与自由主义的国际秩序观。人类早期强调以权力为基础的现实主义国际秩序观,这种国际秩序观主张以权力为基础,或强调多极均势或主张单极霸权。进入19世纪之后,在自由主义思想的影响下,英国,继之是20世纪的美国,强调以规则为基础的国际秩序观,强调规则而并非权力在构建国际秩序中的重要性。这种国际秩序观的构建是人类的一大进步。但是现实世界中的国际秩序是权力与规则共同作用的结果,是现实主义与自由主义秩序观的"中和"。国际秩序既要依靠权力作为基础,也要依靠规则来运行,无论是权力还是规则,又都需要塑造一种合法性的"外衣",从而使权力与规则具有一定的"群众基础"。也就是说,无论是权力秩序还是规则秩序,都必须赢得"他者"的同意——至少是形式上的同意。所以,现实主义的权力秩序与自由主义的规则秩序都必须建立在某种合法性的基础之上,这样的国际秩序才具有稳定性。具体到冷战结束以来的国际秩序,美国作为唯一的超级大国,对后冷战时期的国际秩序具有主导性。美国按照自己的政治逻辑塑造了20世纪的国际秩序,并希望继续引领21世纪的国际秩序,但是全球权力向以中国为代表的新兴经济体的转移导致美国无法拥有足够的实力来支撑原有的国际秩序。所以美国应该顺应全球权力转移这种现实,放弃固有的国际秩序观。作为新兴大国的中国在经济实力不断增强的情况下,应该认识到权力与规则的天秤向自己一侧不断倾斜的这种现实趋势,在追求与之相称的权力与规则、参与构建国际秩序之际,应该有足够的战略定力。怀特认为,美国与中国都面临着在权力与秩序之间如何做出权衡的难题。对于美国而言,死抱权力不放,亚洲最终会陷入失序与混乱;对于中国而言,追求更多的权力,世界,尤其是亚洲也会失序。[1]在怀特看来,面对中国的崛起,美国有三种选择:其一,抵制中国的挑战,维持在亚洲的霸权地位。其二,在亚洲实施战略性退缩,将亚洲的霸权地位让给中国。其三,与中国分享权力,在亚洲确立自己的新身份。作者认为,美国从亚洲实施战略退缩,亚洲将陷入一片混乱。美国抵制中国的挑战,与中国在亚洲进行战略竞争,其成本与代价高昂,并最终导致两败俱伤。美国与崛起的中国在亚洲共同分享权力是一种双赢战略。[2]针对美国不愿与中国进行战略妥协的这种可能性怀特认为,美国不能总是生活在高尚的理想之中。通过对美国历史的回顾怀特认为,美国对外政策史向人们呈现了一幅相当复杂的画卷,它告诉人们,美国并非总是依靠理想与他国相处。美国在对外政策方面所取得的绝大多数成就是通过耐心、开放性与灵活的谈判与妥协获取的。怀特赞赏小罗斯福、尼克松、基辛格等人处理对外政策的思路,主张美国应该学会与他国分享权力。[3]卡耐基国际和平基金会研究员迈克尔·斯温(Michael P. Swaine)认为,美中两国如果不通过彼此妥协有所缓和,很可能滑向零和或对抗。所以美国应该承认权力格局发生变化的现实,对中国在全球权力格局中的变化正面承认,美中之间

---

[1]　Hugh White, *The China Choice: Why We Should Share Power*, Australia: Black Inc., 2013, p.169.

[2]　Ibid., pp.98–104.

[3]　Ibid., pp.158–159.

进行战略对话,达成战略交易,以实现新的权力平衡。①乔治·华盛顿大学教授查尔斯·格拉泽(Charles L. Glaser)甚至认为,面对着中国的崛起,美国对外政策做出根本性的修订是必须的。美国应该与中国在结束对台湾的承诺,中国在东海与南海用和平的外交手段解决领土、领海争端,中国承认美国在东亚长期的安全作用等方面进行战略性的谈判。②斯坦伯格在分析美国对华政策时指出,美国对中国的评价沿着两极化的光谱展现:一极坚持认为美国注定要维持其全球霸权地位,并抵制中国的崛起。另外一极认为,美国准备与中国分享权力,这或许是基于美国衰落的必然性,或许是基于对当代国际体系正和观(positive-sum views)的一种选择。③兰普顿也强调美中之间和解的重要性。在他看来,从根本上讲,美国不得不重新思考它在全球的优势地位,中国必须重新定位它对自身实力的感觉以及这种实力应该享有的权利。和解与妥协是大方向,两国必须现实主义地看待自身的实力。④

　　第二,相互塑造与构建中美正和关系。美国对中国的政策有多种选择,按照何汉理的说法,当今的美国对华战略大讨论主要有三种观点:其一,维持现状,即接触与整合战略。其二,强硬政策,奉行对华制衡战略。其三,成交战略,

①　Michael D.Swaine, *America's Challenge:Engaging a Rising China in the Twenty-First Century*, Washington, DC:Carnegie Endowment for International Peace,2011.

②　Charles L. Glaser, "A U.S.-China Grand Bargain? The Hard Choice Between Military Competition and Accommodation", *International Security*,Vol.39,No.4,Spring 2015,pp.49-50.

③　James Steinberg and Michael E. O'Hanlon, *Strategic Reassurance and Resolve:U.S.-China Relations in the Twenty-first Century*,Princeton,New Jersey:Princeton University Press,2014,p.44.

④　David M. Lampton, "A Tipping Point in U.S.-China Relations is Upon Us," US-China Perception Monitor,http://www.uscnpm.org/blog/2015/05/11.

通过战略交易容纳中国崛起。何汉理认为,对中国持强硬政策的鹰派只是少数,更多的人尽管不同意此观点,但还没有就对华政策达成新的共识。一项更为积极的说法是,美国对华政策是正确的,但没有得到很好的贯彻。①何汉理的分析只是一家之言。事实上,多元化的美国政治以及美国战略界对现行对华政策的失望决定了鹰派对美国对华政策的影响力不可小觑。但是如何构建中美新型大国关系是一个世纪性难题,全球化的时代特点以及中美经贸关系的相互依赖决定了中美两国必须摆脱"修昔底德陷阱",构建正和而非零和的双边关系。如果按照美国鹰派的对华政策逻辑,未来的中美关系只能走向冲突与对抗。所以,鹰派的对华政策是一种"惰性思维",是一种回避问题的"鸵鸟政策"。杰弗里·贝德在批评这种惰性思维时指出,"一件事变得更难,不代表不应该去做",他认为将对方看作对手的思维是一种非常懒惰的惰性思维。美中两国要寻求合作往往需要艰苦努力,而认定对方是对手则简单得多,但也会有更多错误。②兰普顿在《美中相互塑造对方的选择》一文中也认为:"如果我们营造一个对华很不友好的氛围,中国也会做出很不友好的回应,即我们会制造出来自中国的敌意,而这不符合我们的利益。我认为美中在相互塑造对方的选择,中国也在塑造我们的选择,所以我们需要去营造一个有利于合作、有利于减少问题的环境。"③柯庆生在最新出版的《中国的挑战》一书中指出,对于美国及其盟国而言,对华政策的首要目标绝不能是遏制中国的崛

---

① Harry Harding, "Has U.S. China Policy Failed?", *The Washington Quarterly*, Vol.38, No.3, Fall 2015, pp.104–107.

② 杰弗里·贝德:《选择跟中国对抗是惰性思维》,载《环球时报》,2015 年 9 月 2 日第 7 版。

③ 兰普顿:《美中在相互塑造对方的选择》,载《环球时报》,2015 年 9 月 17 日第 7 版。

起,而应该是塑造与影响中国的选择,引导中国民族主义的雄心走向与世界合作而非对抗的轨道。作为世界第二大经济体,中国的发展对世界至关重要,太平洋两岸的两个巨型国家都应该从彼此的繁荣与稳定中受益。他认为,自小布什政府以来开创的美中两国战略与经济对话,对于塑造中国、促使中国融入世界方面发挥了重要的作用。①因此,中美学界都应该肩负起塑造两国正和关系的重任。

对于中国而言,在实现百年中国梦的进程中必须戒骄戒躁,防止传统大国在崛起进程中被极端民族主义所绑架的历史悲剧重现。民族主义是一把双刃剑,极端民族主义只能误导民众,将中美关系引向冲突的边缘。同时,我们还应该认识到,中国作为一个世界大国,日益成为影响世界的一个重要变量,中国国内的经济与政治发展日益成为其他国家制定内外政策的重要参考,正如中国外交史专家章百家所言,中国通过改变自己,影响世界。②在这种形势下,中国正在逐渐从中美关系与国际秩序的被动塑造者转变为主动塑造者。中国学术界应该加强对中美关系的正向塑造,引领当今中美关系的"十字路口论"向正和方向发展,在建构中美关系的话语权方面做出积极努力。

---

① Thomas J. Christensen, *The China Challenge: Shaping the Choices of a Rising Power*, New York: W.W.Norton & Company, 2015, pp.xviii–xxii.

② 章百家:《改变自己 影响世界——世纪中国外交基本线索刍议》,载《中国社会科学》,2002年第1期。

美国战略界对华政策反思及其认知误区 *

近几年,中国综合国力的迅猛提升及其在国际事务中影响力的增强对作为世界超级大国美国的领导地位构成巨大的心理冲击,所以美国政界与学界不断就现有的美国对华政策进行激烈辩论与反思,反思的结果:现有的美国对华政策应该有所调整,但如何调整,又缺乏广泛共识。本文首先提出美国战略界新一轮的对华政策"十字路口论",然后重点就近几年美国战略界对华政策反思中的"改造论"与"遏制论"进行深入解读与剖析,最后从学理层面分析这种对华政策的认知误区。

---

* 本文原载于《太平洋学报》2016 年第 6 期,收入本书时进行过部分修订。

一、美国战略界的对华政策"十字路口论"

近几年,美国对华政策的辩论以"十字路口论"为特点,在美国战略界表现尤为突出。奥巴马政府前副国务卿詹姆斯·斯坦伯格(James Steinberg)与布鲁金斯学会研究员迈克尔·奥汉隆(Michael O'Hanlon)在合著的《战略再确保与战略决心》一书中指出,美中两国的政策制定者与分析家正在承认这样一个事实,即美中关系处于一个十字路口。自尼克松历史性的访问以来,主要以友好关系为特征的美中第一个40年的双边关系已经过去,太平洋两岸对双边关系不断增加的、相互理解的那种最美好的日子也许会成为幻觉。斯坦伯格认为这种担心是有充分理由的。在他看来,除非美国与中国承认这种危险是由于它们本能性的竞争属性所致,承认两国关系富有活力,并发展一种成熟的战略以及相关联的政策以应对那些危险,否则,这种担忧也许会成为现实。为了防止美中关系进一步恶化,斯坦伯格提出了"战略再确保"(strategic reassurance)的新观点。他认为,美中双方都应该向对方确保它试图合作的意图,每一方都需要向对方表明其捍卫至关重要的利益时必要的决心与能力。[①]美国普林斯顿大学教授阿伦·弗里德伯格(Aaron Friedberg)认为,自20世纪90年代以来,尽管华盛顿的对华战略偶尔也存在争议,在对华接触与制衡的政策轨迹上也有小幅微调,但在过去的四分之一世纪中,美国政府还是继续

---

① James Steinberg and Michael E. O'Hanlon, *Strategic Reassurance and Resolve:U.S.-China Relations in the Twenty-first Century*, Princeton, New Jersey: Princeton University Press, 2014, p.203.

奉行这一政策。而最近几年,美国政府就这一战略的充分性与持久性提出质疑。①弗里德伯格认为,新中国成立以来的美国对华政策分为鲜明的"三个 20 年":第一个 20 年(1949—1969),美国对中国奉行孤立与遏制政策。第二个 20 年(1969—1989),美国对中国的政策指针摆向相反的方向,两国基于共同的对手——苏联建立了战略合作关系。第三个 20 年(1989—2009),美国对华政策在合作与竞争之间寻求混合政策。一方面,美国通过贸易与外交关系寻求一种与中国的接触政策;另一方面,美国寻求一种并非像冷战时期那样基于遏制,而是为了美国及其盟国的利益,对华奉行一种制衡政策。这种政策事实上是一种遏制–接触政策(congagement)。现在,美国战略家面临的问题是,面对中国显著的上升趋势,美国的这种政策是否还要继续维持下去。②奥巴马政府前国家安全委员会东亚事务高级顾问杰弗里·贝德(Jeffrey Bader)对美中关系的这种悲观论表示担忧,贝德认为,亚太地区持续多年的和平得益于尼克松、基辛格与中国领导人的和解,以及此后双方领导人对双边关系良性发展持续性的培育。但近期美国对外政策专家在大众传媒上就美中关系的评论促使人们不能不得出这样的结论:美中合作关系正面临被拆散的危险境地。贝德指出,许多美国对外政策专家认为,自尼克松以来八届美国总统的对华政策已经过时。美国认识到与中国就西太平洋地区美国的主导地位寻求战略和解是不可能的,美国应该认同一种观点,即伴随美中合作关系的消退,美中关

---

① Aaron L.Friedberg, "The Debate Over US China Strategy", *Survival:Global Politics and Strategy*, Vol.57, No.3, June–July 2015, p.90.

② Aaron L. Friedberg, *A Contest For Supremacy:China, America, and the Struggle for Mastery in Asia*, New York and London:W.W.Norton & Company, 2011, pp.58–59.

系应该建立在竞争的基础之上。①美国资身中国问题专家何汉理（Harry Harding）在 2015 年秋季号的《华盛顿季刊》撰文指出，最近几年，美国国内涉及对华不满的书籍、研究报告、文章雪崩般涌现，它们建议改变目前的对华政策，从而对美国的对华政策构成挑战。当前美国就几十年以来——也许是自 20 世纪 60 年代中期就美中关系正常化进行严肃认真的讨论以来——对华政策正进行着最激烈的讨论，有些讨论的内容甚至令人回想起 20 世纪 50 年代关于"谁丢失了中国"的那场对华战略大辩论。何汉理认为，目前的对华政策大讨论主要局限于学界，但伴随着 2016 年美国总统大选的临近，候选人会将中国问题作为竞选获胜的热门议题借题发挥，未来的当选总统也许会改变对华政策。因为，目前的对华政策被广泛认为是失败的，要求对华采取强硬政策的呼声正在出现。如果这种观点主宰了这场对华大辩论，美中关系将会显著地恶化。②尽管何汉理不同意美国海军学院教授莱尔·戈尔茨坦（Lyle Goldstein）提出的美中关系"灾难边缘论"，③但他认同大家一致的看法，即美中关系正变得日益恶化，并有冲突的可能性，尽管这种冲突的可能性仍然较低，但正在发酵。这种现实增加了美方认为现有的美国对华政策是失败的，并需要重新考虑，也许需要重大修改的看法。④在这种情况下，美国著名的知华派专家

---

① Jeffrey Bader, "Changing China policy: Are we in search of enemies?", John L.Thornton China Center at Brookings, Strategy Paper 1, June 2015.

② Harry Harding, "Has U.S. China Policy Failed?", *The Washington Quarterly*, Vol.38, No.3, Fall 2015, p.95.

③ Lyle J.Goldstein, *Meeting China Halfway: How to Defuse the Emerging US-China Rivalry*, Washington DC: Georgetown University Press, 2015, p.2.

④ Harry Harding, "Has U.S. China Policy Failed?", *The Washington Quarterly*, Vol.38, No.3, Fall 2015, p.101.

兰普顿(David Lampton)提出美中关系"临界点论",并希望美中两国发表第四份联合公报是有充分依据的。①

面对中国的崛起,美国战略界出现新一轮的对华政策大辩论,反思近些年的美国对华政策,提出中美关系"十字路口论"是有其必然性的,这种必然性体现在理论与现实两个层面。

二、美国战略界对华政策反思之一:"改造失败论"

从理论层面上讲,美国认为冷战结束以来的对华接触与"改造"中国的政策是失败的。冷战结束以来,美国的全球战略突出体现在克林顿政府时期制定的"参与与扩展战略"(Strategy of Engagement and Enlargement),在这种大战略背景下,美国对华战略试图通过接触,将意识形态不同于美国的中国纳入美国主导的自由国际秩序之中。美国的这种接触与"改造"政策在克林顿政府时期体现得最为明显。克林顿政府时期,美国利用中国迫切希望加入世界贸易组织,将针对中国的"最惠国待遇"与人权问题挂钩,以此要挟中国,试图通过经济与社会接触促使中国朝着美国所设想的方向进行政治民主化改革。无论是克林顿政府的"战略合作伙伴关系"还是小布什政府的"建设性合作关系",美国对华大战略的总体思路没有变化,即通过接触、"改造"与"驯服"支持中国进行改革开放, 促使中国朝着美国所设想的方向进行政治民主化改

---

① David M. Lampton, "A Tipping Point in U.S.–China Relations is Upon Us", US–China Perception Monitor, http://www.uscnpm.org/blog/2015/05/11.

革,美国斯坦福大学教授亨利·罗恩(Henry Rowen)甚至计算出中国民主转型的具体时间表。①小布什政府时期,美国认为对华接触政策初见成效,中国已经融入美国主导的国际秩序,成为现行制度与规则的主要受益者,美国应该向中国施加压力,促使中国成为现行秩序的"利益攸关方"。但是中国发展的方向并没有按照美国"设定"的轨迹向前推进,中国经济的高速发展反倒促使中国提出道路与制度自信,抵制西方的普世价值。弗里德伯格指出,美国国内有一种共识认为,随着中国不断改革开放,经济持续增长,中国的中产阶级会不断增多,中产阶级在经济自由之外必然会要求政治自由,这样,中国大陆会像韩国一样步入自由民主社会行列。民主转型之后一个自由民主的中国必然不会与美国发生激烈的安全冲突。但今天中国社会的发展出乎美国的设想,中国共产党仍然牢固地掌握着国家政权,美国最初所设想的中国民主转型之路现在看来遥遥无期,中美之间的意识形态分歧没有任何改观。②弗里德伯格在最新发表的一篇文章中再次强调,当今的中国比1989年远为富足,但中国并没有更为民主化。相反,自2012年习近平上台以来,中国对国内管控更为严格。美国长期的对华接触战略并没能促使中国进行政治改革,中国距离美国所期望的政治改革进程更为遥远。③弗里德伯格认为,如果中国继续沿着目

---

① Henry S. Rowen, "The Short March:China's Road to Democracy", *The National Interest*, Vol.45, Fall 1996, pp.61–70.

② Aaron L. Friedberg, *A Contest For Supremacy:China, America, and the Struggle for Mastery in Asia*, New York and London:W.W. Norton & Company, 2011, pp.49–51.

③ Aaron L.Friedberg, "The Debate Over US China Strategy", *Survival:Global Politics and Strategy*, Vol.57, No.3, June–July 2015, pp.90–91.

前的轨迹发展的话,将会更加富有、强大,但没有民主化,美中无言的竞争将会公开化,更加危险。弗里德伯格担忧,自 19 世纪 80 年代美国取代英国成为世界工厂以来,美国将面对着一个全新的、经济规模超过自己的竞争对手的挑战。20 世纪,美国主要依据意识形态将世界分为两大阵营,但今天的中国是美国重要的贸易伙伴,但又非民主国家,即中国既非可信任的朋友,又非持剑的敌人。除了物质层面明显的挑战之外,中国崛起对美国战略家还构成了严峻的思想挑战。因此,在美方看来,美国对华战略的共识正在侵蚀。①弗里德伯格是美国对华强硬派的代表人物之一,其所阐述的"改造失败论"在美国学术界具有一定的普遍性。

兰普顿也深刻地认识到美国学界对华战略的这种细微转变。他指出,自 2010 年以来,美中关系正常化以来的美国对华政策开始出现一些转变,美国对中国的担心开始超过对中国的期望。他认为过去的政策没有坍塌,但正在受到削弱。他担心的是,两国精英与民众对两国关系的讨论正在从传统的重心向更为极端的分析与政策建言方面倾斜,而这种倾斜仅是为了满足两国精英与民众都倾向于对对方采取更为强硬的政策的需求。在兰普顿看来,造成上述问题的潜在原因是,自 1978 年以来,美国对中国大致形成的认识(尽管从来没有普遍性的分享)正日益受到侵蚀。这种认识是,中国自 1978 年以来的社会、经济等政策应该朝着"积极的方向"发展,即中国中产阶级不断壮大并融入世界会产生普世的价值观。但是中国不断壮大,却并没有向美国政治

---

① Aaron L. Friedberg, *A Contest For Supremacy:China, America, and the Struggle for Mastery in Asia*, New York and London:W.W. Norton & Company, 2011, pp.4–5.

精英所设想的那样以经济市场化推动政治民主化,中国发展成为国家资本主义,而并非民主资本主义。中国在经济层面与世界的相互依存并没有导致中国在安全层面与世界的相互依存。兰普顿认为,从根本上讲,美国开始不得不重新思考它在全球的优势地位。最近几年可以感觉到,美国对中国内外政策的评价几乎达到一个"临界点(Tipping Point)"。①美国《外交》期刊 2015 年第 3 期的一篇文章甚至提出"中国改革停滞论"的论调。文章认为,中国 30 年的改革进程中能改革的都改了,剩下的都是非常难啃的硬骨头。随着改革的深入,中国国内出现了强大的既得利益集团,它们反对改革的继续推进。另外,多年的经济高速发展积累了大量的矛盾,导致了许多有争议的社会问题,中国政府出于维护现有体制稳定的需要,不愿推进改革的深入。尽管中国在对外宣传方面始终强调改革,在某些方面也做了一些努力,但总的来说,正如一句中国谚语所言:"雷声大,雨点小"。所以,自邓小平时代以来中国开创的改革大业在事实上已陷入停滞,甚至后退。②《外交》是美国对外政策方面最具影响力的期刊,其观点具有一定的半官方色彩。"中国改革停滞论"在《外交》上的提出,至少体现了部分美国学界精英对中国推进政治、经济与社会深层次改革的一种失望,这种失望情绪有可能影响到美国的对华接触政策。

---

① David M. Lampton, "A Tipping Point in U.S.–China Relations is Upon Us", US–China Perception Monitor, http://www.uscnpm.org/blog/2015/05/11.

② Youwei, "The End of Reform in China: Authoritarian Adaptation Hits a Wall", *Foreign Affairs*, Vol.94, No.3, May/June 2015, pp.2–7.

三、美国战略界对华政策反思之二:"遏制失败论"

从现实层面上讲,美国认为多年的对华遏制战略并不成功,中国外交中体现出的大国自信对美国全球领导力构成了新的挑战。

大国自信是近几年西方学术界对中国外交的新评价。2011 年,普林斯顿大学教授、小布什政府时期曾任负责东亚与太平洋事务的助理国务卿帮办汤姆斯·柯庆生(Thomas Christensen)在《外交》期刊上发表的一篇分析中国大国自信的文章中指出,2010 年以来,中国与周边国家的关系不断恶化。例如,中方要求日方就中日海上冲突道歉,时任中国外交部部长杨洁篪在东盟地区论坛上警告东盟国家不要在南海主权争议中与域外大国联合起来,所有这些表明中国在对外政策方面具有更多的自信。在柯庆生看来,自 2008 年全球金融危机以来,中国的崛起与美国的衰落导致中国修复其对外大战略,在对外政策方面显示出更多的自信。他认为,北京"好斗"的对外政策举措源于被过于夸大的、基于中国崛起所引发的国内大众民族主义膨胀心态对中国政府对外政策施加的压力,以及中国国内严峻的政治不安定现实。[1] 2013 年,哈佛大学教授江忆恩(Alastair Iain Johnston)在《国际安全》期刊上发表长篇宏论,深入分析了 2008 年金融危机以来中国的大国自信问题, 江忆恩将中国的这种自

---

[1]　Thomas J. Christensen, "The Advantages of an Assertive China", *Foreign Affairs*, Vol.90, No.2, March/April 2011, pp.54–55.

信定义为"新自信(new assertiveness)"。① 2015 年秋季号的《华盛顿季刊》同时发表两篇探讨中国大国自信的文章。文章之一出自弗里德伯格之手。弗里德伯格认为,中国近年来对邓小平"韬光养晦"战略的重新认识,对美国对台军售以及美国总统会见达赖喇嘛威胁采取经济制裁的做法,在东海以及南海问题上的强硬立场都充分体现了中国政府的大国自信。弗里德伯格重点从大国自我中心主义、中国凝聚国内政治力量需要以及战略考量等三方面分析了中国大国自信的原因。②文章之二出自乔治城大学助理教授奥琳埃娜·史凯乐·麦斯楚(Oriana Skylar Mastro)之手。麦斯楚认为,中国提出反介入/区域拒止战略(anti–access/area denial strategy),倡导积极防御、奋发有为的对外政策将长期延续,并指出,美国应针对中国外交的这种大国自信在对华战略方面做出相应的调整。③美国对外关系委员会亚洲研究中心主任伊丽莎白·伊科诺米(Elizabeth Economy)对中国近几年的这种大国自信也表示担忧。在伊科诺米看来,权威主义与"军国主义"的中国政府的对外政策举措对美国领导的自由国际秩序构成直接的挑战。习近平时代中国民族主义的言辞与极富自信心的军事姿态对美国的地区利益构成威胁。2014 年 5 月,习近平在亚信会议上指出,亚洲事情由亚洲人处理,亚洲困难由亚洲人来解决,亚洲安全由亚洲人来

---

① Alastair Iain Johnston, "How New and Assertive is China's New Assertiveness?", *International Security*, Vol.37, No.4, Spring 2013, pp.7–48.

② Aaron L. Friedberg, "The Sources of Chinese Conduct: Explaining Beijing's Assertiveness", *The Washington Quarterly*, Vol.37, No.4, Winter 2015, pp.133–150.

③ Oriana Skyler Mastro, "China's Assertiveness Is Here to Stay", *The Washington Quarterly*, Vol. 37, No.4, Winter 2015, pp.151–170.

处理。这些话触及了美国人的敏感神经。因此,美国应该坚持在亚太保持强大军事存在的重返亚太战略以遏制或对抗中国在该地区的进攻性战略。但伊丽莎白·伊科诺米又反对华盛顿方面将美中关系定位为竞争关系的观点,认为将中国视同竞争对手或敌人只能迎合中国的反西方需要,破坏那些推动中国现代化的社会力量,无助于提升美中双边合作,只会更多地降低美国身段。①就美国对华政策动态而言,2015年美国战略界发表的两份最新对华战略报告尤其引人注目。报告之一出自澳大利亚前总理陆克文(Kevin Rudd)之手。在哈佛大学从事研究期间,陆克文为哈佛大学贝尔弗中心提交的研究报告中指出,美国方面认为中国将长期威胁美国利益——这种观点正在复苏,且许多人将"长期来看"替换为"逐渐逼近",理由即是中国近期在海洋和领土主权问题上采取的强硬措施。美国对习近平主政之中国的战略认识和反应正处于一个过渡期,崛起的中国对于美国而言不再是"一切照旧"。基于中国正在加强其将美国赶出亚洲的长期政策,以及建立其自身在该区域的战略影响的假设,美国在亚洲的政治、外交和安全政策领域正将中国视为活跃的竞争对手。②尽管陆克文是澳大利亚人,但其政见与美国政治精英有着更多的相通性,他为哈佛大学提交的这份研究报告至少反映了美国战略界部分人的对华认知。报告之二出自美国前驻印度大使、哈佛大学教授罗伯特·布莱克威尔(Robert

---

① Elizabeth Economy, "China's Imperial President:Xi Jinping Tightens His Grip", *Foreign Affairs*, Vol.93, No.6, November/December 2014, pp.88-91.

② Kevin Rudd, "The Future of U.S.-China Relations Under Xi Jinping:Toward a New Framework of Constructive Realism for a Common Purpose", Belfer Center for Science and International Affairs, April 2015.

Blackwill）与卡耐基国际和平基金会研究员阿什利·特利斯（Ashley Tellis)之手。该报告主张,美国应该实质性地修改现行的对华大战略。报告认为,过去数十年的美国对华接触政策导致了中国对美国国家安全的挑战,而美中并非是一种合作伙伴关系。华盛顿当前的对华大战略,即将中国的经济与政治整合并融入自由国际秩序,是以损害美国在全球的优势地位与长远的战略利益为代价的。这种大战略在今天看来存在严重的危险性。未来几十年中,中国是美国最值得警惕的竞争者,华盛顿与北京之间存在长期战略竞争关系的可能性较高。中国的对外大战略在于安抚周边,巩固与加强在国际体系中的地位,取代美国成为亚洲最主要的大国。因此,美国对中国一项新的大战略应该是以平衡中国崛起而不是继续帮助其崛起作为中心任务的。报告强调,美国应该淡化对华强调支持与合作,而增加压力与竞争,减少对冲而加强反击,美中竞争关系应该成为新常态。报告呼吁,尽管中东骚乱、俄罗斯与美国关系紧张,美国还是应该集中精力管理未来数年中国崛起对美国最大的战略挑战。①陆克文为哈佛大学贝尔弗中心提交的研究报告,尤其是布莱克威尔与特利斯为美国对外关系委员会提交的研究报告具有重要的现实影响力。尽管这些研究报告并不能代表美国政府的立场,但这至少体现出美国战略界对现行的美国对华政策存在明显分歧。澳大利亚国立大学教授休·怀特（Hugh White)在评价这两份报告时指出,来自美国对外政策分析领域的两份核心报告认为,中

---

① Robert D.Blackwill and Ashley J.Tellis,"Revising U.S. Grand Strategy Toward China,"Council on Foreign Relations,Council Special Report,No.72,March 2015,pp.1–21.

国对美国亚洲领导地位的挑战是一种现实,美国在亚洲的政策应该有根本性的转变以应对这种现实。两份报告都认为,中国经济崛起标志着亚洲实力格局发生着根本性的转变。中国领导人,尤其是习近平领导下的现政府决心利用中国增加的实力改变亚洲秩序,以有利于中国。所以,美国与澳大利亚对华主流性的共识正在被侵蚀。①

中国对外政策方面所体现的大国自信与奋发有为导致美国战略界对现行的美国对华政策持怀疑与失望态度,强调以对华合作为主的呼声日益受到以对华竞争为主的鹰派挑战。美国知名中国问题专家沈大伟(David Shambaugh)认为,当今的中美关系是合作与竞争相互交织,是一种所谓的合作式竞争(coopetition)。但中美关系中的竞争因素正在不断增长,并已经成为主要方面,而合作因素不断下降,退居第二位。所以,目前的中美关系可以称为竞争共处(competitive coexistence)。②沈大伟指出,两国政府对潜在的世界秩序观存在着巨大的分歧:美国试图扩展自由秩序,而中国对美国倡导的自由秩序观持不同的看法,经常反对这种自由秩序。③在这种情况下,美国对华强硬派坚持认为,美国应该抛弃对华友好与合作的幻想,加强在亚洲的军事与外交存在,强化与盟国的同盟体系,对北京施加压力。

---

① Huge White,"America's China Consensus Slowly Unravels,"The Interpreter,http://www.lowyin-terpreter.org.

② David Shambaugh,ed.,*Tangled Titans:The United States and China*,Lanham,Maryland:Rowman & Littlefield Publishers,Inc.,2013,pp.4-5.

③ Ibid.,p.21.

四、美国战略界对华政策的认知误区

面对中国的日益崛起,美国战略界不断反思持续多年的对华"改造论"与"遏制论",认为"改造"中国,促进中国民主化无望;遏制中国,制约中国的发展,中国却日益强大。事实上,无论是"改造论"还是"遏制论",美国战略界都陷入了对华政策的一种认知误区,这种认知误区体现在以下两方面:

其一,建立在自由主义思维逻辑基础上的"改造论"不可能成功。"改造论"的认知逻辑是一种自由主义式的思维,美国式的自由主义认知逻辑建立在美国价值观具有普世性的基础之上。美国式的自由主义强调美国民主制度的科学性与正当性,强调以一种威尔逊主义的传教士激情对世界进行美国式的改造。这种自由主义的对外大战略构想伴随着美国国力的日益强盛,在冷战后体现得最为突出。无论是克林顿政府时期的民主扩展战略,还是近几年奥巴马政府提出的国际秩序大战略,都是这种自由主义逻辑思维的延伸。但是自由主义的对外政策在美国的外交实践中屡屡受挫,并遭到现实主义学派的指责。美国现实主义学派的著名代表人物乔治·凯南就曾认为,美国是国际法与道德观念的奴隶。美国对外政策最严重的错误在于对待国际问题的法律–道德主义的方法。①凯南认为,美国外交政策在很大程度上是受自由主义思想驱动的,而自由主义思想通常会使美国陷入困境,他甚至认为,美国的自

---

① George F. Kennan, *American Diplomacy*(60th-Anniversary Expanded Edition),Chicago and London:The University of Chicago Press,2012,p.57;p.101.

由主义传统要为 20 世纪 50 年代美国所面临的外交政策问题负主要责任。[①]
当今美国进攻性现实主义的代表人物米尔斯海默(John Mearsheimer)其至形
象地认为,美国外交中的法律–道德主义思维已经成为美国的 DNA,美国已经
无法摆脱这种思维模式。[②]具体到美国的对华政策,尽管 20 世纪初的美国对
华政策建立在"门户开放"的基础之上,强调美国对华贸易自由与机会均等,
以及尊重中国主权完整。但是美国基于对自身民主价值观的高度认同,希望
中国也建立一个共和、民主的政体。按照美国学者邹谠(Tsou Tang)的解释,美
国希望一个具有古老文明的中国变成一个现代的、民主的、基督教的国家并
追随美国的领导。[③] 20 世纪 70 年代,尽管美中关系正常化基于一种现实主义
的认知逻辑,但美国对华政策的一种自由主义潜意识还是寄希望于"改造"中
国,促使中国走美国式的民主政治之路。在许多美国人看来,尽管中国号称社
会主义,但中国实际上向往资本主义,并不断通过改革开放走向中国人向往
的资本主义之路。但伴随中国经济规模的不断壮大,中国开始提出所谓的"北
京共识",并大有取代"华盛顿共识"之趋势。这样,美国开始意识到一个强调
制度与道路自信的中国与美国当初所设想的民主化改造之路渐行渐远。中国
改革开放的社会实践证明,美国自由主义者所设想的"改造论"是无法奏效
的,究其原因则在于美国式民主并不具有普世性。历史的实践反复证明,民主
的形式极具多样化,美国式民主弊端重重。2014 年 3 月《经济学人》期刊上一

---

① George F. Kennan, *American Diplomacy*, The University of Chicago Press, 2012, Introduction, p.x.

② Ibid., p.xxxi.

③ [美]邹谠:《美国在中国的失败(1941—1950)》,王宁、周先进译,上海人民出版社 2012 年版,
第 4 页。

篇长文指出，西方民主在全球的发展停滞了，甚至可能开始了逆转，1980 至 2000 年间，民主只是遭遇一些小挫折，进入新千年后，民主的挫折越来越多。文章认为两大原因导致了西方民主模式的挫折：一是中国的崛起，二是 2008 年开始的金融危机。[①]自 20 世纪 70 年代美国重新打开美中关系大门以来，美国对华政策中的"改造派"所设想的一个个远景都成为泡影，其原因在于美国自由主义的"改造论"本身存在着认知错觉。

其二，建立在现实主义逻辑思维基础上的"遏制论"也不可能成功。"遏制论"的认知逻辑是一种现实主义式的思维，这种认知逻辑的理论基础建立在国际社会无政府条件下国家权力的最大化诉求。具体到美国对华政策的现实主义认知逻辑，则认为中国作为新兴大国的崛起对作为守成大国的美国构成了现实威胁，所以美国国内的现实主义学派强调对华采取遏制政策。事实上，这种现实主义的认知逻辑将中美关系中的结构性矛盾历史化与固定化，而人类步入 21 世纪的全球化现实要求现实主义的"遏制论"必须摆脱 20 世纪及其以前的传统思维定式。今天的中美关系必须超越米尔斯海默等现实主义学派的逻辑推理，超越传统大国强者必霸的"修昔底德陷阱"，以一种新型大国关系的认知框架构建双边关系，必须认识到在全球化不断深化的今天，中美两国构建命运共同体的重要性。诚如基辛格所言，中美两国应该建立一个"太平洋共同体"，两国应该共同进化。[②]美国大西洋理事会高级研究员罗伯特·曼宁（Robert Manning）在评价布莱克威尔等人给美国对外关系委员会提交的战

---

① "What's gone wrong with democracy", *The Economist*, 3/1/2014, Vol.310, Issue 8876, pp.47–48.

② ［美］亨利·基辛格：《论中国》，胡利平等译，中信出版社 2012 年版，第 515~517 页。

略报告时指出,从中国是美国最大的债权国与美国在全球最大的贸易伙伴这一角度讲,布莱克威尔等人强调美国采取制衡中国的建议是荒谬而不可行的,这违背了美国 200 年前就制定的美国支持一个开放的亚洲市场的政策。①

　　美国对华政策中的"改造论"与"遏制论"之所以出现这种认知误区,其实质是西方中心主义逻辑思维的结果。中国台湾大学政治系教授、台湾研究院院士朱云汉认为,当今西方主导的全球秩序建立在三个指导思想的基础之上:一是西方中心主义,二是现实主义,三是自由主义。在朱云汉看来,全球许多冲突的根源都与这三大西方指导思想有关。②近代以来西方的崛起催生了西方中心论,西方中心论主导着西方学术界的思维认知。这种思维认知在对华政策中的体现就是认为西方的民主制度模式具有普世性与先进性,依照西方的经验与传统,中国的崛起必然难逃西方传统大国强者必霸的历史宿命。但是 21 世纪中国崛起的事实却不断冲击着西方中心主义,要求西方社会必须超越传统的西方中心主义来重新认识现实世界的发展趋势。

---

　　①　Robert A. Manning, "America's 'China Consensus' Implodes", *The National Interest*, May 21, 2015. http://www.nationalinterest.org/feature/americas–china–consensus–implodes—12938?.

　　②　朱云汉:《高思在云——中国兴起与全球秩序重组》,中国人民大学出版社 2015 年版,第 207 页。

国际秩序失序化与中国的战略思考 *

  2008 年国际金融危机爆发以来,西方学术界不断有人提出当今国际秩序的失序化问题。2016 年欧美一些国家民粹主义的兴起,尤其是美国当选总统特朗普的一些竞选言论及其任职以来的举措更加重了学术界对于国际秩序失序化的担忧。①本文首先提出后金融危机时代国际秩序的失序化,然后着重

---

  * 本文曾以"国际关系失序化与中国的战略思考"为题发表于《现代国际关系》2017 年第 6 期,收入本书时进行过局部修订。
  ① 例如,2017 年第 2 期美国《外交》期刊就"失序与国际体系的未来"发表的系列文章:Richard Haass, "World Order 2.0:The Case for Sovereign Obligation", *Foreign Affairs*, Vol.96, No.1, January/February 2017;Joseph S.Nye, Jr., "Will the Liberal Order Survive? The History of an Idea", *Foreign Affairs*, Vol.96, No.1, January/February 2017;Robin Niblett, "Liberalism in Retreat:The Demise of a Dream", *Foreign Affairs*, Vol.96, No.1, January/February 2017;Michael J. Mazarr, "The Once and Future Order:What Comes After Hegemony?" *Foreign Affairs*, Vol.96, No.1, January/February 2017;Kori Schake, "Will Washington Abandon the Order? The False Logic of Retreat", *Foreign Affairs*, Vol.96, No.1, January/February 2017.另外,英国《生存》(Survival)期刊 2016 年最后一期的封面主题即是"美国与一个失序的世界"。

从五大方面分析这种失序化的原因,文章最后就国际秩序失序化背景下中国的战略选择提出一些粗浅的认识。

一、关于后金融危机时代国际秩序失序化的争论

众所周知,由于两次世界大战,20世纪上半期的世界是一个无序化的世界。二战之后,人类总体上摆脱了这种无序化世界带来的灾难。尽管冷战开启了人类历史上典型的意识形态对峙,但以两极格局为特点的冷战时期总体还算是一个有序的世界。苏联解体、东欧剧变,人类步入了一个后冷战时期,相对于有序的冷战时期而言,无法预测的后冷战时期似乎是一个无序的世界。因此,美国前总统老布什才会在1991年提出要重塑一个新的国际秩序。美国前对外关系委员会主席理查德·哈斯(Richard Haass)在其于20世纪90年代出版的《规制主义——冷战后的美国全球新战略》一书中也认为,冷战时的世界是非常有结构的,也是有规制的,而后冷战是"失规制"的时代。他认为"国际失规制"是后冷战世界的典型特性。哈斯进而主张建立一个规制主义(doctrine of regulation)的后冷战国际秩序。①但事实证明,近20年的后冷战时期尽管局部战争不断,但总体仍然是一个相对有序的世界。在这点上,西方政界与学界总体予以肯定,但对2008年国际金融危机后的国际秩序却基本上持悲观看法。

按照美国战略学家伊肯伯里的观点,世界历史在经历了均势秩序、霸权

---

① ［美］理查德·哈斯:《"规制主义"——冷战后的美国全球新战略》,陈遥遥、荣凌译,新华出版社1999年版,第17页。

秩序之后,冷战以来的世界正处于美国主导下的宪政秩序,或者可称为威尔逊式的自由国际秩序升级版。[①]但是自 2008 年国际金融危机以来,肇始于经济失序并延伸到政治与安全等领域的全球失序化越来越明显。国际战略大师基辛格推出警世之作《世界秩序》,对当今国际秩序发展趋势表示担忧。在回忆撰写《世界秩序》的初衷时他表示:"国际秩序观的危机是我们当下面临的最根本的国际问题。"[②]在一次访谈中基辛格坦率地承认,当今世界正处于混乱中(the world is in chaos)。[③]美国另一位战略大师布热津斯基前几年推出《战略远见——美国与全球权力危机》,其副标题就含有对美国控制全球权力力不从心,从而导致国际秩序无序化的忧虑。他在前两年的一次访谈中指出:"我们生活在一个存在着巨大混乱、割裂与不确定性的世界中,不存在唯一的中心威胁着大家,而是许多分散的中心威胁着几乎所有人。"[④]针对国际秩序的失序化,哈斯更加坚定了他在 20 世纪 90 年代所持的立场。2014 年,哈斯在美国对外关系委员会网站上发表《失序时代》一文,认为在标志着已终结 40 年冷战的柏林墙倒塌 25 年后的今天,人类正目睹着一个历史时代的终结与另一个历史时代黎明曙光的到来;正在终结的时代是美国超群优势的时代。在美国优势时代终结的今天,世界正在步入一个失序时代(Era of Disorder)。这

---

① G. John Ikenberry, *After Victory: Institutions, Strategic Restraint, and the Rebuilding of Order after Major Wars*, New Jersey: Princeton University Press, 2001; *Liberal Leviathan: The Origins, Crisis, And Transformation of the American World Order*, New Jersey: Princeton University Press, 2011; G. John Ikenberry, "Liberal Internationalism 3.0: America and the Dilemmas of Liberal World Order", *Perspectives on Politics*, Vol.7, No.1, March 2009.

② Henry Kissinger, *World Order*, New York: Penguin Press, 2014, p.375.

③ Jeffrey Goldberg, "The Lessons of Henry Kissinger", *The Atlantic*, December 2016, p.52.

④ Doyle McManus, "Is Global Chaos the New Normal?", *Los Angeles Times*, July 29, 2014.

突出地体现在三大方面：中东正在进入"30 年战争"的早期阶段；在东欧，俄罗斯挑战着基于法治原则的欧洲秩序；在亚洲，尽管保持着和平，但这是一种危险的和平。^①同年，哈斯在美国《外交》期刊上撰文，系统地阐述了他对一个失序世界的认识。哈斯认为，后冷战的国际秩序正在拆散——尽管它并不完美，令人怀念。^② 2017 年年初，哈斯在其著述中进一步阐述了这种观点。^③

关于国际秩序的失序化，西方媒体与学界都有一定程度的认识。2015 年，以讨论世界安全形势著称的慕尼黑安全会议发布的《慕尼黑安全报告》的主题即为"崩塌的秩序、不情愿的保护者（Collapsing Order, Reluctant Guardians）"。报告认为，国际秩序日益崩塌，主要体现在乌克兰危机及其对欧洲安全秩序带来的消极影响。^④哈佛大学历史学家弗格森在评价当今国际秩序时指出，冷战被称为"长期和平"，但事实上，苏联解体后的 20 年看起来要和平得多。1991—2010 年这段时间称为"短期和平"也许更有道理。但 2010 年之后，人类告别了"短期和平"时代，其主要原因是中东陷入持续混乱。弗格森根据英国国际战略研究所提供的数据指出，2000 年，在世界武装冲突导致的死亡中，35%发生在涉及穆斯林的战争中。而在 2014 年，这一比例高达 79%。弗格森认为，21 世

① Richard N. Haass, "The Era of Disorder", October 27, 2014. http://www.cfr.org/global/era-disorder/p33683.

② Richard N. Haass, "The Unraveling: How to Respond to a Disordered World", *Foreign Affairs*, Vol. 93, No.6, November/December 2014, p.74.

③ Richard Haass, "World Order 2.0: The Case for Sovereign Obligation", *Foreign Affairs*, Vol.96, No. 1, January/February 2017; Richard Haass, *A World in Disarray: American Foreign Policy and the Crisis of the Old Order*, New York: Penguin Press, 2017.

④ Munich Security Report 2015, "Collapsing Order, Reluctant Guardians?", Published January 26, 2015. http://www.cfr.org/conflict-assessment/munich-security-report-2015-collapsing-order-reluctant-guardians/p36119.

纪的今天,《古兰经》代替了《资本论》,伊斯兰极端主义成为中东地区失序的根源。①美国乔治城大学教授切斯特·克罗克(Chester A. Crocker)认为,当今的世界是一个失序的世界,就像一艘在大海中航行的轮船,在没有风或逆风行驶的情况下,船舵操作失灵,轮船在大海中漫无目标地漂流。当今的国际体系就处于无舵转型状态。克罗克认为失序的具体体现为:东欧"乌克兰危机"引发无序状态,中东北非伊斯兰世界内乱导致无序状态,亚太地区各国受地缘政治推动而引发无序状态。②

最近几年,中东地区以伊斯兰国的兴起为标志的中东地区失序化,东欧乌克兰危机引发的欧洲安全秩序隐患,亚太地区与美国亚太再平衡战略相关联的东亚地区安全隐患,全球三大热点地区同时存在的重大安全问题让一些国际观察家对国际秩序的失序化问题产生担忧。针对国际秩序的失序化,新加坡国立大学教授郑永年认为,国际秩序的确出了问题,"各种迹象在指向某种'错误秩序(wrong order)'","也许世界正在向着某种'霍布斯'状态回潮"。③与郑永年的国际秩序"霍布斯化"观点相似的是,一些学者提出了"地缘政治回归论"。④国际秩序的失序化是一种趋势,其原因非常复杂,但一些西方学者将国际秩序的失序化简单地归咎于中国、俄罗斯等"修正主义"国家。美国布

---

① [英]尼尔·弗格森:《世界告别"短期和平"时代》,《金融时报》中文网,2015 年 10 月 13 日。http://www.ftchinese.com/story/001064234?full=y.

② Chester A. Crocker, "The Strategic Dilemma of a World Adrift", *Survival:Global Politics and Strategy*, Vol.57, No.1, February–March 2015, pp.7–8.

③ 参见 Walter Russell Mead, "The Return of Geopolitics:The Revenge of the Revisionism Powers", *Foreign Affairs*, Vol.93, No.3, May/June 2014, pp.69–77.

④ [俄]阿列克谢·阿尔巴托夫:《国际秩序的坍塌? ——多中心世界的出现及其挑战》,载《当代世界与社会主义》,2015 年第 4 期。

鲁金斯学会研究人员布鲁斯·琼斯(Bruce Jones)等人认为,美国领导的自由国际秩序受到挑战,这主要是因为:在欧洲,俄罗斯试图通过侵略破坏战后的欧洲领土安排。在亚洲,崛起而自信的中国正在不断制造摩擦。①布鲁金斯学会另外一位重量级研究人员罗伯特·卡根也持相似观点。卡根认为,支撑世界达70年之久的自由国际秩序现在处于衰落期。尽管他承认,国际秩序的衰落以及世界经济的衰退与民族主义的兴起有关,但他却将国际秩序的衰落主要归咎于中国与俄罗斯对美国主导的现存国际秩序的挑战。②乔治城大学教授克罗克也将国际秩序的失序化归咎于中俄等国。③英国《金融时报》专栏作家拉赫曼撰文称,关于世界政治中何者是"修正主义"的争论相当复杂。美国将俄罗斯和中国的领土主张视为对国际秩序的挑战。针对西方学界、政界的观点,俄罗斯予以强烈的反击,认为在乌克兰、叙利亚等国支持"政权更迭"的美国才是全球秩序真正的破坏者。④

二、国际秩序失序化原因分析

从学理上讲,国际秩序的有序是指构成国际秩序的核心要素,即权力与

① Martin S. Indyk and Bruce Jones, "Order from Chaos: The Need for U.S. Leadership", March 23, 2015. http://www.brookings.edu/blogs/order-from-chaos/posts/2015/03/19-need-us-leadership-indyk-jones.

② Robert Kagan, "The Twilight of the Liberal World Order", Tuesday, January 24, 2017. https://www.brookings.edu/research/the-twilight-of-the-liberal-world-order/ 2017/1/27.

③ Chester Crocker, "The Strategic Dilemma of a World Adrift", *Survival: Global Politics and Strategy*, Vol.57, No.1, February–March 2015, pp.9–11.

④ [英]吉迪恩·拉赫曼:《美国主导地位还能维持多久?》,《金融时报》中文网,2015年10月14日,http://www.ftchinese.com/story/001064347.

规则之间的一种动态平衡,而国际秩序的失序则是由于权力或规则这两大因素本身出现了某种变动,从而导致其互动关系出现了一定程度上的不适应或不协调。只有当国际秩序的核心要素权力与规则之间达成一种新的动态平衡,一个有序的国际秩序才会延续下去,否则,已有的国际秩序就会处于一种无序化或失序化的状态。就当今的国际秩序而言,导致这种秩序趋于失序化的原因主要体现在以下五大方面:

(一)以美国为首的西方发达经济体在全球权力结构中的影响力日益下降

进入 21 世纪以来,新兴经济体在全球经济体量中的比重不断增加,传统的维持国际秩序的权力结构已经发生变化,但西方发达经济体总体没有强烈的修订现有权力体系以适应变化了的世界权力结构的愿望,从而导致新的权力结构与原有权力体系之间出现不协调的现象。约瑟夫·奈在《权力的未来》一书中指出,21 世纪的权力在两个方向上不断发生着转移:其一是权力在不同国家间的转移,具体而言是从发达经济体向发展中经济体的转移;其二是权力从国家行为体向非国家行为体的扩散。①布热津斯基与斯考克罗夫特将人类在 20 世纪以来的重大变化总结为三点:其一,全人类都参与到全球的政治活动中;其二,全球权力中心由大西洋世界向远东转移,大西洋世界逐渐失去

---

① Joseph S. Nye, Jr., *The Future of Power*, New York: PublicAffairs, 2011, p.xv.

其过去 500 年在全球的主宰地位；其三，人类面临着许多必须解决的公共问题。①近几年，大量权威机构的统计数据一再显示，发达经济体在全球经济总量中的比重不断呈下降趋势。2012 年，美国国家情报委员会的研究报告公开承认，到 2030 年，亚洲国内生产总值总量将超越北美与欧洲之和，中国将在2030 年之前超越美国成为全球第一经济大国，欧洲、俄罗斯与日本将可能继续衰落。②报告认为，到 2030 年，单极时代与美国统治下的世界将会结束，全球将没有国家会成为霸权国。③ 21 世纪以来，美国在经历了一场倍受争议的反恐战争以及金融危机之后，总体处于全球战略收缩阶段。2008 年全球金融危机爆发以来，欧盟始终无法走出金融危机的阴影，经济增长乏善可陈。英国提出脱欧动议，致使欧盟在全球无法发挥更大的影响力。在这种情况下，以美国为首的西方发达经济体在支撑现有国际秩序的权力基石方面实力明显不足，但这些国家又不愿对现有国际秩序中的规则做出有利于新兴经济体的调整，这就导致了现有国际秩序中权力与规则互动关系的不协调，以美国为首的发达经济体在现有国际秩序中掌控权力、塑造规则的合法性受到质疑，国际秩序趋于失序化。

---

①　Zbigniew Brzezinski and Brent Scowcroft, *America and the World: Conversations on the Future of American Foreign Policy*, New York: A Member of the Perseus Books Group, 2008, p.2.

②　The National Intelligence Council, Global Trends 2030: Alternative Worlds, December, 2012, p.16.

③　Ibid., p.101.

（二）美国等西方国家在国际社会中的不作为与胡作为导致国际秩序的失序化

作为现有国际秩序构建者与主导者，美国近年来总体处于战略收缩态势，对于继续推动国际秩序动力不足，这在一定程度上造成自由国际秩序发展方向的"迷失"。自二战结束以来，美国历届政府都强调威尔逊式自由国际秩序对捍卫美国国家利益的重要性。2008年金融危机之后上台的奥巴马政府尽管强调国际秩序是美国国家利益的一个重要组成部分，但奥巴马政府并没能拿出有效的对策来捍卫美国倡导的自由国际秩序。综观奥巴马政府的八年任期，以战略收缩为特点的对外大战略在美国国内备受争议，有学者就认为，正是这种战略收缩导致了国际秩序的失序。[①] 2017年年初上台的特朗普政府受国内民粹主义影响，对美国国家利益做出了战后最为狭隘的解读。从特朗普竞选口号与目前所采取的政策来判断，特朗普政府将延续奥巴马政府开创的战略收缩态势。有学者指出，在过去的70年中，美国为自由国际秩序的繁荣发展提供了安全保护伞。但今天，美国比二战结束以来的任何时期更为关注国内问题。[②]就当今国际秩序而言，在美国领导意愿不强，其他国家又无力领导的情况下，国际秩序的失序化是一种必然。

[①]　参见 Robert J.Lieber, *Retreat and its Consequences: American Foreign Policy and the Problem of World Order*, New York: Cambridge University Press, 2016, Part One: "Foreign Policy Retreat and the Problem of World Order".

[②]　Robin Niblett, "Liberalism in Retreat: The Demise of a Dream", *Foreign Affairs*, Vol.96, No.1, January/February 2017, p.20.

自冷战结束以来,"后威斯特伐利亚时代"思想在西方大行其道,其主要特点是淡化乃至否认自威斯特伐利亚时代以来国际社会所普遍认可的主权国家平等、不干涉别国内政这一基本的国际关系准则。其实质是以美国为首的西方国家以人道主义和捍卫西方民主价值观为借口,以武力干涉别国内政为手段实行政权更替,以新干涉主义为主要表现形式,构筑美国主导下的霸权主义世界新秩序。21 世纪以来,新干涉主义又以所谓履行 2005 年联合国首脑会议通过的成果文件中所说的"保护的责任"为借口,行干涉别国内政之实。从 2003 年的伊拉克战争,到 2011 年开始的"阿拉伯之春",再到当今的伊斯兰国兴起,新干涉主义对以中东为核心的世界诸多地区秩序的失序化有着不可推卸的责任。西方国家的介入打破了一个旧世界,却没有能力建立一个新世界。哈斯认为,全球失序的部分原因是权力的扩散,另一部分原因与美国有关。他认为,美国于 2003 年发动的伊拉克战争加剧了伊斯兰世界逊尼派与什叶派之间的冲突。美国试图推翻叙利亚政权,但又无能为力。在这种情况下,伊拉克与叙利亚权力失控的地域出现了一个伊斯兰国。[1]有西方评论家指出,二战后 70 年过去了,但西方创造的秩序陷入了困境,人们越来越有一种感觉:"我们正在'参与毁灭'——毁掉一个曾对世界有益的秩序"[2]。

---

① Richard N. Haass, "The Era of Disorder", October 27, 2014. http://www.cfr.org/global/era-disor-der/p33683.

② [英]迈克尔·富利洛夫:《世界旧秩序分崩离析》,《金融时报》中文网,2015 年 10 月 28 日,http://www.ftchinese.com/story/001064567?full=y.

（三）随着信息化时代的深入发展，权力不断从国家行为体向非国家行为体扩散，传统的由国家行为体主导国际秩序的时代受到严重冲击

在21世纪以前的国际政治中，主权国家是实施权力的行为主体，传统的权力转移是在国家之间进行的，也可以说是一种国家间政治。但是伴随着信息技术的加速发展，从公司、非政府组织到恐怖分子，都有能力在国际政治舞台上发挥直接作用。按照约瑟夫·奈的说法，"随着市场进入成本和门槛的降低，信息革命会削弱大国的权力并增强小国和非政府行为体的权力"[①]。非国家行为体可以低成本发挥重要作用，传统大国也无法在网络空间取得绝对支配地位。这样，在互联网时代，"世界政治将不再只是政府的领域。随着计算与通讯成本的降低，世界政治的门槛降低了"[②]。传统权力的实施主体是国家，但信息技术的发展正在改变着政府掌控权力的能力，权力的实施主体不断从国家行为体向非国家行为体转变，也就是说权力在不断地扩散。权力向非国家行为体的扩散打破了传统的、以国家作为国际秩序支撑基础的认识逻辑。这种新的权力扩散导致的结果是国家与非国家行为体之间出现权力博弈。故此，传统的认识权力的逻辑在全球化推进到21世纪的今天已经发生改变。布热津斯基认为，随着互联网技术的发展，在传统政治中表现消极或受到压制的社会群体在高科技时代出现了全球政治觉醒，这些受传统政治排斥的社会

---

① Joseph S. Nye, Jr., *The Future of Power*, New York: PublicAffairs, 2011, p.116.
② Ibid., p.116.

群体借助互联网不断冲击政府掌控权力的能力,并对美国主导的国际秩序产生消极影响。①不同于从传统权力角度认识国际秩序的失序,权力的扩散导致那些拥有超强实力的国家行为体也无法完全左右许多非国家行为体对国际政治的深度介入。非国家行为体对国际政治深度介入,进一步加剧了国际秩序的失序化。

(四)世界各国在全球治理方面的规则缺失导致国际秩序的失序化

20世纪以来,无论是现实主义的权力秩序观,还是自由主义的规则秩序观,都将人类化解战争与冲突,构建和平与合作的大方向锁定在以军事、政治、经济与外交为核心目标的传统安全问题上。但是冷战结束以来,以恐怖主义、大规模杀伤性武器扩散、能源安全、生态环境安全、公共卫生安全等为标志的一系列非传统安全对人类生存与可持续发展所构成的安全威胁日益凸显。非传统安全方面的挑战是全球性与跨国性的,并非少数几个大国所能够解决,需要世界各国共同面对。与此同时,与传统安全相互叠加,并主要由传统安全所引发的经济与金融危机日益成为人类必须共同面对的问题。在这种情况下,人类在应对以传统安全威胁为代表的所谓"高级秩序"方面存在着失序化的同时,在应对以非传统安全威胁为代表的所谓"低级秩序"方面也面临的一系列困境,导致"高级秩序"与"低级秩序"叠加,人类在全球治理方面面临的挑战日益严峻。如果说人类在"高级秩序"方面存在的问题是如何健全与

---

① Zbigniew Brzezinski, *Strategic Vision: America and the Crisis of Global Power*, New York: Basic Books, 2013, pp.26—36.

修订不公正、不合理的现存规则问题,人类在"低级秩序"方面所面临的则是如何建立一整套为各方所能接受的规则问题。因为就全球治理的本质而言,就是秩序问题。北京大学国际关系学院袁明教授表示:"全球治理,核心是一个秩序问题。"①中国外交部前副部长何亚非认为,全球治理的最大困难在于人类缺乏共同的秩序。②冷战结束以来,人类在非传统安全方面面临的共同安全威胁不断上升,全球治理问题日益凸显。但是国际社会存在的现实问题是,国际治理能力不足与国际治理需求之间的矛盾日益突出。国际社会必须加强在全球治理方面的制度性建设。美国对外关系委员会国际制度与全球政府项目主任斯图尔特·帕特里克(Stewart Patrick)对全球治理有着深入研究,他在分析现有全球治理机制的缺失以及全球失序的原因时指出,尽管出现了二十国集团组织,但现行的全球治理中明显地分化为金砖国家与 G7 两大集团。帕特里克认为,尽管新兴经济体在不断壮大,但它们并没有提出清晰的、可以替换当今西方秩序的主张。由于各大国之间矛盾突出,全球政府日益走向碎片化。人类在海洋、外层空间与网络等三大非传统安全领域的竞争加剧了全球失控。③就当今的全球治理现实而言,大国或由于没有迫切的意愿,或由于暂时无法达成一致的治理共识,导致全球治理方面的规则明显不足。正是因为国际社会在全球治理方面缺失较多,才使得国际秩序的失序化在全球治理层面表现明显。

---

① 何亚非:《选择:中国与全球治理》,中国人民大学出版社 2015 年版,第 3 页。

② 同上,第 71 页。

③ Stewart Patrick, "The Unruled World:The Case for Good Enough Global Governance", *Foreign Affairs*, Vol.93, No.1, January/February 2014, pp.58~73.

（五）当今世界主流经济理论主要受西方自由主义经济理论影响，过度强调市场的作用，导致国际秩序在经济领域严重失序

二战后由美国等西方国家主导创设的布雷顿森林体系，在制度设计上强调资本在全球经济运行中的绝对主导地位，其理论基础是新自由主义的经济理论。20世纪80年代以来的撒切尔主义、里根经济学以及克林顿和布莱尔推行的更新版温和的"第三条道路"，都以新自由主义为思想基础，主张"大市场"和"小政府"，其实质是主张市场高于一切，政府不插手经济管理，由"看不见的手"自行发挥作用。尽管新自由主义的经济运行模式为西方国家的经济发展取得了辉煌的成就，但由于这种经济理论过于偏重资本在市场运行中的作用，忽视国家行为体对市场的有效监管作用，所以这种经济运行模式永远无法化解资本主义内在经济危机以及资本主义所导致的两极化加剧现象。20世纪末以来，伴随着经济全球化的深入推进，资本在全球经济运行中的影响力日益加大，而全球经济治理的缺失更加剧了资本经济在金融领域的高风险，2008年国际金融危机的爆发就是新自由主义经济运行模式极度膨胀导致的恶果。美国著名学者诺姆·乔姆斯基在《新自由主义与全球秩序》一书中就曾对以市场经济为导向的新自由主义"华盛顿共识"过度强调资本的市场化与政策的自由论所导致的危害性进行过深刻批判。他认为，建立在古典自由主义思想基础之上的新自由主义及其"华盛顿共识"是维护英美资本主义的工具，所谓自由主义经济（自由资本主义）是骗人的，建立在古典自由主义思想基础之上的

新自由主义是真正"毫不留情的资本主义"①。近几年,法国学者托马斯·皮凯蒂的《21世纪资本论》颇具影响。皮凯蒂认为,当21世纪的今天依然重复着19世纪上演过的资本收益产出与收入增长率的剧情,资本主义不自觉地产生了不可控且不可持续的社会不平等,这从根本上破坏了以民主社会为基础的精英价值观。②当今,最富的0.1%人群大约拥有全球财富总额的20%,最富的1%拥有约50%,而最富的10%则拥有总额的80%~90%。③《21世纪资本论》以确凿的数据与理性的思辨再次告诫世人,受新自由主义所支配的资本主义的内在矛盾无法从本质上化解,国际秩序在经济方面的失序化是资本市场化的必然体现。中国台湾大学政治学教授朱云汉在评价当今世界的四重历史趋势的大反转时就曾指出,第三重趋势反转是资本主义全球化陷入困境,也可以理解为国际经济秩序自由化的危机浮现。④

三、国际秩序失序化背景下中国的战略思考

从严格意义上讲,国际秩序的失序化更像一个西方主观价值判断,"失序"更多地体现为一种西方话语,带有鲜明的西方中心主义语境。中国政府对国际秩序变化的表述相对谨慎,认为国际秩序处在"转型""调整"或"过渡

---

① [美]诺姆·乔姆斯基:《新自由主义和全球秩序》,徐海铭、季海宏译,江苏人民出版社2000年版,第3~26页。
② [法]托马斯·皮凯蒂:《21世纪资本论》,巴曙松译,中信出版集团2013年版,第2页。
③ 同上,第451页。
④ 朱云汉:《高端思云:中国兴起与全球秩序重组》,中国人民大学出版社2015年版,第3~5页。

期"。例如,外交部前副部长何亚非认为,"世界进入新旧国际秩序过渡期"①。不过,中国全国人大外事委员会主任委员傅莹于 2016 年 7 月 6 日在英国皇家国际问题研究所发表的题为"失序与秩序再构建"的演讲中却正面提到了国际秩序的失序。②无论是学术界所提到的国际秩序的失序,还是中国官方所倾向的国际秩序的深度调整,当今国际秩序的变化或者说失序是一种趋势,按照中国现代国际关系研究院袁鹏研究员的说法,当今国际体系与国际秩序正经历着第四次重大历史性变迁,当今国际秩序最突出特点就是无序、失序。③应该认识到,由于新兴经济体的崛起,西方发达经济体的整体衰退,以及其他一些导致国际秩序失序化的因素无法在短期内解决,国际秩序的失序或调整将是一个长期的过程。中国作为新兴经济体的代表,在不断融入现存国际秩序之际必然要提出变革国际秩序的设想。但是未来国际秩序的变革之路又异常艰难。中国等新兴经济体与以美国为首的西方国家之间,就如何重构国际秩序,必然存在着激烈的争议。2014 年 11 月中央外事工作会议就强调,要充分估计国际秩序之争的长期性。④鉴于国际秩序失序化的长期性,中国应高度重视对国际秩序的理论与现实发展趋势的研究。秩序问题是国际政治中一个非常重要的研究议题,国际秩序是世界主要大国主导的国际秩序,是大国国家利益的体现;国际秩序是世界大国关切的主题,是大国的核心国际战略议题,只有大国才有实力与意志力在构建国际秩序方面做出实质性的努力。世

---

① 何亚非:《世界进入新旧国际秩序过渡期》,《第一财经日报》2015 年 9 月 1 日,第 1~3 页。

② 傅莹:《失序与秩序再构建》,《中国日报》2016 年 7 月 7 日,http://country.huanqiu.com/china.

③ 袁鹏:《四百年未有之变局——中国、美国与世界新秩序》,中信出版集团 2016 年版,第 16 页。

④ "中央外事工作会议在京举行",http://politics.people.com.cn/n/2014/1130/c1024-26118788.html.

界史上的大国都高度重视自身在构建国际秩序议题上的重要作用,将秩序议题纳入战略层面进行考虑。美国奥巴马政府先后于 2010 年与 2015 年出台的两份美国国家安全战略报告都将国际秩序与安全、经济繁荣与价值观并列为美国高度关注的四大国家利益。这足见作为超级大国的美国对国际秩序问题的重视程度。作为一个具有全球影响力的崛起大国,中国理应对国际秩序的失序投入足够的重视。

同时也应认识到,既然国际秩序的失序将是一个长期的过程,那么这种失序化对于中国可能就意味着一种战略挑战。

一方面,国际秩序的失序化有可能导致中国的战略盲动,提出变革现存国际秩序的激进性要求。21 世纪以来,学界不断热议的权力转移论及其美国霸权衰落论导致中国国内出现了一种激进民族主义倾向,认为中国有可能变革美国等西方国家主导的现存国际秩序。但是就中国目前的综合国力而言,中国并不具备变革美国等西方国家主导达 70 年之久的现存国际秩序的实力。从发展的眼光讲,美国等西方国家的相对衰落是历史的大趋势,但这并不意味着西方大国会主动放弃对其国家利益命运攸关的现存国际秩序的主导权。而作为新兴经济体的中国如果缺乏必要的战略定力,面对国际秩序的失序化,认为有可能修订国际政治与安全秩序,则可能会真的陷入"修昔底德陷阱"。

另一方面, 当今国际秩序的失序化趋势对中国战略机遇期的判断与把握, 以及中国国家利益日益全球化的这种现实将构成潜在的威胁与挑战。2008 年国际金融危机以来,国际秩序总体处于失序化状态,美国等西方大国是现存国际秩序的主导者。但是从民主党奥巴马政府到当今的共和党特朗普政府,美国总体处于战略收缩态势。新上任的特朗普政府明显流露出有限国际主义的意图。从目前的一系列口号与举措来看,特朗普政府有可能挑战支撑美国对外政策的两个跨党派原则:其一是支持一个开放的国际贸易体系;其二是承诺维护以美国为首的联盟以支撑全球安全体系。如果特朗普真的兑现其竞选的承诺,或者仅兑现其部分承诺,这将意味着未来几年,作为现存国际秩序主要倡导者的美国,在塑造国际秩序方面动力不足。在美国缺乏担当国际秩序盟主意愿,其他大国又无力塑造现有国际秩序的情况下,国际秩序的失序化趋势有可能会进一步加剧。例如,未来几年的中东地区失序化,中东欧地区秩序的失序化,以及东亚地区秩序潜伏的安全危机都有可能会进一步加剧。国际秩序是主要大国国家意志与国家利益的体现,是主要大国的关切点,稳定的国际秩序首先符合主要大国的利益。就中国而言,未来 10~20 年是世界经济实力重构的重要阶段,也是世界权势重构的关键时期,同样也是国际秩序重塑的重要阶段,一个稳定的国际秩序符合中国的国家利益。但是在中国经济与社会发展进入一个重要阶段之际,国际秩序日益出现失序化,这对中国这样一个国家利益日益全球化的发展中世界大国而言,将会面临更大的挑战。

从辩证法的角度上讲,国际秩序的失序化对中国而言也是一种机遇。国际秩序的核心要素之一是规则。从语言哲学的角度讲,规则又体现了一种话语权。所以在国际政治舞台上,谁拥有规则的话语掌控权,谁就在事实上拥有了秩序的主导权。美国学者伊肯伯里曾经指出,今天的国际竞争实质上是话语权的竞争,而不是意识形态或者挑战国际体系等级的根本性对立。①就当今国际政治的现实而言,尽管中国不应该贸然挑战美国等西方大国主导的国际政治与安全秩序,但应加强对国际经济贸易秩序构建中话语权的引领与掌控。例如,中国在金砖国家开发银行、亚洲基础设施投资银行、"一带一路"倡议中的有益尝试。今天,在美国等一些西方国家不愿推动经济全球化的情况下,中国应该大力倡导全球自由贸易的必要性,并通过塑造国际经济贸易中的规则引领经济全球化的潮流。

四、结束语

国际秩序的失序化将是一个长期存在的现象,其深层原因恐怕还要从现存国际秩序的主导者——美国等西方发达国家身上寻找答案。自近代早期人类地理大发现以来,西方世界逐渐确立了在世界政治、经济乃至思想文化领域的全方位优势。从此,人类历史进入了"西方中心主义"构建的国际秩序时代。20世纪中期以后,美国超强国力使其成为引领"西方中心主义"的代言人,由美国等西方大国主导的二战后自由的国际秩序就是"西方中心主义"的集中体现。这种国际秩序的两大核心特点是政治层面的西方民主普世化与经济层面的市场经济全球化。20世纪90年代初,苏东剧变、"历史终结论"的大行其道助推了以美国为首的西方国家倡导的自由国际秩序的普世化趋势。从政

---

① [美]约翰·伊肯伯里:《中国的崛起将融入现存国际秩序》,载《国际战略研究》,2014年第5期,第2页。

治层面上讲,西方式的自由民主理念是基督教文化圈的体现,但经济层面的成功促使西方世界将一个在政治层面本应一元性的价值判断延伸到一个多元价值判断的世界,从而试图用西方价值的一元性替代世界价值判断的多元性。二战结束以来,西方世界通过掌控话语权,不断强调西方自由主义的普世性,不断构建西方政治秩序乃至西方主导的自由国际秩序的合法性,并借助强势国力不惜以大棒与金元强力推广,其结果只能是"文明的冲突",将一个相对有序的国际秩序引向无序化。英国皇家国际事务研究所主任罗宾·尼布利特(Robin Niblett)在反思自由国际秩序存在的问题时指出,自 1945 年以来,人类所推动的开放、民主、个人人权向全球扩展的自由国际秩序在今天看来似乎是天真的。①基辛格在《世界秩序》一书中反复强调的一个观点是,当今世界,基于世界文化的多元性,很难存在一个被世界各国普遍认同的、真正意义上的世界秩序,存在的只是地区秩序乃至国际秩序。21 世纪以来,新兴经济体的群体性崛起,正在深刻地影响着自威斯特伐利亚体系以来逐渐形成的"西方中心主义"。因此,人类正在经历着"四百年未有之变局",西方世界主导的当今国际秩序的失序化是一种历史的必然。

---

① Robin Niblett, "Liberalism in Retreat:The Demise of a Dream", *Foreign Affairs*, Vol.96, No.1, January/February 2017, p.17.

参考文献

一、英文类

1.著作

［1］Aaron L. Friedberg, *A Contest For Supremacy: China, America, and the Struggle for Mastery in Asia*, New York and London: W.W.Norton & Company, 2011.

［2］Arthur M.Schlesinger, JR., *The Cycles of American History*, Boston: Houghton Mifflin Company, 1986.

［3］Barry R. Posen, *Restraint: A New Foundation for U.S. Grand Strategy*, Ithaca: Cornell University Press, 2014.

［4］Charles Kupchan, *No One's World: The West, the Rising Rest, and the*

Coming Global Turn, New York: Oxford University Press, 2012.

[5]Christopher Layne, *The Peace of Illusion: American Grand Strategy from 1940 to the Present*, Ithaca: Cornell University Press, 2007.

[6]Colin Dueck, *The Obama Doctrine: American Grand Strategy Today*, Oxford and New York: Oxford University Press, 2015.

[7]David L. Boren, *A Letter to America*, Norman, Oklahoma: University of Oklahoma, 2008.

[8]David Shambaugh, ed., *Tangled Titans: The United States and China*, Lanham, Maryland: Rowman & Littlefield Publishers, Inc., 2013.

[9]Frank Ninkovich, *The Wilsonian Century: U.S. Foreign Policy since 1900*, Chicago: The University of Chicago Press, 1999.

[10]G. John Ikenberry, *After Victory: Institutions, Strategic Restraint, And the Rebuilding of Order After Major Wars*, Princeton, New Jersey: Princeton University Press, 2001.

[11]G. John Ikenberry, Thomas J. Krock, Anne-Marie Slaughter and Tony Smith, *The Crisis of American Foreign Policy: Wilsonianism in the Twenty-First Century*, Princeton, New Jersey: Princeton University Press, 2009.

[12]G. John Ikenberry, *Liberal Leviathan: The Origins, Crisis, And Transformation of the American World Order*, Princeton, New Jersey: Princeton University Press, 2011.

[13]George F.Kennan, *American Diplomacy*, 60th-Anniversary Expanded Edi-

tion,Chicago and London:The University of Chicago Press,2012.

[14]Henry Kissinger, *World Order*,New York:Penguin Group,2014.

[15]Henry R. Nau, *Conservative Internationalism:Armed Diplomacy under Jefferson,Polk,Truman,and Reagan*,Princeton,New Jersey:Princeton University Press,2013.

[16]Hugh White, *The China Choice:Why We Should Share Power*,Australia: Black Inc.,2013.

[17]James Steinberg and Michael E. O'Hanlon, *Strategic Reassurance and Resolve:U.S.-China Relations in the Twenty-first Century*,Princeton and Oxford: Princeton University Press,2014.

[18]Josef Joffe, *The Myth of America's Decline:Politics,Economics,and the Half Century of False Prophecies*,New York:Liveright Publishing Corporation,2013.

[19]Joseph S. Nye,Jr., *The Paradox of American Power:Why the World's Only Superpower Can't Go It Alone*,Oxford and New York:Oxford University Press,2002.

[20]Joseph S. Nye,Jr., *Soft Power:The Means to Success in World Politics*, New York:PublicAffairs,2004.

[21]Joseph S. Nye,Jr., *The Future of Power*,New York:PublicAffairs,2011.

[22]Joseph S. Nye,Jr., *Presidential Leadership and the Creation of the American Era*,Princeton,New Jersey:Princeton University Press,2013.

[23]Joseph S. Nye,Jr., *Is the American Century Over?* Malden,MA:Polity Press,2015.

［24］Linda B. Miller and Mark Ledwidge,eds.,*Obama and World:New Directions in US Foreign Policy*,New York:Routledge,2014.

［25］Lyle J.Goldstein,*Meeting China Halfway:How to Defuse the Emerging US-China Rivalry*,Washington DC:Georgetown University Press,2015.

［26］Michael D.Swaine,*America's Challenge:Engaging a Rising China in the Twenty-First Century*,Washington,DC:Carnegie Endowment for International Peace,2011.

［27］Michael H. Hunt,*The American Ascendancy:How the United States Gained and Wielded Global Dominance*,Chapel Hill:The University of North Carolina Press,2009.

［28］Moises Naim,*The End of Power:From Boardrooms to Battlefields and Churches to States,Why Being In Charge Isn't What It Used to Be*,New York:Basic Books,2013.

［29］Peter Hays Gries,*The Politics of American Foreign Policy:How Ideology Divides Liberals and Conservatives over Foreign Affairs*,Stanford,California:Stanford University Press,2014.

［30］R. Fleisher and J.R. Bond,eds.,*Polarized Politics:Congress and the President in a Partisan Era*,Washington,DC:CQ Press,2000.

［31］Ray S. Cline,*The Power of Nations in the 1990s:A Strategic Assessment*,Lanham,Maryland:University Press of America,1994.

［32］Richard Haass,*A World in Disarray:American Foreign Policy and the*

Crisis of the Old Order, New York:Penguin Press,2017.

[33]Robert J. Lieber, *Power and Willpower in the American Future: Why the US is Not Destined to Decline*, New York：Cambridge University Press,2012.

[34]Robert J.Lieber, *Retreat and its Consequences: American Foreign Policy and the Problem of World Order*, New York：Cambridge University Press,2016.

[35]Robert Kagan, *The World America Made*, NewYork：Alfred A.Knopf, 2012.

[36]Stanley Hoffmann, *Primacy or World Order: American Foreign Policy since the Cold War*, New York：McGraw Hill Book Company,1978.

[37]T.V.Paul and John A.Hall,eds., *International Order and the Future of World Politics*, New York：Cambridge University Press,1999.

[38]Thomas J. Christensen, *The China Challenge: Shaping the Choices of a Rising Power*, New York：W.W.Norton & Company,2015.

[39]United States Information Service,ed., *Living Documents of American History*, China Translation and Publishing Corp,1979.

[40]Walter Lippmann, *U.S. Foreign Policy: Shield of the Republic*, Boston：Brown and Company,1943.

[41]Walter Russell Mead, *Special Providence: American Foreign Policy and How It Changed the World*, New York and London：Taylor & Francis Books,Inc., 2002.

[42]Zbigniew Brzezinski and Brent Scowcroft, *America and the World: Con-*

versations on the Future of American Foreign Policy, New York: A Member of the Perseus Books Group, 2008.

[43]Zbigniew Brzezinski, *Strategic Vision: America and the Crisis of Global Power*, New York: Basic Books, 2013.

[44]Zhiqun Zhu, *US-China Relations in the 21ˢᵗ Century Power Transition and Peace*, London and New York: Routledge Taylor & Francis Croup, 2006.

2.报纸期刊文章

[1]Aaron L. Friedberg, "The Debate Over US China Strategy", *Survival: Global Politics and Strategy*, Vol.57, No.3, June-July 2015.

[2]Aaron L. Friedberg, "The Sources of Chinese Conduct: Explaining Beijing's Assertiveness", *The Washington Quarterly*, Vol.37, No.4, Winter 2015.

[3]Alastair Iain Johnston, "How New and Assertive is China's New Assertiveness?" *International Security*, Vol.37, No.4, Spring 2013.

[4]Anatol Lieven, "Clinton and Trump: Two Faces of American Nationalism", *Survival: Global Politics and Strategy*, Vol.58, No.5, 2016.

[5]Arvind Subramanian, "The Inevitable Superpower: Why China's Dominance Is a Sure Thing", *Foreign Affairs*, Vol.90, No.5, September/October 2011.

[6]Barack Obama, "Renewing American Leadership", *Foreign Affairs*, Vol. 86, No.4, July/August 2007.

[7]Charles L. Glaser, "A U.S.-China Grand Bargain? The Hard Choice Between Military Competition and Accommodation", *International Security*, Vol.39,

No.4,Spring 2015.

[8]Chester A. Crocker, "The Strategic Dilemma of a World Adrift", *Survival: Global Politics and Strategy*, Vol.57, No.1, February–March 2015.

[9]Christopher Hemmer, "Grand Strategy for the Next Administration", *Orbis*, Summer 2007.

[10]Christopher Hemmer, "Continuity and Change in the Obama Adminis-tration's National Security Strategy", *Comparative Strategy*, Vol.30, Issue3, 2011.

[11]Daniel Deudney and G. John Ikenberry, "The Myth of the Autocratic Revival", *Foreign Affairs*, Vol.88, No.1, January/February 2009.

[12]David Milne, "Pragmatism or What? The Future of US Foreign Policy", *International Affairs*, Vol.88, No.5, 2012.

[13]Doyle McManus, "Is Global Chaos the New Normal? "*Los Angeles Times*, July 29, 2014.

[14]Elizabeth Economy, "China's Imperial President:Xi Jinping Tightens His Grip", *Foreign Affairs*, Vol.93, No.6, November/December 2014.

[15]Fareed Zakaria, "Can America Be Fixed? The New Crisis of Democracy", *Foreign Affairs*, Vol.92, No.1, January/February 2013.

[16]Francis Fukuyama, "America in Decay:The Sources of Political Dys-function", *Foreign Affairs*, Vol.93, No.5, September/October 2014.

[17]G. John Ikenberry, Charles A. Kupchan, "Socialization and Hegemonic Power", *International Organization*, Vol.44, No.3, 1990.

[18]G. John Ikenberry, "The Myth of Post-Cold War Chaos", *Foreign Affairs*, Vol. 75, No.3, May-June, 1996.

[19]G. John Ikenberry, "Constitutional Politics in International Relations", *European Journal of International Relations*, Vol.4, No.2, June 1998.

[20]G. John Ikenberry, "Getting Hegemony Right", *The National Interest*, Spring 2001.

[21]G. John Ikenberry, "American Grand Strategy in the Age of Terror", *Survival: Global Politics and Strategy*, Spring 2002.

[22]G. John Ikenberry, "The End of the Neo-Conservative Moment", *Survival: Global Politics and Strategy*, Spring 2004.

[23]G. John Ikenberry, "Power and Liberal Order: America's Postwar World Order in Transition", *International Relations of the Asia-Pacific*, Vol.5, No.2, 2005.

[24]G. John Ikenberry, "The Rise of China and the Future of the West: Can the Liberal System Survive?" *Foreign Affairs*, Vol.87, No.1, January-February 2008.

[25]G. John Ikenberry, "The Myth of the Autocratic Revival", *Foreign Affairs*, Vol.88, No.1, January-February 2009.

[26]G. John Ikenberry, "Liberal Internationalism 3.0: America and the Dilemmas of Liberal World Order", *Perspectives on Politics*, Vol.7, No.1, 2009.

[27]G. John Ikenberry, "The Liberal International Order and its Discontents", *Millennium-Journal of International Studies*, Vol.38, No.3, May 2010.

[28]G. John Ikenberry, "The Future of Liberal World Order: Internationalism

After America", *Foreign Affairs*, Vol.90, No.3, May/June 2011.

[29]G. John Ikenberry, "The Illusion of Geopolitics: The Enduring Power of the liberal Order", *Foreign Affairs*, Vol.93, No.3, May/June 2014.

[30]G. John Ikenberry, "The Plot Against American Foreign Policy: Can the Liberal Order Survive?" *Foreign Affairs*, Vol.96, No.3, May/June 2017.

[31]Gideon Rose, "What Obama Gets Right: Keep Calm and Carry the Liberal Order On", *Foreign Affairs*, Vol.94, No.5, September/October 2015.

[32]H. Brands & P. Feaver, "Saving Realism from the So-Called Realists", *Commentary*, Aug. 16, 2017.

[33]Hans J. Morgenthau, "What is the National Interest of the United States?" *Annals of the American Academy of Political and Social Science*, Vol.282, Jul., 1952.

[34]Henry R. Nau, "Obama's Foreign Policy", *Policy Review*, April–May 2010.

[35]Henry R. Nau, "The jigsaw puzzle & the chess board: the making and unmaking of foreign policy in the age of Obama", *Commentary*, May 2012.

[36]Harry Harding, "Has U.S. China Policy Failed?" *The Washington Quarterly*, Vol.38, No.3, Fall 2015.

[37]Henry S. Rowen, "The Short March: China's Road to Democracy", *The National Interest*, Vol.45, Fall 1996.

[38]Ian Bremmer and Nouriel Roubini, "A G-Zero World", *Foreign Affairs*, Vol.90, No.2, March/April 2011.

〔39〕Ivo Daalder and Robert Kagan, "The U.S. can't afford to end its global leadership role", *The Washington Post*, April 22, 2016.

〔40〕Jacob Heilbrunn, "The New Foreign Policy Populism", *The National Interest*, March/April 2016.

〔41〕James F. Hoge Jr., "A Global Power Shift in the Making: Is the United States Ready?" *Foreign Affairs*, Vol.83, No.4, July–August 2004.

〔42〕James Jeffrey, "Obama puts down in writing his troubling worldview", *Washington Post*, February 12, 2015.

〔43〕Jeff D.Colgan and Robert O. Keohane, "The Liberal Order Is Rigged: Fix It Now or Watch It Wither", *Foreign Affairs*, Vol.96, No.3, May/June 2017.

〔44〕Jeffrey Goldberg, "The Lessons of Henry Kissinger", *The Atlantic*, December 2016.

〔45〕John J. Mearsheimer and Stephen M. Walt, "The Case for Offshore Balancing: A Superior U.S. Grand Strategy", *Foreign Affairs*, Vol.95, No.4, July/August 2016.

〔46〕Joseph S. Nye, Jr., "What New World Order?" *Foreign Affairs*, Vol.71, No.2, Spring 1992.

〔47〕Joseph S. Nye, Jr., "Redefining the National Interest", *Foreign Affairs*, Vol.78, No.4, July/August 1999.

〔48〕Joseph S. Nye, Jr., "The Decline of America's Soft Power: Why Washington Should Worry", *Foreign Affairs*, Vol.83, No.3, May–June 2004.

〔49〕Joseph S. Nye, Jr., "Public Diplomacy and Soft Power", *The ANNALS of the American Academy of Political and Social Science*, March 2008.

〔50〕Joseph S. Nye, Jr., "Security and Smart Power", *American Behavioral Scientist*, Vol.51, No.9, May 2008.

〔51〕Joseph S. Nye, Jr., "The Future of American Power: Dominance and Decline in Perspective", *Foreign Affairs*, Vol.89, No.6, November/December 2010.

〔52〕Joseph S. Nye, Jr., "Will the Liberal Order Survive? The History of an Idea", *Foreign Affairs*, Vol.96, No.1, January/February 2017.

〔53〕Kathleen J. McInnis and Pat Towell, "FY2018 Defense Budget:Issue for Congress", *Congressional Research Service*, June 5, 2017.

〔54〕Kevin Rudd, "Beyond the Pivot", *Foreign Affairs*, Vol.92, No.2, March/April 2013.

〔55〕Kori Schake, "Will Washington Abandon the Order? The False Logic of Retreat", *Foreign Affairs*, Vol.96, No.1, January/February 2017.

〔56〕Liam Julian, "Niebuhr and Obama", *Policy Review*, April & May 2009.

〔57〕Lynn M. Williams, Coordinator and Pat Towell, "FY2018 Defense Budget Request:The Basics", *Congressional Research Service*, June 9, 2017.

〔58〕Marco Rubio, "Restoring-America's Strength:My Vision for U.S. Foreign Policy", *Foreign Affairs*, Vol.94, No.5, September/October 2015.

〔59〕Mark Leonard, "Why Convergence Breeds Conflict:Growing More Similar Will Push China and the United States Apart", *Foreign Affairs*, Vol.92, No.5,

September/October 2013.

[60]Matthew Kroenig, "The Case for Trump's Foreign Policy: The Right People, the Right Positions", *Foreign Affairs*, Vol.96, No.3, May/June 2017.

[61]Max Boot, "Is a New Republican Foreign Policy Emerging?" *Commentary*, February 2016.

[62]Michael C. Desch, "Neoconservatism Rebaptized", *The American Conservative*, Vol.12, No.6, November/December 2013.

[63]Michael Clarke, Anthony Ricketts, "Understanding the Return of the Jacksonian Tradition", *Orbis*, Winter 2017.

[64]Michael Hirsh, "The Clinton Legacy: How Will History Judge the Soft-Power Secretary of State?" *Foreign Affairs*, Vol.92, No.3, May/June 2013.

[65]Michael J. Mazarr, "The Once and Future Order: What Comes After Hegemony?" *Foreign Affairs*, Vol.96, No.1, January/February 2017.

[66]Niall Ferguson, "Donald Trump's New World Order", *The American Interest*, November 21, 2016.

[67]Oriana Skyler Mastro, "China's Assertiveness Is Here to Stay", *The Washington Quarterly*, Vol.37, No.4, Winter 2015.

[68]Paul J. Saunders, "The Wanderer", *The National Interest*, September/October 2014.

[69]Peter Baker, "Donald Trump's Victory Promises to Upend the International Order", *New York Times*, November 9, 2016.

［70］Richard Armitage and Joseph Nye, "Stop Getting Mad, America, Get Smart", *Washington Post*, December 9, 2007.

［71］Richard N. Haass, "The Age of Nonpolarity: What Will Follow U.S. Dominance", *Foreign Affairs*, Vol. 87, No. 3, May/June 2008.

［72］Richard N. Haass, "The Irony of American Strategy: Putting the Middle East in Proper Perspective", *Foreign Affairs*, Vol.92, No. 2, March/April 2013.

［73］Richard N. Haass, "The Unraveling: How to Respond to a Disordered World", *Foreign Affairs*, Vol.93, No.6, November/December 2014.

［74］Richard N. Haass, "World Order 2.0: The Case for Sovereign Obligation", *Foreign Affairs*, Vol.96, No.1, January/February 2017.

［75］Richard Holbrooke, "The Next President", *Foreign Affairs*, Vol.87, No.5, September/October, 2008.

［76］Robert A. Manning, "America's 'China Consensus' Implodes", *The National Interest*, May 21, 2015.

［77］Robert M.Gates, "A Balanced Strategy: Reprogramming the Pentagon for a New Age", *Foreign Affairs*, Vol. 88, No.1, January/February 2009.

［78］Robert Legvold, "Managing the New Cold War", *Foreign Affairs*, Vol. 93, No.4, July/August 2014.

［79］Robert W. Merry, "America's Default Foreign Policy", *The National Interest*, September/October 2013.

［80］Robin Niblett, "Liberalism in Retreat: The Demise of a Dream", *Foreign*

Affairs, Vol.96, No.1, January/February 2017.

[81]Stephen M.Walt, "The End of the American Era", *The National Interest*, October 25, 2011.

[82]Stewart Patrick, "The Unruled World:The Case for Good Enough Global Governance", *Foreign Affairs*, Vol.93, No.1, January/February 2014.

[83]Taesuh Cha, "The Return of Jacksonianlism:International Implication of the Trump Phenomenom", *The Washington Quarterly*, Vol.39, No.4, Winter 2017.

[84]Thomas J. Christensen, "The Advantages of an Assertive China", *Foreign Affairs*, Vol.90, No.2, March/April 2011.

[85]Walter Russell Mead, "The Jacksonian Tradition and American Foreign Policy", *The National Interest*, Winter 1999/2000.

[86]Walter Russell Mead, "The Carter Syndrome", *Foreign Policy*, January/February 2010.

[87]Walter Russell Mead, "The Tea Party and American Foreign Policy", *Foreign Affairs*, Vol.90, No.2, March/April 2011.

[88]Walter Russell Mead, "The Return of Geopolitics:The Revenge of the Revisionism Powers", *Foreign Affairs*, Vol.93, No.3, May/June 2014.

[89]Walter Russell Mead, "Andrew Jackson, Revenant", *The American Interest*, January 17, 2016.

[90]Walter Russell Mead, "The Jacksonian Revolt:American Populism and Liberal Order", *Foreign Affairs*, Vol.96, No.2, March/April 2017.

[91]Youwei,"The End of Reform in China:Authoritarian Adaptation Hits a Wall",*Foreign Affairs*,Vol.94,No.3,May/June 2015.

[92]Zbigniew Brzezinski, "Balancing the East,Upgrading the West:U.S. Grand Strategy in an Age of Upheaval",*Foreign Affairs*,Vol.91,No.1,January/ February 2012.

[93]Zbigniew Brzezinski, "The steps that Obama must now take on Syria", *Financial Times*,August 27,2013.

3.政府文件与研究报告

[1]The White House,National Security Strategy of the United States,August 1991.

[2]The White House,National Security Strategy of Engagement and En- largement,July 1994.

[3]The White House,The National Security Strategy of the United States of America,September 2002.

[4]The White House,National Security Strategy,May 2010.

[5]The White House,National Security Strategy,February 2015.

[6]The White House,National Security Strategy of the United States of America,December 2017.

[7]Anne -Marie Slaughter,Bruce W. Jentleson,Ivo H. Daalder,Antony J. Blinken,LaelBrainard,Kurt M. Campbell,Michael A. McFaul,James C. O'Brien, Gayle E. Smith and James B. Steinberg, "Strategic Leadership:Framework for a

21st Century National Security Strategy", A Phoenix Initiative Report, July 2008.

[8]G. John Ikenberry and Anne-Marie Slaughter, "Forging a World of Liberty under Law, US Strategic Security in the 21st Century", Final Report of the Princeton Project on National Strategy, 2006.

[9]Jeffrey Bader, "Changing China Policy: Are We in Search of Enemies?" John L.Thornton China Center at Brookings, Strategy Paper 1, June 2015.

[10]Julianne Smith and Jacob Stokes, "Strategy and Statecraft: An Agenda for the United States in an Era of Compounding Complexity", Center for a New American Security, June 2014.

[11]Kevin Rudd, "The Future of U.S.-China Relations Under Xi Jinping: Toward a New Framework of Constructive Realism for a Common Purpose", Belfer Center for Science and International Affairs, April 2015.

[12]Kurt Campbell, eds., "Extending American Power: Strategies to Expand U.S. Engagement in a Competitive World Order", Center for a New American Security, May 2016.

[13]Michèle A. Flournoy and Shawn Brimley, eds., "Finding Our Way: Debating American Grand Strategy", Center for a New American Security, June 2008.

[14]Munich Security Report 2015, "Collapsing Order, Reluctant Guardians?" Published January 26, 2015.

[15]National Intelligence Council, Global Trends 2030: Alternative Worlds, December 2012.

[16]Richard Fontaine and Kristin M. Lord,eds.，“America's Path:Grand Strategy for the Next Administration”,Center for a New American Security,May 2012.

[17]Richard L. Armitage and Joseph S. Nye,JR.,CSIS Commission on Smart Power:A smarter,more secure America,Center for Strategic & International Studies，2007.

[18]Robert D. Blackwill and Ashley J. Tellis，"Revising U.S. Grand Strategy Toward China,"Council on Foreign Relations,Council Special Report No.72,March 2015.

二、中文类

1.译著

[1][加]阿米塔·阿查亚:《美国世界秩序的终结》,袁正清、肖莹莹译,上海人民出版社 2017 年版。

[2][英]爱德华·卡尔:《20 年危机(1919—1939):国际关系研究导论》,秦亚青译,世界知识出版社 2005 年版。

[3][美]保罗·肯尼迪:《大国的兴衰》,陈景彪等译,国际文化出版公司 2006 年版。

[4][美]查尔斯·库普乾:《没有主宰者的世界——即将到来的全球大转折》,洪曼、王栋栋译,新华出版社 2012 年版。

[5][法]达里奥·巴蒂斯特拉:《国际关系理论》(第三版修订增补本),潘

革平译，社会科学文献出版社 2010 年版。

[6][美]弗朗西斯·福山:《政治秩序与政治衰败——从工业革命到民主全球化》，毛俊杰译，广西师范大学出版社 2015 年版。

[7][美]汉斯·摩根索:《国家间政治:权力斗争与和平》(第七版)，徐昕等译，北京大学出版社 2006 年版。

[8][澳]赫德利·布尔:《无政府社会:世界政治中的秩序研究》(第四版)，张小明译，上海人民出版社 2015 年版。

[9][美]亨利·基辛格:《论中国》，胡利平等译，中信出版社 2012 年版。

[10][美]亨廷顿:《我们是谁?——美国国家特性面临的挑战》，程克雄译，新华出版社 2005 年版。

[11][法]雷蒙·阿隆:《和平与战争:国际关系理论》，朱孔彦译，中央编译出版社 2013 年版。

[12][美]理查德·N.哈斯:《"规制主义"——冷战后的美国全球新战略》，陈遥遥、荣凌译，新华出版社 1999 年版。

[13][美]诺姆·乔姆斯基:《新自由主义和全球秩序》，徐海铭、季海宏译，江苏人民出版社 2000 年版。

[14][美]斯蒂芬·斯科夫罗内克:《总统政治——从约翰·亚当斯到比尔·克林顿的领导艺术》，黄云、姚蓉、李宪光译，新华出版社 2003 年版。

[15][法]托马斯·皮凯蒂:《21 世纪资本论》，巴曙松译，中信出版集团2013年版。

[16][美]约翰·伊肯伯里:《大战胜利之后:制度、战略约束与战后秩序重

建》,门洪华译,北京大学出版社 2008 年版。

[17][美]邹谠:《美国在中国的失败(1941—1950)》,王宁、周先进译,上海人民出版社 2012 年版。

2.著作

[1]陈玉刚主编:《复旦国际关系评论》(第十四辑:国际秩序与国际秩序观),上海人民出版社 2014 年版。

[2]谷棣、谢戎彬主编:《我们误判了中国——西方政要智囊重构对华认知》,华文出版社 2015 年版。

[3]黄硕风:《综合国力新论》,中国社会科学出版社 1999 年版。

[4]黄平、倪峰主编:《美国问题研究报告(2011):美国的实力与地位评估》, 社会科学文献出版社 2011 年版。

[5]韩志立:《秩序·规则·知识——批判建构主义视角下的国际秩序研究》,经济科学出版社 2013 年版。

[6]何亚非:《选择:中国与全球治理》,中国人民大学出版社 2015 年版。

[7]刘颖:《相互依赖、软权力与美国霸权:小约瑟夫·奈的世界政治思想研究》,中国社会科学出版社 2010 年版。

[8]庞中英:《重建国际秩序——关于全球治理的理论与实践》,中国经济出版社 2015 年版。

[9]秦亚青主编:《中国学者看世界·国际秩序卷》,新世界出版社 2007 年版。

[10]宋新宁、田野:《国际政治经济学概论》,中国人民大学出版社 2015 年版。

[11]王缉思编著：《大国关系：中美分道扬镳还是殊途同归？》，中信出版社 2015 年版。

[12]王辑思主编：《高处不胜寒——冷战后美国的全球战略和世界地位》，世界知识出版社 1999 年版。

[13]王辑思、李侃如：《中美战略互疑：解析与应对》，社会科学文献出版社 2013 年版。

[14]王缉思：《大国战略——国际战略探究与思考》，中信出版集团 2016 年版。

[15]王立新：《意识形态与美国外交政策》，北京大学出版社 2007 年版。

[16]俞沂暄：《国家特性与世界秩序：国际政治变迁的研究》，时事出版社 2009 年版。

[17]阎学通：《世界权力的转移——政治领导与战略竞争》，北京大学出版社 2015 年版。

[18]袁鹏：《四百年未有之变局——中国、美国与世界新秩序》，中信出版集团 2016 年版。

[19]朱明权：《领导世界还是支配世界？——冷战后美国国家安全战略》，天津人民出版社 2005 年版。

[20]朱云汉：《高思在云——中国兴起与全球秩序重组》，中国人民大学出版社 2015 年版。

[21]周琪：《意识形态与美国外交》，上海人民出版社 2006 年版。

3.期刊论文

[1]樊吉社:《特朗普外交等待尘埃落定》,载《世界知识》2017年第5期。

[2]龚洪烈:《基辛格与美国外交传统》,载《美国研究》2008年第4期。

[3]孔祥永、梅仁毅:《如何看待美国的软实力》,载《美国研究》2012年第2期。

[4]门洪华:《国际机制与美国霸权》,载《美国研究》2001年第1期。

[5]牛新春:《奥巴马外交:一个新自由主义的时代?》,载《现代国际关系》2009年第5期。

[6]陶文钊:《如何看待美国实力地位》,载《当代世界》2012年第1期。

[7]王缉思:《美国外交思想传统与对华政策》,载《美国研究参考资料》1989年第3期。

[8]王希:《美国历史上的"国家利益"问题》,载《美国研究》2003年第2期。

[9]王栋、孙冰岩:《特朗普对华政策前瞻》,载《现代国际关系》2016年第12期。

[10]吴心伯:《美国引以为豪的发展模式面临挑战》,载《红旗文稿》2014年第12期。

[11]余丽:《美国霸权正在衰落吗?》,载《红旗文稿》2014年第8期。

[12]章百家:《改变自己影响世界——世纪中国外交基本线索刍议》,载《中国社会科学》2002年第1期。

[13]张燕君:《美国外交传统中的杰克逊主义》,载《江西师范大学学报》(社会科学版)2006年第4期。

[14]朱成虎、孟凡礼:《简论美国实力地位的变化》,载《美国研究》2012年

第 2 期。

[15]彼得·乔希姆·卡赞斯坦:《世界政治中的文明:超越东方和西方》,载《上海交通大学学报》(哲学社会科学版)2013 年第 6 期。

[16]亚伯拉罕·劳文特尔:《衰落或复兴:21 世纪初美国的走向》,载《国际经济评论》2014 年第 4 期。

[17]约翰·伊肯伯里:《中国的崛起将融入现存国际秩序》,载《国际战略研究》简报 2014 年第 5 期。

[18]阿列克谢·阿尔巴托夫:《国际秩序的坍塌?——多中心世界的出现及其挑战》,载《当代世界与社会主义》2015 年第 4 期。

[19]阿米塔·阿查亚:《"美国世界秩序的终结"与"复合世界"的来临》,载《世界经济与政治》2017 年第 6 期。

后　记

　　本书是我对"国际秩序与美国对外战略调整"这一主题深入思考的结晶。书中所含 12 篇文章中除个别文章以外，绝大多数文章此前都曾在各种期刊上发表过。从 2013 年起，我逐渐对如何认识美国主导的战后国际秩序这一主题产生浓厚的兴趣。2015 年，自己就这一主题申请了一个教育部人文社科规划项目，这更促动了自己对这一主题的深入思考。此后的几年中，自己围绕这一主题先后发表了多篇论文。鉴于这一主题具有较强的现实性，自己有意将近几年围绕这一主题的一系列研究成果结辑出版，以此与学界同人切磋交流。

　　自 2006 年以来，这是自己出版的第三本个人专著。尽管这三本书研究主题各异，但都围绕着如何认识美国外交展开。第一本书探讨约翰·昆西·亚当斯外交思想与实践，实际涉及如何认识美国的早期外交思想。第二本书探讨宗教对美国外交的影响，这促使自己深入到美利坚民族的灵魂深处探寻宗教思想对美国外交的影响。而现在出版的第三本书将研究视野扩展到更为宏观的国际秩序与美国对外战略调整问题。如果说第一本书将研究的触角深入到美国外交这座"冰山"的"大海深处",第二本书将研究触角深入到美国外交这座"冰山"的"灵魂深处",展现在读者面前的这第三本书则将研究触角深入到美国外交这座"冰山"的"山脊"之上。多年的研究实践证明,潜入"深海"不易,翻越高山更难。实事求是地讲,学界关于"国际秩序与美国对外战略调整"这座"冰山"的研究应该才刚刚起步,拙著只能算抛砖引玉,期待未来学界同行就这一主题还会有更多研究成果面世。

在本书即将付梓之际,本人要特别感谢天津师范大学政治与行政学院为本书提供的出版资助。同时,本书能够得以面世,还要特别感谢天津人民出版社郑玥编辑所付出的辛勤努力。

杨卫东

2018 年 5 月 31 日于天津